新编

新编高职高专旅游管理类专业规划教材
谢彦君 总主编

U0793660

LÜYOUXUE GAILUN

旅游学概论

李长秋 主 编
张 琪 刘晓萍 杨 洋 副主编

北京·旅游教育出版社

总序

经过将近三年的策划与组织,旅游教育出版社的"新编高职高专旅游管理类专业规划教材"终于要整体付梓印行了。本套丛书不管是在编写宗旨的确立还是在撰著者的遴选方面,都经历了一个较为严谨而细致的过程,这也为保证丛书的质量奠定了一个良好的基础。

中国的高等旅游教育和旅游产业发展,已经度过了三十多个春秋。从20世纪70年代末的筚路蓝缕到今天已蔚为大观的局面,这当中包含了几代学人和业者共同努力、共同创业的艰辛。在今天看来,尽管在这个知识和行业共同体中曾经并依然存在着观点、思想和认识上的碰撞和摩擦,但一路前行的步伐却始终没有停止过。这也是中国旅游教育界、旅游产业界呈现于世人的最令人鼓舞的风貌和景观。

在整个高等旅游教育体系中,职业教育的发展,只是在最近的十几年中才真正被政府纳入到大力发展的战略框架当中,并在今天形成了占据旅游高等教育半壁江山的势头。如果站在整个旅游高等教育的视野来审视旅游职业教育和普通教育在整个旅游高等教育中的局面,大家会有一个基本的共识:旅游高等职业教育在人才培养方面,无疑更加体现了专业细分、供需对接、学为所用的人才培养效率和效果,并不像旅游本科教育那样,每年的毕业生有70%以上流入其他行业或领域,从而造成社会教育资源的极大浪费。这个问题学界多有认识、阐述和呼吁,并一致认为,其根源在一定程度上是由本科专业目录管理过于僵化的行政机制所造成。值得欣慰的是,最新的本科专业目录调整方案中,已经增设了饭店管理专业,这一举措借鉴了旅游专业高等职业教育按照旅游大类进行专业细化的成功方面,昭示了旅游大类下设专业(二级学科)进一步有限度地细化的趋势。

不过,尽管旅游专业的高等职业教育有其成功的地方,但也不是没有问题。在专业格局有了科学规划的前提下,人才培养的质量就取决于具体的人才培养方案了。在这当中,各个学校所拥有的教学资源、师资队伍、教材、教学方法等方面的准备,就成为关键的教育因素。如果仔细盘点目前我国旅游专业高等职业教育在这一方面的家底,其实还很不容乐观。在我看来,由于我们对职业教育在认识上还不够成熟,准备上还不够充分,操作上还有待完善,加之旅游职业教育向来多以接待服务为教育的主体内容,缺乏硬技术、高门槛,因此,中国的旅游职业教育,依然显得离岗位培训距离不远、差异不大。在知识体系和职业技能的衔接方面,始终没有找到最好的途径和策略。因此,旅游职业教育在培养人的职业深度发展空间方面,始终有浅薄无力的缺欠。这是一个需要警觉,同时也是一个需要时间才能加以解决的问题。

旅游教育出版社在策划本套丛书的初期,就曾意识到这个问题,并有努力解决这一问题的想法。在本套丛书的书目确定、作者遴选、写作宗旨的厘定等方面,都试图对上述问题做出回应。从各位作者所做的努力来看,本套丛书还是在一定程度上解决了这个问题。整套丛书中,不乏在这方面做得很好的,也有在其他方面展现了充分特色的著作。因此,希望本套丛书的面世能够给旅游职业教育提供一套比较适用的教材资源。

本套丛书的作者都来自职业教育工作的教学与科研第一线,他们在各自所长的学科领域也都多有建树。作为本丛书的主编,我十分感谢他们在编写过程中所作出的巨大努力以及展现出来的合作与奉献精神。

由于水平所限,加之本人对旅游职业教育的理解缺乏深度,因此,本套丛书还是会存在总体架构、基本思想和具体编写工作方面的诸多不足甚至错谬。希望广大读者和其他人士对本书的缺欠不吝赐教,以图再版时予以修正,避免贻误学生。

是为序。

谢彦君

2011年7月22日于灵水湖畔

前言

随着旅游业的蓬勃发展，旅游日益成为人们重要的生活方式和社会经济活动，旅游业已经成为全球最具活力的产业。同时，旅游业的快速发展对旅游人才的需要越来越迫切，尤其需要旅游高等教育培养的高素质技能型旅游人才。

“旅游学概论”是高等旅游教育的核心课程，它是以旅游发展的实践为基础，从旅游现象中分析并总结旅游发展的规律，用以指导具体的旅游实践工作。由于这门课程涉及多个学科、知识面广，知识更新快，所以编写适应旅游发展和教学需要的教材就显得尤为迫切。本书在编写中，不仅吸收了国内外旅游学教材的优点，还将当前旅游业的最新研究成果和实践经验融入其中，本书具有以下特点：

第一，编写形式直观、生动。本书注重运用直观的图片、图表来讲述理论知识，力求枯燥的理论能够深入浅出，通俗易懂。

第二，体例编排新颖、活泼。本书作了全新的设计，设置了引言、本章学习目标、关键词、特别提示、拓展知识、案例分享、闯关测试、实训项目等环节，开阔了学生视野，激发学习兴趣，提高学习效果，增强学生理论联系实际的能力和自主学习能力。

第三，编写内容具有前瞻性。本书在内容上引入本学科最新的研究成果，同时结合旅游发展中有重大影响力的事件，从而使本书站在旅游发展的最前沿，使学生掌握该学科的最新资料。

此外，为了配合教学，我们制作了全书的配套课件，以便于教师教学使用。

全书由郑州旅游职业学院的李长秋担任主编，张琪、刘晓萍、杨洋任副主编。全书共分十章，第一、四章由刘晓萍（中国劳动关系学院）和杨洋（河南商业高等专科学校）编写，第二章由朱琳（郑州旅游职业学院）编写，第三、六章由李长秋（郑州旅游职业学院）编写，第五、十章由张琪（郑州旅游职业学院）编写，第七、八章由杨艳华（安阳工学院）编写，第九章由孙忆辛（郑州旅游职业学院）编写。

本教材在编写过程中参考了不少专家、学者的有关旅游学概论方面的教材和专著，在此表示感谢。

由于作者常识水平和实践经验有限，书中错误与不足在所难免，恳请各位专家和广大读者不吝赐教，以便充实完善。

编 者

2011 年 5 月

目 录

第一章 绪论

引言

我国关于旅游学的研究是从20世纪80年代开始的,从世界范围来看,相对于其他比较成熟的学科而言,旅游学是一门相当年轻的学科。本章从旅游学的研究对象和内容入手,探讨了旅游学的研究对象,对研究内容进行了分析;回顾和总结了旅游学的研究历程,指出旅游学研究的主要特征;并对旅游教育的发展历程进行了探讨,阐述了高职旅游教育的特征。

学习目标

- 掌握旅游学的研究对象和研究内容;
- 了解旅游学研究历程,理解旅游学研究的主要特征;
- 了解旅游教育的发展历程,理解高职旅游教育的特征。

第一节 旅游学的研究对象与内容

一、旅游学的研究对象

要确立旅游学的理论体系,必须明确旅游学的研究对象。许多学者认为,应该从旅游活动有效开展的角度来分析、探讨和把握旅游学的研究对象。旅游活动是一个涉及众多部门的复杂的人类活动,旅游活动的形成需要具备相应的要素。从旅游活动的过程来看,旅游以游览和愉悦为目的,旅行只是实现这个目的的手段,旅行过程中又涉及饮食、住宿等基本生活需求,以及游玩、娱乐、购物等活动。从旅游运行的机制来看,旅游活动又涉及旅游主体、旅游客体和旅游媒介三个相关方面。旅游不仅是一种个人行为,也是一种社会行为。旅游者在旅游的过程中,要与政府、旅游业经营者、目的地居民与环境等部门和要素发生广泛的联系。

旅游学科涉及旅游经济学、旅游地理学、旅游社会学等多方面的知识,是一个典型的交叉学科。旅游学的研究要透过现象抓住本质。李天元将旅游学的研究对象界定为“研究旅游者、旅游业以及双方活动对旅游接待地区社会文化、经济和环境影响的科学”。① 谢彦君指出“旅游学要以研究旅游现象的基本矛盾为核心,研究这种矛盾发生的基础、原因,研究这种矛盾的性质、形态和结构特征,研究这种矛盾的运动规律,研究这种矛盾所形成的复杂影响。”②吴必虎提出用“旅游系统”来解释旅游学的研究对象。

旅游学的研究不能仅仅从只涉及个人行为的狭义角度来研究,而要从广义的社会行为角度展开。旅游学科作为一个具有一定层次结构的综合性学科,研究对象大致可以分为三个层次。第一层次为基本矛盾层次,即学科的“元层次”,主要涉及旅游活动的运动规律;第二层次为矛盾关联层次,即学科的“关联层次”,主要涉及旅游活动的运行机制;第三层次是矛盾影响层次,即学科的“影响层次”,主要涉及旅游影响和评价研究。

(一)基本矛盾层次:研究旅游者及其旅游活动的运动规律

旅游者是旅游活动的主体,旅游者所开展的旅游活动是旅游学研究的核心对象,主要表现为旅游活动中的矛盾运动。例如旅游需求与旅游供给之间的矛盾,旅游期望与旅游体验之间的矛盾,旅游客源地与目的地之间的矛盾,旅游资源开发与保护之间的矛盾等。一系列的矛盾冲突相互作用、相互影响推动着旅游活动的不断运动和发展,也使旅游者在运动中逐渐成长和成熟起来。

(二)矛盾关联层次:研究旅游活动的运行机制

旅游活动的发展是离不开旅游业的运营和推动。与旅游活动相关联的行业包括旅行社业、交通运输业、饭店业、购物业等,这些行业对旅游活动的顺利开展产生了强大的作用力和影响力。旅游活动的开展需要整个旅游行业的有效支撑,旅游者的旅游活动也为旅游业注入了动力,整个体系就如同一个有机体一样,只有建立并形成良好的运行机制,才能保证整个系统健康有序地发展。

(三)矛盾影响层次:研究旅游影响和评价

随着旅游活动和旅游业的快速发展,旅游者、旅游业及旅游活动与整个社会的可持续协调发展已经成为颇受关注的话题。旅游活动对经济、社会、文化、环境等方面造成了正面和负面的影响。而关于环境保护、旅游承载力等因素直接影响了

---

① 李天元.旅游学概论[M].天津:南开大学出版社,2003.

② 谢彦君.基础旅游学(第2版)[M].北京:中国旅游出版社,2004.

旅游的可持续发展性，要使旅游业持续、健康地科学发展，就要对旅游的影响进行深入的探讨和研究。

综上所述，旅游学是研究旅游者及其旅游活动、旅游业及其运营活动以及双方活动造成的旅游影响的科学。旅游学概论则是建立在旅游活动上，以旅游者、旅游业、旅游影响作为主要研究对象，是旅游管理专业学生学习和掌握旅游管理专业知识的入门课程。

二、旅游学的研究内容

旅游学的研究对象规定了研究内容的范畴，旅游学的研究内容是在研究对象的基础上展开的。旅游学的研究内容应包括以下几个方面：一是研究旅游者及其需求行为特征；二是研究旅游资源；三是研究旅游活动的产生、特点及其影响；四是研究旅游业的基本现状与发展趋势；五是研究旅游市场。

（一）旅游者

旅游者是旅游活动的主体，也是旅游学研究的重要内容。首先，要研究旅游者的概念界定，特别是旅游者的统计概念；其次，要对旅游者的类型进行划分；再次，要研究旅游者产生的条件；最后对旅游流现象和特征进行讨论。

（二）旅游资源

旅游资源是旅游活动得以开展的重要基础条件，对旅游业的运转起着至关重要的作用，是旅游客体的核心。对旅游资源的研究内容主要有旅游资源的概念和特征、旅游资源的分类、旅游资源的开发与保护、旅游资源的评价、我国的旅游资源及特点、世界遗产的发展概况等。

（三）旅游活动

旅游者的旅游活动是以旅游资源为吸引物，以旅游业为依托开展起来的。首先，要对我国和世界旅游活动的产生和发展进行探讨；其次，研究旅游的概念、特点、基本属性和构成要素；再次，按照不同的标准对旅游活动进行分类并探讨各种类型旅游的基本特征；介绍了旅游组织的基本情况；最后，分析旅游活动对经济、社会文化和环境的影响，促使旅游业向可持续发展的方向前进。

（四）旅游业

旅游业是旅游活动的组织者，是旅游产品的提供者，是旅游活动的媒介，在旅游发展中占有非常重要的地位。对旅游业的研究主要包括旅游业的概念、构成和特征；分析旅行社的基本业务，了解我国旅行社的发展情况；研究饭店在旅游业中的地位和作用、饭店的类型、饭店的等级划分、饭店业的发展趋势；分析现代旅游主要交通方式、特点以及我国旅游交通的发展状况；研究我国旅游景区的质量等级和发展状况等。

（五）旅游市场

旅游市场是旅游活动的载体，各类旅游活动的开展都离不开旅游市场。旅游者是旅游市场的生力军，旅游业的出现和发展进一步带动和深化了旅游市场的发展，旅游市场也为旅游业从业者创造了广阔的才能展示空间。旅游市场的研究内容主要有旅游市场的概念、特征；旅游市场的划分和细分；我国国际和国内旅游市场的状况；旅游市场营销；旅游产品的开发。

特别提示

旅游学的学科性质

关于旅游学的学科性质，理论界还没有形成一致的认识。从研究对象和内容方面来看，旅游学涉及经济学、文化学、管理学、资源学、历史学、建筑学、统计学、社会学等多门学科，因此人们多认为旅游学是一门“综合性的社会学科”。旅游活动作为一种综合的社会现象，它所涉及的领域和学科相互交叉融合，又被称为“交叉学科”。与各种成熟学科相比，旅游学又是位于各学科交叉点（或边界）上的新学科，又被称为“边缘学科”。尽管旅游学的学科性质并不明确，人们普遍认为旅游活动是一种重要的社会现象，属于社会科学的重要分支，是新兴的、综合性的、交叉的学科，是一门实践性、应用性很强的学科。

第二节　旅游学的研究概况

旅游现象的出现已经有几千年的历史了，人类对旅游现象的研究始于19世纪末意大利人博迪奥（Bodio，1899）[1]，迄今已逾百年。对任何现象的认识都有一个渐变的发展过程，随着现象的不断深入和发展，认识也在不断地发展、变化，逐渐清晰和完整。对旅游学的认识也是如此。产业革命后，旅游日益成为一种普遍的社会现象和经济现象，越来越多的人参与到旅游活动中来，旅游的重要地位日益凸显，人们逐渐意识到旅游研究的必要性。

一、国外旅游学的研究

现代旅游学的研究起源于国外。19世纪末20世纪初，意大利、德国、瑞士和奥

① 1899年，博迪奥发表的《关于意大利外国旅游者的流动及花费》一文被认为是近代旅游研究最早的论文。

地利等欧洲国家的学者,在旅游学的研究中做了许多开创性工作。旅游学的研究最早集中在经济学领域,学者们将旅游视为一种经济现象进行研究。意大利学者马里蒂奥在1928年、德国学者葛留克斯曼在1935年,以及瑞士学者汉泽克尔(Hunziker)和克拉普夫(Krapf)在1942年,都对旅游学研究对象进行了分析。马里蒂奥在《旅游经济讲义》一书中,从经济学的角度对旅游现象进行了剖析,将旅游现象作为一种单纯的经济活动进行研究,指出旅游活动是属于经济性质的社会现象,认为旅游基础理论的研究范围涉及旅游经济的形态、结构和活动要素。但随着旅游活动的发展、旅游学研究的深入,人们逐渐发现旅游学涉及的范畴远远超出了经济领域。葛留克斯曼在《一般旅游论》一书中,从旅游现象的发生原因、运行基础、性质,以及对社会的影响等问题进行研究,指出旅游学的研究不能仅仅从经济学的角度去考察,而要从多学科、多角度进行广泛的研究。瑞士学者汉泽克尔和克拉普夫在《旅游总论概要》一书中,认为"旅游现象的本质具有众多相互作用要素和方面的复合体,这个复合体是以旅游活动为中心,与国民、保健、经济、政治、社会、文化、技术等社会中各种要素和方面相互作用的产物。"尽管葛留克斯曼、汉泽克尔和克拉普夫对旅游现象的认识已经超出了经济学领域,但由于他们都是经济学家,这个时期对旅游现象的研究主要还局限在经济学领域。

第二次世界大战后,旅游研究中心由欧洲向北美洲转移,其他学科的学者也参与到旅游现象的研究中来,研究方法上表现出明显的多学科特征,旅游学的研究进入了前所未有的大发展时期。许多学者从各自的领域出发,以独特的研究视角介入旅游研究,社会学家和人类学家先后参与到旅游现象的研究中,在学术上也出现了"旅游社会学"和"旅游人类学"的概念。20世纪80年代,一些学者指出旅游研究不仅要采用多学科方法,还要将多种学科融合在一起,形成跨学科的研究方法。勒贝尔(Leiper,1981)对跨学科和多学科研究作了区分,提出旅游的研究有必要在旅游学基本理论和一系列广泛的应用学科的基础上,进行旅游学框架体系的研究。夏洛特(Charlotte)和达赞(Tazim)也赞同采用跨学科的方法进行旅游研究。与多学科研究不同的是,跨学科的研究强调学科之间的融合性,在融合中逐渐形成了旅游经济、旅游文化、旅游影响等主要研究领域,构建了旅游学基本的研究框架。近年来,许多学者又提出要采用无边界研究方法进行旅游学的研究。

在多种学科的交叉融合下,旅游现象的本质得到了挖掘,然而,对于旅游学科的性质,即旅游学是一门独立的学科,还是现有学科内的某一特殊研究领域,学术界的看法并不统一。较早将旅游作为一门独立的学科来研究的学者有霍革辛斯基(Rogozinski,1985)、罗维斯科(Jovicic, 1988)和科明克(Comic,1989)。目前,旅游已经成为一门独立学科在大学设置专业,但仅有40多年的历史。

二、我国旅游学的研究

改革开放后，我国旅游业异军突起、发展迅猛、势头强劲。旅游业逐步形成规模，我国也发展成为世界旅游大国。我国学者对旅游学的研究也基本上肇始于这个阶段。20 世纪 80 年代，林南枝提出“旅游学是研究旅游活动最一般规律的科学，是旅游活动之综合概括，包括了旅游史、旅游业、旅游文化、旅游经济等。”20 世纪 90 年代，涌现出大量的《旅游学概论》教材。作为中国旅游学基础理论研究的先行者和探路者申葆嘉指出按社会科学的规范，旅游学研究可以分为基础理论研究、专业理论研究和应用理论研究，倡导以宏观的旅游现象作为旅游学的研究对象和范围。我国学者对旅游学的研究主要体现在研究对象、研究内容和研究方法上。旅游研究的涉猎面广泛，涌现出了众多的旅游分支学科，如旅游经济学、旅游市场学、旅游统计学、旅游会计学、旅游价格学等经济学范畴的分支学科；旅游地理学、旅游资源学、旅游规划学、旅游心理学、旅游美学、旅游社会学、旅游生态学、旅游法学、旅游史学等社会学和其他学科的分支学科。

我国旅游学的研究历史较短，尽管与国际旅游学研究的总体水平还存在一定的差距，但也取得了一定的研究成果。学术界对旅游学研究的情绪高涨，研究成果剧增，中国学术期刊网（CNKI）2010 年检索摘要含有“旅游”一词的文献篇数是 147493 篇，研究数量喜人，但总体来看，旅游学还没有建立起完整的旅游学理论框架，应用研究也有待加强，旅游学研究的深度和广度都还有提升的空间。

纵观世界和我国的旅游学研究，旅游学是以旅游现象为起点，包含经济、社会、人文、地理等多种学科的年轻的学科体系。旅游学的研究历程经历了单一学科研究（主要是经济学）——多学科研究——跨学科研究的历程。各个研究阶段都为旅游学的研究注入了新鲜血液，使旅游学的研究博采众长，并融会贯通。旅游学的研究主要有以下几个方面的特征：

（一）关注热点问题

从旅游学的发展历程来看，旅游的研究体现了与时俱进的特点。最早的旅游活动对经济产生了显著的影响，研究者主要将旅游活动作为一种经济现象来看待，随着经济的发展，人们又从社会、人文等角度重新审视旅游这一现象，扩展了旅游活动的研究视野。世界经济、政治环境的格局复杂而多变，对旅游活动也产生了显著的影响，特别是亚太地区旅游业地位的日益提升，对我国的旅游业产生了很大的影响。我国加入世界贸易组织、2008 年的北京奥运会和 2010 年的上海世博会等重大热点事件都给我国的旅游业带来了前所未有的机遇和挑战，而关于旅游的研究却从没有落后过，而是不断地发展以适应环境和形势的变化。近年来，随着旅游的发展，旅游安全问题不断受到关注，成为影响旅游发展的重要原因之一。关注热点问题,从中寻找旅游研究的创新点和发展点,是旅游研究的重要特征。

(二)不断采用新的视角,引入新的研究领域

旅游是一个综合性的学科,旅游的研究历来受到多学科学者的共同关注,涉及经济、社会、人文、地理、心理、历史等方方面面。旅游学研究的综合性,使学者们需要不断采用新的视角,从不同的研究领域对旅游学展开差异性的研究,并将多学科的研究成果融合起来,使旅游学的研究深度和范围不断扩大,使旅游学的研究不断发展、进步。在旅游学的研究中,还将人本理论引入其中,通过对企业、员工和顾客的人本分析,体现出人文关怀,也是社会进步的具体表现。近年来,美术学和信息学也被引入到旅游学的研究中来。通过引入美术学,对旅游者的审美进行研究,进一步充实了旅游本质和特征的研究,并对旅游的深度开发产生了一定的影响。随着社会信息技术的发展,以 Internet 互联网络为特征的信息技术对人们的生活和工作都产生了很大的影响,也改变了旅游者参与旅游活动的类型和方式,通过引入信息学,研究信息发展对旅游产生的作用,对旅游业的生产经营带来的影响,也是旅游学研究的新领域。

(三)注重理论研究与应用研究相结合

经过多年的研究积累,旅游研究取得了重大的进展,形成了一个庞大的知识体系。在研究中,学者们一方面注重从理论角度建设旅游学的学科体系,另一方面又注重从各自的领域进行应用和实证研究,将理论研究和应用研究结合起来,共同促进了旅游学的体系建设,并为实践中的旅游者、旅游活动、旅游企业及政府提供了可靠的理论支持,促进了旅游业的进一步发展。

第三节 旅游教育的发展概况

一、中外旅游教育的发展历程

(一)世界旅游教育的发展历程

旅游教育作为一门学科始于 19 世纪末的欧洲,迄今为止已有一百多年的历史,由于受到旅游业发展的影响,在世界各地都发展迅速。从世界范围来看,旅游教育起源于酒店管理教育。1893 年,洛桑酒店管理学院创立于瑞士日内瓦湖畔的一家旅馆里,从此世界范围内的旅游教育便拉开了序幕,欧洲的其他国家、美国、澳大利亚、日本、中国等国也先后开展了旅游教育。历经一百多年的发展,世界旅游教育取得了很大的进步,也经历了不同的发展阶段。我国著名学者吴必虎在《中国旅游专业发展报告》(2005)中,以 20 世纪 70 年代和 90 年代两个时间点,将世界旅游教育划分为起步、形成和高速发展三个阶段。①

1. **世界旅游教育的起步阶段(20世纪70年代以前)**

在世界旅游教育的发展初期,旅游业并不被投资者看好,旅游教育的发展也较为缓慢。20世纪70年代以前,世界旅游教育处于起步阶段。这一时期的旅游教育主要是由旅游企业和机构自发组织的旅游培训教育,以服务接待和酒店管理为主,注重服务和操作技能的培训,注重实用性,而忽略了旅游教育的理论性。这一时期旅游教育水平较高的国家有欧洲的瑞士、北美洲的美国以及亚洲的日本。

1893年,瑞士官方饭店协会组织成立的洛桑酒店管理学院是专门培养酒店业管理人员的学校,主要通过技能培训使酒店的经营管理人员胜任饭店的任何一项工作。1922年,美国的康奈尔大学酒店管理学院成立,标志着美国旅游教育的开端。美国的旅游教育主要受到酒店业快速发展的影响和中高层酒店管理人才需求增长的推动,旨在为酒店业的发展培养管理人才。日本的旅游教育始于1935年东京YMCA国际饭店专科学校的创立;在短期大学中,东洋大学短期大学最早设立了饭店旅游学科;1967年,立教大学旅游系最早开展了四年制的本科旅游教育,也是日本大学教育中成立最早的旅游系。在旅游教育发展的起步阶段,日本的旅游教育就已经有本科、专科和短期大学三个层次。

拓展知识

"洛桑模式"

作为世界上历史最悠久、专业声誉最高的国际酒店管理人员培训院校,洛桑酒店管理学院每年要接收400余名来自世界各地的学子就读,在校学生总量通常为2000人,其中1000人在校内学习,另外1000人在世界各地的酒店实习。学院培养出来的中、高级管理人才是世界上各酒店最欢迎的才俊。据统计,当前全球16家大型酒店集团中,就有9家酒店集团的总裁或董事长是洛桑酒店管理学院的毕业生。洛桑酒店管理学院在这一领域的实力及影响可见一斑。

百余年来,洛桑酒店管理学院在酒店管理人才培养和旅游教育理念的探索方面卓有成效,"洛桑模式"成为国际公认的酒店管理人员培养的成功模式。"洛桑模式"的广泛影响使得瑞士旅游教育,特别是酒店管理的教育和培训在中国具有很高的知名度。瑞士旅游酒店教育背景的含金量也越来越高。国际酒店业著名的AHMA职业经理人员证书通常会对洛桑酒店管理学院的毕业生"开绿灯"。无怪乎人们把EHL(洛桑酒店管理学院的简称)毕业证书视为"金派司"。

---

① 吴必虎,黎筱筱. 中国旅游专业发展报告[J]. 旅游学刊. 人力资源与教育教学特刊,2005.

洛桑酒店管理学院的教学特色是强调理论与实践相结合；教学方式是书本知识的教授与实际操作的指导相结合。学院在课程设置、师资选择、教材编写和学生管理上都十分重视这一原则。无论是学制两年至四年的学位学习，还是短期培训，学院都会严格按照一贯的原则精心安排课程和任课教师。洛桑酒店管理学院的教师均经过严格的选拔，绝大多数有在酒店长期工作的经历，有丰富的职业经验，不少人甚至担任过总经理等高级职务。为了使教师队伍始终处于高水平状态，学院实行高工资制，并且鼓励教师一专多能，允许教师在企业中担当一定的职务，甚至主动向企业推荐他们担任兼职顾问。从而保证了教师不脱离经营管理实践，保证了“洛桑模式”的生命力。

资料来源：根据 http://www.baike.baidu.com/view/995507.php 整理。

世界旅游教育发展的初期，旅游企业尤其是饭店对旅游教育的发展起到了促进作用。饭店除了开展各种形式的内部培训外，还建立了自己的学校，如 1968 年假日饭店集团在总部孟菲斯建立的“假日旅馆大学”，此外，饭店还与不同类型的本专科学校开展合作，建立自己的培训机构，例如希尔顿饭店管理集团与美国休斯顿大学合作设立的“希尔顿饭店管理学院”。旅游企业通过各种形式的联合推动了旅游教育的起步。

2. 世界旅游教育的形成阶段（20 世纪 70～90 年代）

20 世纪 70 年代以后，各国政府开始介入旅游教育，旅游教育从片面追求实用性，转为理论与实用并重，旅游教育体系逐渐形成。此间，世界旅游业经历了发展的高峰，随着旅游业的快速发展，世界旅游组织提出要把旅游教育和研究提到优先发展的位置。欧洲一些大学逐渐意识到旅游教育的广阔前景，纷纷设置了旅游教育专业，开发了相关的专业课程，开始了旅游的大学教育历程。1974 年，澳大利亚的墨尔本弗茨克雷工学院（现维多利亚大学）和布里斯班附近的昆士兰农业学院（现昆士兰大学）设立了第一批接待专业，1978 年，弗茨克雷工学院设立了第一个旅游专业。在此阶段，日本的旅游教育得到了进一步发展，很多职业高中开始设置旅游学科，并开展了相应的课程建设，同时也涌现出了一批专科学校，日本的旅游教育完成了从职业高中、专科学校到短期大学、本科教育四个层次的建设。

3. 世界旅游教育的高速发展阶段（20 世纪 90 年代以后）

20 世纪 90 年代以后，世界旅游教育进入高速发展阶段，开设旅游专业的高等学校和旅游职业学校快速增加，逐步形成了多层次、多学科的教育特征，旅游教育体系进一步完善。美国的旅游教育已经基本上渗透到了所有名牌大学，开展了本科、硕士研究生和博士研究生的专业学位教育，专业和课程的设置也呈现出明显的两极分化，即面向私营市场的服务业管理，以及面向公共事业的资源和社会休闲管理。从事旅游教育的多数老师都有从业经验。在这一阶段，欧洲的旅游教育受到了美国的影响，在学位设置上，提供本科和硕士学位课程和教育，越来越多的旅游从业人员兼任学校教师开展教学工作。1998年，瑞士联邦政府将洛桑酒店管理学院列入高等职业院校序列，是唯一得到联邦政府承认的酒店职业大学。日本和澳大利亚的旅游教育规模也不断扩大，得到快速成长。

世界旅游教育经过起步、形成和高速发展三个阶段的发展，基本上形成了一个较为完整的旅游教育体系，但旅游学依然是一门新兴学科，旅游教育需要不断地向前发展，不断提高其成熟度，在发展中不断完善。

（二）我国旅游教育的发展历程

我国旅游教育的发展历程可以追溯到近代陈光甫先生设立的中国旅行社。1943年，中国旅行社设立总部后，为了提高员工的职业能力和素质，与上海银行合作，在重庆嘉陵新村举办了培训班，招收大学毕业生入学，系统培训银行、旅行社、招待所等专业课程，学制一年。这是我国最早的旅游接待教育。我国的旅游教育始于20世纪70年代，三十多年的发展时间大致可分为三个阶段，分别是起步阶段、发展阶段、国际化阶段。

1. 我国旅游教育的起步阶段（1978～1988）

我国的旅游教育是伴随着旅游业而发展起来的。改革开放后，我国的旅游业逐渐成长起来，我国的旅游教育也随之展开。1978年，江苏省旅游学校成立，后更名为南京旅游职业学院，标志着我国旅游中等职业教育的起步。同年，第一所旅游管理高等院校北京联合大学成立。1979年，我国第一所旅游院校上海旅游高等专科学校成立，也是我国成立最早的旅游高等学府，标志着旅游高等教育的开端。1982年，杭州大学经济系率先举办了旅游本科专业。同年南开大学设立了我国第一个旅游系。随后，北京第二外国语学院和西北大学成立了旅游专业，国家旅游局还与各地旅游行政管理部门联合开办了专科、成人及培训教育。我国旅游教育既有普通教育，也有成人教育；既包含全日制教育，也包含培训教育，旅游教育的结构体系雏形基本形成。

2. 我国旅游教育的发展阶段（1989～1997）

随着旅游业的持续发展，1991年，在《关于国民经济和社会发展十年规划和第八个五年计划纲要中》，中央明确将旅游业作为产业，并将其列入加快发展和重点扶持的产业行列。政府的认可，引起了相关政府部门和大学院校的关注，越来越多的院校或增设旅游专业，或在其已有专业下设置旅游方向，在全国范围内兴起了一股兴办旅游教育的热浪。这一时期，开设旅游专业的院校数量急剧增加，同时旅游教育的专科和本科层次得到了规模化的发展，以中国科学院、中国社会科学院、北京大学、南京大学为代表的教育机构，开始招收旅游专业的硕士和博士研究生，使旅游教育的层次得到了突破。我国高等旅游教育已经形成专科(含高职)、本科、研究生教育三个层次。

3. 我国旅游教育的国际化阶段(1998 至今)

旅游活动带有明显的地域性和国际化特征,旅游教育也应展开国际化的合作和交流。许多旅游院校都开展了与国外院校的合作办学,招收留学生,并向外国学校输送生源,采用“1 +2 +1”模式、“2 +2”模式、“单文凭 + 双文凭”模式、“完全双文凭”模式等多种形式,开展国际范围内的校际合作,建立深度合作机制。同时,加强国际化师资队伍的建设,双方互派教师,为教师提供国际深造的机会,打造国际化的师资力量,为提高教学质量打下坚实的基础。另外,许多学校还广泛开展校际间的学术交流,参与国际性旅游学术会议,加强教材建设,引进国外的旅游学术名著,切实提升学术水平,与国际同步,推进旅游教育研究的新发展。

特别提示

我国旅游教育对“旅游学”学科性质的界定

经过三十多年的发展,我国的旅游教育已经取得了长足进步和巨大成就,旅游院校肩负着培养旅游人才和研究旅游理论的艰巨任务。但是,长期以来,我国高校的学科专业目录中没有“旅游学”这个名称,旅游一直被作为一种经济现象来研究,1998 年以前,只有“旅游经济”这个二级学科。1998 年我国教育部颁布的《普通高等学校本科专业目录》中,含有旅游字样的只有二级学科“旅游管理”,被放在“管理学”学科门类下的一级学科“工商管理”之下。实际上,旅游专业的研究领域远远超过了工商管理,甚至超出了管理学的研究范畴,只有“旅游学”这个学科头衔,才能够全面统辖旅游专业涉及的经济、社会、人文等跨学科的学科体系。我国的旅游教育仍然处于不成熟阶段,学科性质还不明确,有待进一步研究和完善,我国的旅游教育任重而道远。

二、高职旅游教育的特征

我国的高等旅游教育已基本形成专科、本科、研究生三个培养层次,高职教育属于旅游教育中的专科层次,约占我国高等旅游教育 60% 的份额。随着旅游业和高职教育的不断发展,高职院校的招生规模不断扩大,高职教育越来越受到政府和行业、企业的重视。经过多年的发展,我国高职旅游教育形成了与其他层次旅游教育相互区别的特征。

（一）培养应用型人才是高职旅游教育的目标

高职旅游教育肩负着向旅游行业和岗位培养合格的生产或服务第一线的应用型专门人才和高素质劳动者的使命，其教育目标是培养适应社会经济发展和旅游业需求的专业基础扎实、知识面宽、能力强、素质高的旅游管理和酒店管理的应用型、复合型人才。高等职业院校也一直在探索提高学生技能水平和综合素质的方式，通过课程设置和教学模式改革，将理论与实践有机地结合起来，培养学生的职业能力和创新能力，提高学生的就业能力和职业发展能力。

拓展知识

旅游专业与职业机会

学习旅游专业，毕业以后有哪些职业机会？从实践来看，旅游专业毕业的学生通常在旅游直接相关部门（如旅游城市、旅游区、旅行代理、接待酒店、旅游电子商务、目的地营销、旅游教育）工作，也有相当比例的毕业生在与旅游活动关系紧密的餐饮、娱乐、航空、交通、会展、房地产乃至金融、保险等第三产业部门工作，旅游专业训练使他们具备了从事服务性行业的基本素质。当然，对于那些有志于深度研究旅游专业的学生来说，专门从事为上述各个行业提供理论研究支持和管理服务的旅游专业研究者、教育者和咨询师也是值得尝试的职业生涯。

资料来源：吴必虎，宋子千. 旅游学概论. 北京：中国人民大学出版社，2009.

（二）课程设置实践性强

高职旅游教育十分注重教学实践环节，实践课程的设置、时间和地点的安排自成体系，学校通常会建立校内实训室，并同旅游企业共同建设校外实习基地。许多学校将实习作为教学环节的重要组成部分，组织学生利用一学期到一学年的时间，到相关企业和部门顶岗实习，给学生提供实践机会，帮助学生掌握工作技能，增强学生的实践操作能力。许多国家的旅游院校，还将学前工作经历列入到入学录取条件中，如瑞士的洛桑酒店管理学院要求学生入学前出具一年以上的工作证明，否则需要参加学前培训，以保证生源质量。

（三）注重双师型教学队伍的建设

高职旅游教学中大量的实践操作要求教师必须具备一定的工作能力，培养“双师型”的教师成为高职教育亟待解决的问题之一。学校可以通过企业引进具有工作能力和实践经验的兼职教师，形成专兼职教师体系，改变传统单一的师资结构，支撑教学的开展。

（四）重视校企合作，共同办学

高职院校要针对旅游企业对学生的能力要求培养适合企业需求的人才，培养应用型人才目标的实现离不开企业的配合。高职旅游院校通常都会和旅游企业开展广泛的合作，共建师资队伍和实习基地，共同致力于培养合格的应用型人才。

案例分享

旅游学研究：有待进一步深入的理论基础

瓦莱纳·L. 史密斯（Valene L. Smith）所编辑的名为《主人与客人：旅游人类学》（1977）的文集，是旅游学术研究领域的分水岭。它是第一幅从学术视野描绘旅游现象的图画。今天，“全世界有不下于415所大学和学院在为这个世界最大的产业培养专业人才”，未来的旅游学界看似一片光明。Smith与Brent召集了23位合作者，试图在一个导言外加六个部分的容量中涵盖广泛的主题（包括旅游历史、旅游的性质、旅游的变革及其影响、可持续性、文化掮客以及最后一部分用来探讨21世纪的旅游问题）。

如今，萦绕在人们头脑中的始终是旅游活动和旅游产业的发展，以及旅游学界对相关主题的日益关注。可是，仔细地阅读了本书之后，很难说旅游理论研究已经取得很大的进展。不过，贾法里（Jafari“旅游研究的科学化”，第28～41页）还是有意想做点什么。他认为旅游学的知识积累已经经历了四个阶段：鼓吹阶段、警惕阶段、调整阶段和科学阶段。就前两个阶段或学派而言，旅游曾被一些人认为是一个十全十美的好事（Blessings），也被另一些人看做一个地地道道的坏事（Blights）。它们之间的较量主要发生在20世纪的七八十年代。这些有关大众旅游的效应争执导致了80年代末期和90年代针对特殊市场而推出的新产品的格外关注，而在这些地方，旅游都给加上了前缀（农业或生态），或者给加上某种限定（如社区依托型旅游、文化旅游、替代旅游、适当旅游，以及别的一长串称谓）。这些新的旅游形式代表了对大众旅游的不同的替代形式，也是对它们做出的一种适应性反应。不过，正是前三个阶段为科学阶段做了充分的铺垫，而科学阶段的目标是构建科学的知识体系。贾法里下了这样十分乐观的结论：“今天，正当21世纪开始之际，一个明显的事实是旅游学在学术界和研究领域终于开始赢得了它应有的学术地位。所有迹象表明，这个趋势还将持续下去，直到新的知识境界。这种发展会进一步提高旅游在各种组织当中以及全社会的地位。”（第40～41页）。试分析旅游学的发展历程？旅游学研究的前景如何？

分析：

从《主人与客人：旅游人类学》文集中可以看出旅游学的知识积累和发展经历

了四个阶段:鼓吹阶段、警惕阶段、调整阶段和科学阶段。旅游学的研究与旅游业的发展息息相关,随着旅游的发展,旅游学的研究重点和思路也在不断变化和深入,但是,旅游理论的研究还有很大的局限性。总体来说,旅游学在学术界和研究领域已经赢得了应有的学术地位,这个趋势仍将持续下去,旅游理论的研究还有待加强。

资料来源:朱利奥·艾拉姆贝利(Julio Aramberri)著,谢彦君译.旅游学研究:尚不可靠的理论基础.原文载于 Tourism Recreation Research, Vol. 27, No. 2, 2002,是关于瓦莱纳·L.史密斯所著的 Hosts and GuestsRevisited: TourismIssuesofthe 21st Century 一书的书评。文中所列的页码是原书的页码。

思考与练习

一、填空题

1. 旅游学科作为一个具有一定层次结构的综合性学科,其基本矛盾层次研究的是________。

2. ________是旅游活动的主体,也是旅游学研究的重要内容。

3. ________是旅游活动的组织者,是旅游产品的提供者,是旅游活动的媒介,在旅游发展中占有非常重要的地位。

4. 旅游现象的出现已经有几千年的历史了,人类对旅游现象的研究始于 19 世纪末意大利人________。

5. 第二次世界大战后,旅游研究中心由欧洲向________转移,其他学科的学者也参与到旅游现象的研究中来,研究方法上表现出明显的________特征。

二、选择题

1. 旅游学的研究最早集中在(　　)领域。

A. 管理学　　B. 经济学　　C. 地理学　　D. 美学

2. (　　)的研究强调学科之间的融合性,在融合中逐渐形成了旅游经济、旅游文化、旅游影响等主要研究领域,构建了旅游学基本的研究框架。

A. 跨学科　　B. 多学科　　C. 单学科　　D. 无边界

3. 1893 年,(　　)创立于瑞士日内瓦湖畔的一家旅馆里,从此世界范围内的旅游教育便拉开了序幕。

A. 立教大学旅游系　　B. 康奈尔大学酒店管理学院

C. 洛桑酒店管理学院　　D. 假日旅馆大学

4. (　　)时期,世界旅游教育进入高速发展阶段。

A. 20 世纪 90 年代以后　　B. 20 世纪 70－90 年代

C. 20 世纪 70 年代以后　　D. 20 世纪 80 年代以后

5. 1979 年,我国第一所旅游院校(　　)成立,也是我国成立最早的旅游高等学府,标志着旅游高等教育的开端。

A. 江苏省旅游学校　　B. 杭州大学

C、南开大学　　D. 上海旅游高等专科学校

三、判断题

1. 旅游学科仅涉及旅游经济学和旅游社会学知识,是一个典型的交叉学科。

2. 旅游活动对经济、社会、文化、环境等方面仅会产生正面影响。

3. 我国的旅游业逐步形成规模,正在发展成为世界旅游大国。

4. 不断采用新的视角,引入新的研究领域是旅游学的研究特点。

5. 培养应用型人才是高职旅游教育的目标。

四、问答题

1. 旅游学的研究对象是什么?

2. 旅游学的主要研究内容是什么?

3. 旅游学的研究有哪些特征?

4. 比较中外旅游教育的发展历程。

5. 论述高职旅游教育的特征。

第二章 旅游的产生与发展

引 言

旅游活动是在一定社会经济条件下产生的社会现象，直到20世纪60年代，旅游才作为一项大众性的社会活动走进千家万户。纵观旅游活动的起源和发展历程，大体经历了古代旅行、近代旅游和现代旅游三个历史阶段。研究旅游的历史，有助于扩大视野，加深对旅游的全面认识，了解旅游产生与发展的大体脉络。

学习目标

- 了解古代旅行产生的社会条件；
- 掌握产业革命对近代旅游的影响；
- 了解现代旅游发展的背景；
- 掌握现代旅游发展的主要特征。

第一节 古代的旅行活动

人类旅游究竟是从何时开始的，学术界对此有不同的认识。一种观点认为，旅游活动自古就有，而另一种观点则认为真正的旅游是从近代开始，也就是人类社会跨入文明阶段之后。目前，旅游学界普遍认为，旅游活动作为人类活动的形式之一，是社会发展到一定阶段的产物，就整个人类旅游发展史而言，人类现今意义上的旅游活动是从早期的旅行活动发展而来的。

一、古代人类的迁徙活动

在原始社会早期，生产力水平低下，为了生存下去，人类便逐水源和森林迁徙流动。大致在4万年前的旧石器时代，人类已经从他们的起源地迁徙到了亚洲、非洲和欧洲大陆上那些适宜人类生存和栖息的地方。这也是历史上记载的人类第一次大规模的迁徙活动。很显然，这种迁徙行为不是旅行活动，只能算是古代人类生产活动的一部分。

特别提示

迁徙是出于谋生的目的，或者因为自然的原因（如气候、自然灾害等对生存环境的破坏），或者出于人为因素（如部落纷争）的威胁而被迫离开居住的地方，在新的定居点定居下来，不再回到原来的居住地。而旅行则是指人们出于迁徙以外的任何目的，可以是经商学习，也可以是旅游，离开自己的常住地到异地作短暂停留并按原计划返回的行为。

资料来源：魏向东. 旅游概论. 北京：中国林业出版社，2000，第19页.

直到原始社会末期，出现了直接以交换为目的的商品生产。商人的出现和商业的发展，催生了古代旅行的出现。因为人们需要通过旅行活动了解其他地区的生产和需求情况，以物易物，维持自己的生活所需。可见，人类最初的旅行活动是一种现实主义的交换活动，是一种经济活动。综观诸多著名的古老旅行线路，例如“丝绸之路”、“香料之路”、“茶马古道”“食盐之路”，等等，都是这类活动踏出的踪迹。所以，联合国以及世界旅游组织在很多研究报告中都曾指出，在最初的年代中，主要是商人开创了旅行的通路。

二、古代旅行活动

（一）奴隶社会时期的旅行

奴隶制国家，社会秩序逐步稳定，为旅行活动的发展创造了条件。古代旅行活动首先是在中国、埃及、巴比伦、印度和古希腊、古罗马发展起来的。

1. 古埃及的旅行发展

埃及古王国时代，社会经济发达，历代统治者重视修筑道路，水路交通也十分发达。古埃及灿烂辉煌的文化，吸引了各国学者参观学习。商务旅行在这个时期也相当兴盛。古埃及的宗教旅行很发达。早在4000多年前古埃及为庆祝主神奥塞里斯，就开始举行宗教节日活动。大量的宗教节日活动吸引了大批宗教信仰者前往朝圣、拜佛、求法、考察。

2. 古罗马是古代旅行的全盛时期

古罗马文明是奴隶制文明的最高形态。极度繁荣的社会经济，四通八达的交通网络,使古罗马的旅行活动达到古代世界的最高峰。古罗马以"内湖"地中海为中心建立的海上运输网、陆上交通网、内河运输网已很完善,主要交通沿线上设有驿站,私人旅店也逐渐增多,为人们旅行提供了方便;在语言上,以希腊语和拉丁语为官方语言,消除了语言障碍;在货币上,流通铸币。奴隶主贵族、商人、学者、宗教人士的旅行已十分频繁。5 世纪以后,罗马帝国衰亡,旅游活动发展进入低谷。

3. 古代中国的旅行概况

奴隶社会时期中国旅行活动的发展与西方大体相同,但中国进入奴隶制社会要先于西方国家。商代是中国奴隶制社会的鼎盛时期,青铜文化促使生产工具和生产技术进步,社会分工细化,劳动生产率提高,使剩余劳动产品增多,以交换为目的的生产活动不断扩大。舟车等交通工具的发明和改进为人们出行提供了方便,以贸易经商为主要目的的旅行活动迅速发展起来。除此之外,奴隶主阶层的享乐旅行也比较盛行。

(二)封建社会时期旅行活动的发展

不管是东方还是西方,旅行活动在这个时期都经历了曲折的发展。在封建时代,生产力发展缓慢,自给自足的自然经济占据统治地位,商业活动受到压制,社会财富积累缓慢。特别是中世纪的欧洲,人们的思想受到禁锢,旅行活动也受到影响。但不可否认的是,社会经济的发展和人们文化生活的日趋丰富仍然促成了旅行活动内容和形式的多样化。

1. 欧洲的旅行活动

从 11 世纪到 14 世纪,欧洲封建社会经济有了较大程度的发展,但是无休止的战乱使得这一时期欧洲旅行活动的发展受到严重制约,基本上处于停滞状态,甚至还出现倒退的趋势。

公元 11 世纪,以威尼斯商人为代表的商人队伍架起了东西方商贸和文化交流的桥梁,其中涌现出一批杰出的旅行家。如意大利商人马可·波罗,他 17 岁时随父亲、叔父沿着古丝绸之路到达中国,得到元世祖忽必烈的信任,在中国逗留了 17 年,游览和访问了中国 12 个省区以及东南亚的一些国家,于 1295 年回到威尼斯。三年后,他在热那亚战争中被俘,在狱中,由他口述、同狱的作家鲁思梯谦记录写成了著名的《马可·波罗游记》。书中以中国为重点,把东方描绘成一个"遍地是黄金的地方",此书促进了东西方文化的交流,对后来的"地理大发现"也产生了一定影响。

特别提示

地理大发现

地理大发现是指15～18世纪(又称大航海时代，即新航路的开辟)，欧洲航海者开辟新航路和“发现”新大陆的通称，它是地理学发展史中的重大事件。

中世纪后期，西方产业革命兴起，资本主义生产关系萌芽，引起了对外扩张和对黄金的需求。《马可·波罗游记》盛赞东方的富庶，驱使欧洲封建主、贵族等以淘金为目的的远航探险热潮，加速了“大航海时代”的到来。

2. 亚洲的旅行活动

(1)阿拉伯帝国的旅行。7世纪初，穆罕默德创立伊斯兰教以后，建立起阿拉伯国家，公元8世纪达到极盛，形成了地跨亚、非、欧三洲的帝国。首都巴格达是著名的国际贸易城市，以巴格达为中心，阿拉伯帝国广修驿道，密布驿站，形成了四通八达的交通网、驿站备有马匹、骡子和骆驼，方便人们的出行，这些客观条件促进了阿拉伯帝国旅行活动的发展。

阿拉伯帝国通过伊斯兰教维护帝国统治。在伊斯兰教取得合法地位并广泛传播之后，制定了朝觐制度。教义规定，每个有能力的穆斯林一生当中必须到伊斯兰教圣地麦加朝拜一次，因此宗教旅行很盛行。在阿拉伯帝国时期，求知求学为目的的旅行活动开始出现。穆罕默德曾经说过“学问虽远在中国，亦当求之”。不少阿拉伯著名的旅行家，如马苏第、白图泰等为了寻求中国的学问，千里迢迢，不畏艰险到访中国，为东西方文化的双向交流作出了巨大贡献，将中国先进的科学技术，如四大发明中的造纸术，经由阿拉伯传入欧洲等地。因此，这个时期的求学、考察旅行十分活跃。

(2)中国封建社会时期的旅行活动。中国封建社会历时2000多年，除了像魏晋南北朝这样分裂和战乱的年代之外，其他统一的朝代里社会政治相对稳定，生产技术和交通条件较之前都有了很大的发展，为当时发展旅行活动提供了良好的物质基础和社会环境。使封建社会时期中国的旅行在当时的世界旅游中最具代表性。

①秦汉时期的旅行活动。秦汉时期以帝王巡游和学者考察旅行为主。据史书记载，秦始皇曾率文武百官五次出巡，周游全国，汉武帝也曾游历泰山等名山大川。秦汉时期学者外出考察很多，其中以西汉历史学家、文学家司马迁的游历最为著名，足迹遍及当时的西汉版图疆域，撰成名垂后世的不朽巨著《史记》。同时，这个时期也出现了公务旅行。如汉武帝两次派遣张骞出使西域，开辟了历史上著名的

"丝绸之路",对东西方经济、文化的交流起了重要的作用,也使旅行活动由国内延伸到了国外。

②封建社会中期的旅行。我国封建社会中期主要是指魏、晋、南北朝、隋、唐、宋、元等朝代更替的1000多年。主要的旅行方式是文人墨客以消遣排忧为目的的士人漫游和以朝觐、求法为目的的宗教旅行。如"竹林七贤"的大量山水诗;陶渊明、谢灵运退隐田园的隐逸闲游。到了唐、宋,这种漫游旅行就更为兴盛,如李白、杜甫、苏东坡、欧阳修等。同时,他们的旅游活动也丰富了中国古代旅游的文化内涵。

西汉末年,佛教传入中国,至隋唐达到鼎盛。这一时期著名的宗教旅行家有法显、玄奘、鉴真等。东晋的法显在印度留学15年后,经海路返国,途经狮子国(今斯里兰卡)、爪哇等,是当时我国的云游僧人中到达目的地并顺利回来的极少数人之一。玄奘是我国唐代最著名的僧人旅行家。他的《大唐西域记》详细记述了玄奘西游路上所经历的国家在地理、交通、气候、物产、风俗、文化等方面的情况。

③明清时期的旅游。明清时期是我国封建社会走向衰落、资本主义萌芽的时期。旅游活动持续发展,其中以明朝郑和"七下西洋"的海上旅行最为著名。郑和奉明成祖之命,7次远洋出航,涉海10万里,遍历亚非30多个国家和地区,成为我国历史上距离最远、历时最长的航海家,对我国和南洋、西亚、北非之间的经济、文化交流作出了巨大贡献。这个时期更显著的是科学考察旅行。明代大医学家李时珍为编写《本草纲目》,到各地采访调查,搜集标本,掌握了丰富的第一手材料。明代大旅行家徐霞客遍游全国名山大川,考察了16个省区的山水,所写的《徐霞客游记》被誉为古今游记第一杰作,后人称这部游记为"奇人、奇事、奇书"。

拓展知识

"中国旅游日"何时进入百姓生活

中国旅游日,正在讨论中的一个节日,具体时间尚未确定。2009年12月4日,国家旅游局正式启动了设立"中国旅游日"的相关工作。同期,国家旅游局"中国旅游日"征集策划专项工作委员会授权新浪网就"中国旅游日"设立日期开展专题调查。

5月19日是旅游领域的专家学者青睐的日子,这也是我国古代"游圣"徐霞客千古名著《徐霞客游记》的开篇日。他们表示,中国旅游日选择"5月19日",不仅仅是徐霞客的崇高地位,同时可兼顾中国幅员辽阔、南北气候差异巨大的事实,而这一天,无论东西南北中,都是适宜出门旅游的黄金之时。

目前国家旅游局已经收到各地的建议,时间的确定仍在制定中。以下是几个讨论中的备选日期。3月29日（徐霞客首次出游日）；12月26日（毛泽东的出生之日）；9月27日（世界旅游日）。

资料来源：根据百度知道整理。

三、古代旅行活动的发展特征

古代旅行活动受到当时社会经济条件的制约，有着自身的发展规律和特征：

第一，旅行活动的规模、范围、形式和内容与国家的政治经济状况有着密切的联系。

第二，旅行活动的形式单一，种类较少，以经商旅行和宗教旅行为主。非经济目的的消遣性旅行较少。

第三，参加人数较少，主要是统治阶级、少数富豪和一部分文人学士。

第四，封建社会已经开始出现为旅行活动服务的驿站、旅店、饭馆等服务行业。

第二节　近代旅游和旅游业的开端

近代社会是旅游发展史的一个非常重要的时期。从19世纪中叶开始，以消遣为目的进行观光度假的旅游活动超过了商务旅游，使旅游活动更具有了现代旅游的意义，这种重大突破和欧美地区的产业革命是分不开的。产业革命促进了生产力的发展，提高了社会化的程度，促进交通方式的变革，给人类社会带来了一系列的变化，其中对古代旅行向近代旅游的历史性转变产生了重大的影响和推动作用。

一、产业革命对旅游的影响

产业革命是指资本主义机器大生产代替工场手工业的过程，是资本主义政治经济发展的必然产物。在18世纪60年代的英国，蒸汽机率先在纺织业中得以应用，开始了产业革命的历史进程。到19世纪30年代末，英国完成了产业革命，美、法、德、日、意等主要资本主义国家也相继在19世纪内完成。产业革命极大地促进了生产力的发展，通过技术领域的革新影响到人类生活的方方面面，对旅游的影响主要体现在以下几个方面：

（一）产业革命带动了交通工具的革新，较大范围和较远距离的旅行成为可能

产业革命之后，科学技术的进步推动人类社会向前发展，生活质量不断提高。从旅游发展的角度来说，新式交通工具的出现，使交通情况大为改观，直接促成了近代社会人们交往范围的扩大和旅游活动的频繁。1769年，詹姆斯·瓦特发明了

蒸汽机，作为一种新的动力，这种技术很快应用到新式交通工具的制造，率先问世的是蒸汽机轮船。但对于近代旅游的诞生影响最大和最直接的，还是铁路运输技术的发展。1814 年，英国的乔治·史蒂文森发明了蒸汽机车，1825 年，他建造的斯托克顿至达林顿的铁路正式投入运营。此后各地的铁路开始建设起来，并向更远的地区延伸。新式交通工具费用低、速度快、运载能力大、舒适和安全，为越来越多的人提供了便捷的交通服务，对近代旅游活动的开展创造了条件。

（二）产业革命加速了城市化进程，激发了人们旅游的愿望

一方面，工业革命带来的机器化、流程化、规模化的生产方式吸引了大批农村人口涌向城市就业，使得城市的膨胀速度加快，致使人们产生了强烈的度假要求。另一方面，由于人们工作和生活的中心从农村转移到城市，致使人们产生逃避节奏紧张的城市生活和拥挤嘈杂的城市环境，回归自由、回归大自然的追求，从而产生了强烈的旅游需求和动机。

（三）产业革命带来阶级关系的变化，扩大了旅游者的阶层

工业革命之前，只有地主阶级和封建贵族才有金钱和时间从事非经济目的的消遣性质的旅行活动。但是，工业革命造就了工业资产阶级，从而使有财力外出旅游消遣的人数有了明显增加。同时，工业革命也造就了工人阶级为争取自己的权益而不断进行的斗争，使得资本家不得不增加工人的工资以及给予他们带薪假期，这些都在客观上促进了休闲度假旅游活动的开展，也使得参加旅游活动的人员结构发生变化，人数迅速增加。

二、托马斯·库克与旅游业的诞生

随着社会条件的改善，交通运输能力的增加，更多的人外出旅游成为可能。但是由于当时绝大多数人缺乏旅行的经验，如人们对异国他乡的情况不了解，不知道如何办理旅行手续，存在着语言和货币方面的障碍等，都限制了旅游活动的广泛开展。人们迫切需要有专业人士或者机构来为他们出游提供服务和帮助。英国人托马斯·库克正是较早认识到这些问题，并提供相应服务来帮助人们解决这些问题的第一人。正是他敏锐的洞察力以及他所做的诸多开创性的工作，使他成为近代旅游和旅游业的奠基人，并开创了人类旅游活动的全新时代。

拓展知识

近代旅游业与旅行社的鼻祖——托马斯·库克

托马斯·库克，1808 年 11 月 22 日出生于英国德贝郡的墨尔本城镇，4 岁丧父，母亲改嫁，幼年家境贫穷。他 10 岁时便辍学当了园艺经营者的学徒，后来投奔

到当木工的姑父家，当了一名小木匠，17岁时，他加入一个基督教浸信会成为诵经人，后来又当上了巡回传教士。云游四方激发了托马斯·库克对旅游的极大兴趣，同时长期传教，使库克拥有良好的口才，在体验各地民情风俗中，积累了大量的旅行经验。这些都为托马斯·库克之后的创举奠定了基础，使他成为近代旅游业和旅行社的鼻祖。

资料来源：张广瑞，郭凤昌．世界旅行代理商之鼻祖托马斯·库克．世界博览．1988(10)．

（一）组织世界上第一次团体火车旅游

1841年7月5日，托马斯·库克采用包租火车的方式，组织了一次从莱斯特到洛赫伯勒参加禁酒大会的团体旅游活动，参加人数有570人，来回费用是1先令，库克从中获得5%的报酬。托马斯·库克精心组织和策划了这次活动，并亲自随团陪同照顾，提供热情的服务，使参加者十分满意。这是历史上第一次由中间人发起、组织、接待，并通过登载广告方式招徕游客的旅游活动。这次活动的成功举办，被公认为是近代旅游及旅游业的开端。

（二）创立世界上第一家旅行社

“禁酒大会”团体旅游的成功举办，使托马斯·库克名声大起。在1845年，托马斯·库克旅行社正式成立，总部设在莱斯特。同年8月，他组织了350人从莱斯特出发到利物浦为期一周的团体消遣旅游，亲自编写《利物浦之行手册》发给游客。整个旅游活动中，库克全程陪同并做导游，开创了近现代旅行社业务的基本模式。

（三）举办世界上第一次出国包价旅游

1855年，法国举行巴黎博览会，托马斯·库克安排了从英国的莱斯特到法国的加莱，然后到巴黎的5日游，并一次性收取全程旅行的费用，包括往返的旅费和在巴黎的住宿费，来回36先令。这是世界上组织出国包价旅游的开端，被誉为“铁路旅游史上的创举”。

包价旅游是一种综合性的旅游产品，一般包括从旅游客源地到旅游目的地的往返交通、接待和游览、食宿等相关费用。这种包价代理形式推出以后，库克旅行社业务迅速发展，也被其他旅行社效仿，时至今日，仍然是旅行社产品的重要形式。

（四）创办世界上第一家旅游公司

1865年，托马斯·库克让他的儿子约翰·梅森·库克帮助他经营旅游业务，并将原来的托马斯·库克旅行社更名为托马斯·库克父子公司，将总部迁到伦敦。托马斯·库克父子公司成立后，不断开辟国外市场。1866年，托马斯·库克父子公司组织了第一批从欧洲到美国的团体旅游。同时，他们又组织旅居美国的欧洲移民回欧洲探亲访问，连当时的美国总统格兰特也曾做过库克父子公司的客人。

到1890年,公司在全球已有84个办事处,85个旅行社,与美国的"运通公司"和比利时的"铁路卧车公司"成为20世纪世界上最著名的三大旅行代理公司。

(五)首创世界上第一次有组织的环球旅游

1872年,托马斯·库克为扩大公司的影响,决心亲自组织一次环球旅行。参加这次环球旅行的共有9人,分别来自英格兰、苏格兰、俄罗斯、希腊、美国,历经222天。这一次的团体环球旅游使他的旅游公司声名远播,托马斯·库克也成为旅游的代名词,在欧美地区尽人皆知。

(六)首创旅行支票的前身——旅游代金券

考虑到游客在旅途中携带大量现金既不安全也不方便,托马斯·库克于1867年就设想发行一种可以被饭店接受代替现金的凭证,让旅行者事前付款取得保证书用于在指定的饭店支付费用,最后由库克公司与饭店统一结算。于是在1874年,正式推出了旅行支票的前身——流通券,在饭店、商店、外国银行都可以使用。这些措施,极大地方便了旅游者,促进了旅游业的发展。

三、中国的近代旅游

中国的近代旅游是指从1840年鸦片战争到1949年新中国成立以前这段时间。与封建社会时期的旅游发展情况相比,近代中国的旅游已远远落后于西方国家。这与中国社会的发展状况是分不开的,一方面,近代中国始终处在战争的状态下,失去了旅游发展所需要的稳定的社会环境,另一方面,闭关锁国的政策使新式交通工具在中国出现的时间也比西方晚了近百年。20世纪初,一些外国旅行社,如英国的通济隆公司(其前身即库克父子旅游公司)、美国运通旅游公司,开始在上海等地设立旅游代办机构,总揽中国旅游业务,雇用中国人充当向导。直到1923年8月,爱国人士陈光甫先生在其同仁支持下,成立了上海商业储备银行旅行部。1927年6月,该旅行部从银行独立出来,成立了中国旅行社。我国近代旅游业诞生了,但在半殖民地半封建社会的背景下,外有列强侵略,内有政府(朝廷)腐败,加上战乱不断,旅游业没有全面发展起来。

拓展知识

爱国人士陈光甫与中国近代旅游

陈光甫,原名辉祖,后名辉德,字光甫,以字行世。1881年12月17日出生于江苏镇江一商人之家,是我国著名的银行家。1915年,年轻的陈光甫与庄得之等志同道合之士创办上海商业储蓄银行,陈光甫任总经理。1923年8月,上海商业储蓄银行设立旅行部,作为该行的附属事业。到1927年6月旅行部发展成为中国旅行社(China Travel Service)。这是陈光甫对近代中国的一大贡献,也是中国旅游发展史上浓重的一笔。

陈光甫创办中国最早的旅行部,在当时是为国人争光的举动。20世纪20年代初期,中国的旅游业还处于空白,其时旅游业务皆由外国在中国的金融机构包揽,当时政府对旅游业素不注意,更无人想到收回此项外溢之利权。陈光甫创办的旅行部,对外资旅行社给予有力的打击,也向世界宣布:中国人依靠自己可以做成任何事情。

资料来源:姚会元,操玲姣.陈光甫开创中国现代旅游业.旅游科学.2002(2).

第三节　现代旅游的快速发展

现代旅游是指第二次世界大战结束以后,尤其是20世纪60年代以来迅速发展起来并普及到世界各地,社会各个阶层普遍参加的大众化旅游活动。作为当今世界参与人数最多的活动之一,旅游对加强各国人民之间的友好往来、维护世界和平,起到了积极作用。旅游业已成为当今世界最大的产业之一,对现代经济和社会的发展产生了深刻影响。

一、现代旅游发展的背景

第二次世界大战以后,资本主义国家忙于医治战争创伤,稳定和恢复经济。社会主义国家的建立和第三世界的崛起,使世界出现了相对和平的国际环境,特别是20世纪60年代科技革命有了重大突破,和平发展成为世界的主题,这些为现代旅游的高速发展创造了前所未有的良好条件。

(一)国际政治环境相对稳定,国际联系不断加强

半个多世纪以来,虽然出现了冷战的国际政治局面,并且不时有局部地区战争、边境纠纷,但并没有形成大规模战乱。从全球整体来看,世界处在相对和平稳定的状态。和平与发展成为世界人民的共识和国际政治形势的主流,为世界旅游发展提供了必要的前提和保证。

(二)经济迅速发展,人们的支付能力显著提高

在相对稳定的国际环境下,各国都致力于经济的恢复与发展,生产力水平不断提高,全球生产总值迅速增长,众多国家的居民家庭收入水平不断提高,造就了大批有旅游消费能力的普通劳动民众。发展中国家工业化取得进展,国民经济也有了迅速发展。人们的旅游消费支付能力大大增强,直接促成了大众旅游时代的到来。

（三）科学技术促使交通工具进步，缩短了旅行的时空距离

科学技术的进步，促使交通运输工具和设施得到改进，运量增大，速度加快，价格降低，大大增强了运输能力，直接缩短了旅游者旅行的行程和时间。长途公共汽车运营网络也不断扩大和完善，高速公路网络四通八达，汽车成为许多国家尤其是欧美发达国家人们中短程旅游的主要交通工具。火车、轮船在竞争压力下不断改进技术，如欧洲和日本的磁悬浮和轮轨技术使列车速度达 400 千米/小时以上，巴黎到里昂的高速铁路已达 500 千米/小时甚至更快。高效、安全、便捷、舒适的火车运输极大地方便了中程旅行。在远洋运输方面，巨型豪华游轮这种古老而现代化的运输方式“寓游于旅”，吸引了不少游客。

目前水陆空各种交通运输方式在世界范围内已形成网络，各种交通网相互衔接，连成一体，极大地方便了游客，促进了现代旅游业的快速发展。

（四）世界人口迅速增加，扩大了潜在旅游者的规模

旅游者规模扩大的基础是人口基数大幅增长。20 世纪以前，世界人口增长相当缓慢，第二次世界大战结束初期，世界人口仅 25 亿，2003 年达到 61.5 亿。据联合国人口调查研究所估计，全球第 70 亿人应该在 2012 ~ 2013 年间，庞大的人口基数成为世界旅游人数增长的基础。

（五）生产自动化程度的提高，人们的闲暇时间增多

高科技的发展，生产自动化程度不断提高，劳动生产效率不断提高，人们的闲暇时间普遍增加。过去工人平均每天要工作 10 ~ 12 小时，1933 年美国率先实行每周工作 40 小时，到现在，包括中国在内的 140 多个国家实行了每周 5 天、每天 8 小时的工作制。世界范围的劳动时间缩短和带薪假期的延长，促进了大众旅游的实现。

（六）城市化进程加快，人们的旅游意识和需求不断增强

城市化进程的加快使人们的生活方式发生变化，人们产生了逃避紧张节奏的城市生活和拥挤嘈杂生活环境的愿望，通过旅游调节生活节奏成为一种普遍需求。

（七）教育的发展改变了人们的生活观念，旅游者范围不断扩大

第二次世界大战后，世界各国都普遍重视教育，而教育事业的发展使个人素质得到提高，人们的求知欲增强，人们的生活观念也随之发生了变化。人们越来越注重追求精神生活的充实、身心的健康发展，而旅游恰好满足了人们的这种需求。教育事业的全面发展促使旅游者范围不断扩大。

（八）政府的支持和鼓励，促进了旅游的加速发展

旅游活动带来的巨大经济效益和社会效益，使许多国家和地区的政府都在不同程度上推动与支持本国旅游业的发展。世界各国普遍设立了不同形式的全国性旅游管理组织，地方政府也设置了旅游管理机构，对旅游和旅游业采取了积极的干

预政策，制定了许多有效措施。

二、现代旅游发展的主要特征

随着世界经济的恢复和发展，人民生活水平普遍提高，旅游才作为群众性活动普遍地开展起来，从而促使旅游业飞速发展，并已形成一个完整的旅游经济体系，成为国民经济一个重要的组成部分。

（一）旅游发展的持续性

20 世纪 70 年代末，旅游产业超过了传统的钢铁、石油和军火工业，成为世界第一大产业。据世界旅游组织统计，世界国际旅游人数从 1950 年的 2 528 万人次增至 2008 年的 92 400 万人次，增长 35.5 倍。国际旅游收入从 1950 年的 21 亿美元增至 2008 年的 9 000 亿美元。增长 428 倍。在近 60 年的发展中，个别年份由于一些特殊事件导致国际旅游略有波动，但总的趋势是持续增长的。在 2009 年，全球经济危机对旅游业造成了巨大冲击，但与其他产业不同的是，旅游业率先在全球实现复苏，并成为世界经济整体复苏的拉动力量。2009 年年底已经开始止跌回升。2010 年前六个月，国际旅游人数达 4.21 亿，同比增长 7%，旅游将继续保持温和的增长趋势。

表 2－1　1950～2009 年全世界国际旅游人数及收入

年份	国际旅游人次		国际旅游收入	
	人次（万）	环比增长率/%	收入（亿美元）	环比增长率/%
1950	2530	—	21	—
1960	6930	173.91	69	228.57
1970	15969	130.43	179	159.42
1980	28484	78.37	1023	471.51
1990	45800	60.79	2678	161.78
1998	63500	38.65	4394	64.08
2007	90300	6.60	8560	5.60
2008	92400	2.20	9000	4.90
2009	88000	-4.80	8190	-9.00

资料来源：根据世界旅游组织数据整理。

（二）旅游主体的大众性

所谓大众性，一是旅游已成为全体社会成员包括普通劳动大众人人都能参与的活动；二是参加的人数越来越多，所去的地方越来越远；三是群体性、规范性旅游活动增加。规范化旅游模式消除了人们外出旅游的诸多障碍，促成了世界旅游人数的迅速增长，促进了大众旅游时代的到来；四是旅游作为一种激励员工的手段，已被企业和各种组织广泛采用，增加了普通劳动者的旅游机会。“大众旅游”成为现代旅游的代名词。

（三）旅游地域的广泛性

旅游业首先是在西方经济发达国家兴起。国际旅游业在世界经济萧条时期能排除困难而保持持续增长的势头，使广大发展中国家注意到旅游业的活力和发展前途，并开始重视发展本国的旅游业，使国际旅游业在发展中国家也普遍发展起来。由于旅游业在世界各地的普及，旅游客源地的地域范围越来越广，使旅游者的足迹遍及全球各地。

（四）空间范围的集中性

随着现代科学技术的发展和交通运输工具的进步，大大缩短了旅游的时空距离，旅游者的足迹遍布世界各地，但却表现出分布的不平衡。全世界90%以上的国际旅游者来自经济发达的国家和地区，同时这里又接待了80%的国际旅游者。以2007年为例，美洲和欧洲的国际旅游接待人次占全球国际旅游接待人次的70%。由此可见，由于社会经济区域发展不平衡，世界的旅游客源地、旅游接待量和旅游开发状况在区域上也不平衡，旅游的地域集中性表现比较明显。即使在一个国家或一个地区，旅游发展也是不平衡的，同样呈现相对集中的特点。如到我国的国际旅游者主要集中在一定地区，特别是北京、上海、广州、苏州、南京、桂林和西安等一些知名度高的旅游区和旅游城市。

（五）旅游时间的季节性

自然因素和体制因素是形成旅游时间季节性的基本因素。自然季节性是气温、降水、降雪和昼长等气候条件规律变化的结果。体制性季节性指的是由于人类决策产生的社会活动的暂时性变化。公共节假日是体制性季节性的主要形式。一般来说，主要依赖自然旅游资源吸引游客的国家和地区，旅游接待量的季节性波动比较大；如哈尔滨的冰灯、吉林的雾凇等景观只能在冬天才能欣赏，北京香山的红叶也只有在深秋时节才能看到。主要依靠人文旅游资源吸引游客的国家和地区，旅游接待量的季节性波动就比较小。

特别提示

现代旅游活动的季节性，是指大众旅游者活动时间的分布上具有不均衡性，导致市场出现明显的淡旺季差异。在旅游经营中，人们一般把一年中旅游者来访人数(或某地人口中外出旅游的人数)明显增多的时期称为旺季,明显减少的称为淡季,其他时期称平季。

资料来源:徐克帅,朱海森.国外旅游季节性现象研究述评.人文地理.2010(1):12-17.

(六)旅游类型的多样性

由于旅游者数量迅速增加,不同层次、不同水平和不同类型的旅游者对旅游产品的品位和类型要求更加广泛、更趋个性化,使现代旅游的形式和内容越来越丰富。传统的观光、宗教、商务等旅游形式继续存在和发展,许多富有特色的新的旅游形式也出现了,如生态旅游、民俗旅游、寻根旅游、体育旅游、红色旅游、黑色旅游等,极大地丰富了现代旅游。随着对旅游资源的深度开发和旅游地域的不断拓展,旅游的形式和内容在旅游业的竞争中推陈出新,使现代旅游更具有多样性的特点。

拓展知识

中国的现代旅游

新中国成立以后,我国旅游的发展进入了新的历史阶段。60多年来,我国的旅游事业取得了巨大的成就,经历了以下几个阶段。

(一)初创阶段(1949~1963)

1949年11月19日,厦门市军管会接管了旧"华侨服务社",于同年12月成立了厦门华侨服务社。1954年3月,中央批准成立中国国际旅行社。1957年4月,国务院又批准在北京成立中国华侨旅行服务总社。这一阶段,旅游业主要是接待外宾和访华团为主的政治接待任务。

(二)发展阶段(1964~1966)

1964年12月,中国旅行游览事业管理局正式成立,直属国务院领导。

在国际旅游方面,国际环境的改善,使来华的外国旅游者逐渐增多。在国内旅游方面,依然没有起色。此阶段仍然以政治接待为主,基本不注重旅游的经济作用。

(三)停滞阶段(1966~1977)

1966年下半年"文化大革命"开始,我国的旅游事业几近瘫痪。

(四)稳步发展阶段(1978~1991)

1978年党的十一届三中全会以后,我国旅游业摆脱了"文化大革命"的影响,进入了新的发展阶段。1980年,中国青年旅行社正式成立。1982年,"中国旅行游览事业管理局"更名为"国家旅游局"。1986 年,我国旅游业正式列入国民经济和社会发展计划。

(五)全面发展阶段(1991 年至今)

进入 20 世纪 90 年代,我国旅游事业进入了全面发展阶段,出现了空前的繁荣。

案例分享

黑色旅游:噱头还是潮流

黑色旅游这一概念最早产生于 1996 年,是通过对灾难事件发生地或模拟灾难情景地的游览,使旅游者获得教育、满足好奇心等目的的体验活动。近年来,黑色旅游成为国外特别是北美地区旅游学界新兴的热点研究领域,也是一个颇具争议的领域。

陕西师范大学旅游与环境学院孙根年教授介绍说,黑色具有两方面的属性,一是旅游地的悲哀性质;二是游客在旅游中的黯然感情,包括缅怀和悲痛。他举例说诸如重庆渣滓洞、白公馆,南京大屠杀纪念馆等都属于黑色旅游。"红色旅游是正面的教育,黑色旅游就是从反面给游人以警示,也有很强的教育意义。"南京大屠杀纪念馆馆长朱成山说,相比"红色旅游","黑色旅游"的悲剧色彩更具力量,也更能打动人。据了解,基于黑色旅游的历史反面教育意义,爱尔兰地区将黑色旅游冠以"复兴之旅"的称谓,而朝鲜官方一直将黑色旅游称为"历史教训旅游"。

对于黑色旅游,各方意见不一。支持者称"现实生活提醒我们不能一味地沉醉在苦难。'黑色旅游'所获得的资金,可以用来进行灾区重建,"反对者说,"不希望看到黑色旅游这样不安的字眼出现在灾区,也不希望在灾区看到车水马龙穿红穿绿的游人。"

黑色旅游将经济价值置于人性道德之上,是从死难者身上聚敛财富,这是黑色旅游的诟病。黑色旅游景点的商业包装和过分宣传、甚至渲染是否会让黑色旅游变味?如何平衡黑色旅游尤其是灾难性旅游的商业性与公益性之争是值得思索的问题。

分析:

从旅游的发展史来看,随着旅游活动的深入开展,人们对旅游概念的认识不断加深,旅游的外延越来越大。尤其是进入 21 世纪以来,旅游类型更加多样化。黑色旅游就是在这样的历史阶段出现的。黑色旅游因强调死亡、灾难、战争、暴力等悲伤的情感色彩,目前存在很多的争议,学者和专家的部分观点是:

①开发地震灾区"黑色旅游"有利于其经济的恢复和发展,是一种自我造血

方式；

②黑色旅游的开展应该以教育为目的，告诫人们别忘记历史，纪念逝者，规避战争，热爱和平，而不是简单地满足游客的好奇心。③可以将黑色旅游变身成慈善或者公益的行为，做慈善旅行。

资料来源：中国新闻网 2010 年 3 月 29 日.

思考与练习

一、填空题

1. 英国人________开创了旅游业的先河，被誉为近代旅游业的创始人。

2. 世界旅游历史发展大体分为________、________、________三个时期。

3. 现代旅游是指第二次世界大战结束后，特别是 20 世纪________以来，迅速普及于世界各地的社会化旅游活动。

二、选择题

1. (　　)开创了旅行的先河。

A. "采猎人"　　B. 奴隶主　　C. 商人　　D. 统治阶级

2. 古代学术考察旅行的代表人物是(　　)。

A. 麦哲伦　　B. 李白　　C. 徐霞客　　D. 鉴真

3. 托马斯·库克 1841 年组织的禁酒活动标志近代旅游开端，这次活动较前的不同之处在(　　)。

A. 消遣性　　B. 营利性　　C. 公众性　　D. 观光性

三、判断题

1. 原始社会的迁徙不属于真正意义上的旅游活动。

2. 西欧封建社会时期旅行的发展落后于当时的中国。

3. 中国的近代旅游活动要先于西方国家。

4. 在奴隶社会时期，旅游活动具有大众化的特征。

四、问答题

1. 迁徙与旅行的区别有哪些？

2. 现代旅游的特征是什么？

3. 论述产业革命对近代旅游的影响。

4. 试论述现代旅游迅速发展的原因。

五、实训项目

请举当地一旅游景点，结合旅游发展的历史谈该景点的发展情况。

第三章 旅游活动

引　言

人类的旅游活动发展到今天已有相当长的历史,作为一种广泛的社会现象已有170多年了,国外对它的研究有100多年的历史。旅游活动在我国成为一种广泛的社会现象则出现得较晚,至今仅有30多年的历史,对它的研究几乎是与其出现同时进行的。多年来,人们对旅游的认识和理解在逐步地扩大和深入,同时旅游理论也在逐步发展和成熟。然而旅游却是一个内涵非常丰富的概念,人们对于旅游给予什么具体的规定性,旅游活动如何构成的,有哪些特点和类型,这是旅游学中最为基本的问题,也是本章要着重探讨的问题。

学习目标

- 掌握旅游活动的定义、特点和类型;
- 了解旅游活动的属性和构成;
- 掌握国际旅游组织、我国旅游组织的基本状况。

第一节　旅游的概念

旅游是什么?这是旅游研究中首先要面对的问题。然而由于种种主客观原因,国内外学者对旅游的研究可谓见仁见智,至今仍未达成共识。当前,随着旅游活动在人类日常生活中的地位与作用日益凸显,明确旅游的概念更成为旅游学界与业界共同致力的课题。

一、什么是旅游

（一）"旅游"一词的出现

现代英语中 tourism 一词，出现在《牛津字典》中是 1811 年的事，即离家远行，又回到家里，在此期间参观游览一个地方，或几个地方。而以前用的是 travel 一词。汉语的"旅游"是由 tourism 翻译来的，我国《现代汉语词典》（第 5 版）中解释为"旅行游览"之意。"旅游"一词是在第二次世界大战之后才被广泛使用。

拓展知识

tour，travel，tourism 的词义

tour，其含义是圆圈或圆周，引申为围绕一个中心点或轴的运动。美国学者威廉·瑟厄波德认为，圆圈就是从一点出发，最终回到起点。tourism 意指一种往复的行程，即离开后再回到起点的活动。在我们日常生活的口语中，也会将出差返回的整个过程说成是到某地转了一圈，这和 tourism 的说法相近似。所以旅游是指一种往复的行程，即指离开后再回到起点的活动，完成这个行程的人也就被称为旅游者（tourist）。

travel，通常由中国旅游学界译为"旅行"。在表示离家出行、人员流动这一意义上，其与现代汉语旅行具有相通之处，彼此可以对译。travel 原义经常用来指繁重而艰苦的工作，故而说它内含阵痛、艰苦、苦难和危险之类的意思。此类情况在我国历史上同样存在过，当时人们总是把外出旅行看成一件困难和危险的事情。在家千日好，出门一时难，故亲朋好友总祝愿一路平安、一路顺风等。18 世纪中叶以后，肇始于回归自然需求的游览休闲活动已经在西方知识分子和上流社会中蔚然成风，它是近代西方出现的第一次旅游浪潮。由于旅游的主体是贵族，这一旅游浪潮造成了一种新的生活时尚，改变着古典旅行观以及传统的生存意识和生活方式。与此同时，贵族游客在旅途中展现出来的风度气派、文化品位、欢乐情趣，也在更新 travel 的传统价值观，travel 不再是一种阵痛、一条畏途，其中也包含寻求人生愉悦的积极意义和价值。当 travel 濡染贵族气以后，tourism 开始在英国社会悄然出现。

tourism 问世之初还不具备现代汉语所说的旅游意义。那时西方盛行的仍然是贵族旅游热，仍与 travel 相伴为伍。历史发展到 19 世纪中叶，团队旅游服务模式在英国面世，它以中产阶级为主体、以团队旅游为主要模式，标志着平民旅游客源市场的形成和近代旅游业的诞生。平民旅游热的兴起，是近代以来西方出现的第二次旅游浪潮。与贵族化的 travel 相比，团队旅游 tourism 属于贬义词。尽管如此，平民旅游热毕竟开始改写 tourism 的历史。英国旅游发展到 20 世纪初期，平民旅

游热的背后出现了新趋势，出现了以普通劳动大众为主体的大众旅游热，这也是近代以来西方第三次旅游浪潮，tourism也随之完全中性化，不仅成为英语世界的旅游的通用名，而且上升为西方主流旅游理论的基本概念。

资料来源：陈道山．旅游的概念研究：回顾与展望[J]．许昌学院学报，2010.(4):42-44.

在中国古代，“旅”和“游”是两个各自独立的概念。旅，客寄之名，羁旅之称。失其本居而寄他方。是中国最早的关于“旅行”的定义，它指人们在空间上从一个地方到另一个地方的移动过程。游，即游览，就是外出游览、观光、娱乐的意思。《礼记·学记》中有“息焉游焉”，古人把游解释为“谓闲暇无事之为游”，表明中国先民对于外出游览活动必须是在业余时间进行的观念是很强的。旅和游连用便组成旅游。仅就旅游一词，从现有的文献资料来看，最早是南朝梁诗人沈约（441—513）的《悲哉行》一诗：“旅游媚年春，年春媚游人。徐光旦垂彩，和露晓凝津。时嘤起稚叶，蕙气动初频。一朝阻万国，万里隔良辰。”此诗句中的旅游已含有外出旅行游览的意思，与当今人们对旅游的概念理解非常相近。

总而言之，从旅与游的分别表述，到旅与游的连用，便为我们提供了一个具有历史意义的信息，即旅游一词的出现，不但标志着人类游览空间的拓展，同时表明古人已经形成旅行、游览、旅游三个不同概念，明确了旅游必须是通过旅行并在异地进行游览活动的内涵，并延伸至今。

特别提示

“旅游”和“旅行”、“游览”的关系

旅游是有动机内涵的，是旅行和游览的统一体，而旅行只是一个为完成某个动机的一般空间流动过程。因此，有旅游必定有旅行，有旅行就一定有旅游。在旅游这个范畴里，旅行只是游览所凭借的手段和形式，而游览才是旅行的目的和内容。游览只是旅游的一部分，它只有和旅行结合起来才能被称为旅游。所以，尽管现代化交通工具日渐舒适，但绝大多数旅游者仍希望把更多时间花在游览目的地而不是旅途中，故旅游界有句话叫做“旅速游缓”，这是处理旅行与游览两者关系的正确原则。

（二）国际上比较有影响的旅游定义

关于旅游，国内外学术界对它的内涵和外延有不同的理解。因此，对旅游的定义或解释也各有侧重。对于旅游的定义基本上可分为两类，一类是概念性定义或称理论性定义；另一类是技术性定义或称实践性定义。下面介绍两个有代表性的定义。

1.“艾斯特”定义(概念性定义)

旅游是非定居者的旅行和暂时居留而引起的现象与关系的总和。这些人不会导致永久居留,并且不从事任何赚钱的活动。

这是瑞士学者汉泽克尔和克拉普夫于1942年合著的《普通旅游学概要》中对旅游的定义。由于这一定义概括全面,表述精练,得到了较为广泛的认同。后来在20世纪70年代为“旅游科学专家国际联合会”所采用该组织的英文缩写为“AIEST”,中译文为“艾斯特”,故称。这是目前在旅游学界影响较大的一个定义。

“艾斯特”定义深刻之处在于,它较全面地揭示了旅游的内涵和基本特征。旅行和逗留“引起的现象和关系的总和”的表述不仅包括了旅游者的活动,而且也涵盖了由此产生的各种社会现象和社会关系,反映了旅游活动的综合性;“非定居者”的表述体现了旅游活动的异地性;“旅行和暂时居留”及“这些人不会导致永久居留”说明了旅游活动的暂时性,并且规定了旅游活动的非定居性或非移民性;“不从事任何赚钱的活动”说明了旅游活动的非就业性。

2. 世界旅游组织关于旅游的定义(技术性定义)

旅游是指人们为了休闲、商务或其他目的离开他们的惯常环境,去往他处并在那里逗留连续不超过一年的活动。

这一定义有三个要点:一是规定了外出目的,包括休闲、娱乐、度假,探亲访友,商务、专业访问,健康、医疗,宗教/朝圣及其他;二是离开其惯常环境到其他地方的旅行;三是在外连续停留时间不超过一年。

世界旅游组织于1991年6月25日在加拿大渥太华召开的“旅游统计国际大会”上通过了一系列决议。会后,世界旅游组织继而成立了由政府、国际组织和旅游业代表组成的指导委员会,它负责制订具体贯彻渥太华会议决议的计划,并于1993年2月在纽约召开的联合国统计委员会第27次会议上通过了世界旅游组织的报告——《对旅游统计的建议》。根据这一决定,世界旅游组织制定了相关技术手册,其中提到了旅游的技术性定义。

拓展知识

我国学术界关于旅游的一些代表性的定义

《中国百科大辞典》中“旅游学”部分指出:“旅游是人们观赏自然风景和人文景观的旅行游览活动。包含人们旅行游览、观赏风物、增长知识、体育锻炼、度假疗养、消遣娱乐、探亲猎奇、考察研究、宗教朝觐、购物留念、品尝佳肴以及探亲访友等暂时性移居活动。从经济学观点看,是一种新型的高级消费形式。”

李天元在其《旅游学概论》中认为："旅游是人们出于移民和就业任职以外的其他原因离开长住地前往异地的旅行和暂时逗留活动，以及由此所引起的各种现象和关系的总和。"

谢彦君在《基础旅游学》中的定义为："旅游是个人以前往异地寻求愉悦为主要目的而度过的一种具有社会、休闲和消费属性的短暂经历。"

申葆嘉在《旅游学原理》中提出："旅游是产业革命以后分化自旅行的非定居者在地域上的移动和暂时逗留所引起的关系和现象的总和；他们不会导致长期居留，并且不利用旅游从事任何赚钱活动。"

魏向东在《旅游学概论》中提出："旅游是旅游者在自己可自由支配的时间内，为了满足一定的文化享受目的，如休憩、娱乐、保健、求知、增加阅历等，通过异地游览的方式所进行的一项文化体验和文化交流活动，并由之而导致的一系列社会反应和社会关系。"

资料来源：李肇荣，曹华盛. 旅游学概论. 北京：清华大学出版社，2006.

（三）旅游的定义

综上所述，依据现代旅游发展的客观实际，我们将旅游的定义归纳为：旅游是人们为了休闲、商务和其他目的，离开惯常环境到异地的旅行和暂时停留，时间不超过一年，而且不导致定居和就业的一种活动。

我们可以看到人们至少在以下三个方面已经取得共识：

第一，旅游是人们离开自己的惯常环境到异地的旅行，指明旅游活动是针对人类移动行为而言的，反映了旅游活动的移动性。

第二，旅游是要离开人们的惯常环境去异地访问的活动，这反映了旅游活动的异地性。

第三，旅游是人们前往旅游目的地，并在那里作短暂停留的活动。这种短期停留有别于移民性的永久居留。这反映了旅游活动的暂时性。

特别提示

惯常环境即人们日常居住、工作或学习的地方。人们在家庭或社区内的活动（如在家看电视或日常购物等），以及日常上班、上学都不是旅游活动。

二、旅游的基本属性

旅游作为一种复杂的社会现象，本质上具有特殊的属性，具体表现如下：

（一）文化属性

旅游的需求是在满足人类最基本的生存和安全需求以后而产生的一种享受和发展的需求。这种需求既有精神的，也有物质的，但更多地表现为人们对增长见识、陶冶情操、充分获得个性满足的需求。因此，旅游需求是一定文化背景下的产物，是文化驱使的结果。没有文化的发展，就不可能激发人们的旅游动机，也就不可能产生旅游。旅游资源是旅游的吸引物，不可避免地反映了一定的社会文化环境，特别是人文旅游资源，譬如文物古迹、民族风情，都是人类生产、社会生活的产物，属于文化的范畴。所以，旅游资源自身就是凝聚着人类精神文化神韵，是旅游地社会文化环境的体现。旅游设施和旅游服务则在内容和形式上也体现了鲜明的文化特色。譬如风俗习惯、文学艺术、建筑、服饰、饮食等。因此，旅游业既是一定社会文化环境创造出来的物质和非物质的旅游媒介，又是一定社会文化环境的自我表现形式。

（二）社会属性

大众旅游发端于英国的产业革命，伴随着中产阶级和相对便宜的交通方式的出现而兴起，随着社会经济的发展和现代交通工具的日新月异，旅游获得快速的增长和扩展。然而，现代科技的发展、高度的城市化以及高矗的居住形式也导致了社会关系的缩减，劳动分工和由此引起的过分专业化使人际关系交流贫乏，人与人变得较过去分隔和孤立，旅游显然适应了这一普遍的社会演变。在不同的社会条件下，人们的旅游需求受时代的强烈影响，人们的旅游消费方式也随着社会的变化而发生了很大改变。比如，过去是以集体形式为主的消费方式（乘坐公共交通车旅行），消费品的批量生产导致了个人消费方式（驾驶私人汽车旅行）的产生。20世纪60年代，在西方兴起的3S模式——sea、sun、sand，随着人们价值观方面的变化，今天已经被崇尚个性充分发扬和实现的旅游所替代。除了旅游需求和旅游消费方式表现出社会性以外，旅游行为也体现了一种社会象征意义。20世纪中叶以前，旅游通常是那些既拥有时间又拥有金钱的上层人物从事的活动，因为这是社会地位高的标志和象征，他们花费奢侈，显示自己的社会知名度。如今这种象征性虽然有所改变，但并未完全消失。旅游不再简单地化为阶级的象征，而是通过消费和参与某些娱乐活动，归属于某一社会类别，如购买大功率的越野车等，所有这些都是一种社会类别的象征。社会的评价不仅仅限于个人所从事的职业和收入，同时也体现在他利用休闲时间的方式上。

（三）休闲属性

从主观上来讲，人们外出旅游旨在借助各种休闲活动来调节原有的程式化生活。在旅游观光与体验的过程中，人们短暂地进入一种相对自由状态，没有了生活与工作的压力，也无须劳作，真正达到了“身”与“心”的双重修整。在旅游中所体现的休闲，是自然的、随意的、新奇的、完美的和轻松愉快的，这与日常的生活和工作相比，多的是欢快，少的是责任和压力。

从旅游的活动结构上看，旅游的休闲性主要体现在多功能娱乐的集中体现方面。在日常的社会生活中，人们在工作和劳动之余，也会有休息和休闲的时间，参加诸如观光、游览、体育健身、看电视、听音乐、访友等活动。旅游活动的休闲则是把这些休闲活动的精华集中起来，再次展现在旅游者的面前，使其在较短的时间内充分体验到休闲的欢愉性。

旅游还是人们打发闲暇时间的一种积极手段。不同于其他的一些消闲方式，旅游既可以增加知识见闻，又能扩大社会交往，许多健康身体性质的旅游活动还有益于生命机体的调适，因而备受人们的青睐。在我国，周末双休日和春节、“五一”、“十一”三个黄金周是旅游的高峰期，前者适宜于近程旅游休闲，后者则适宜于到较远的距离之外去体验异域风情。

（四）消费属性

人类的活动包括生产和消费两大领域。生产领域肩负着物质生活资料和精神生活资料的生产的使命，消费活动是指出于维持个体生存、保证劳动能力的再生产乃至实现个人的社会发展的目的而对物质生活资料和精神生活资料的耗用。就旅游而言，它不为社会也不为旅游者创造任何外在的可供消费的资料；相反，它耗费着旅游者的积蓄和他人的劳动成果。如仅限于个人的流连山水，陶醉于大自然（而非人化）美的恩赐，他也是在消磨本可以用于创造财富的生产时间。旅游者的消费不仅贯穿于旅游者的食、宿、行、娱、购的整个过程中，同时还包含在娱乐、游览过程中所享受到的具有无形效用的精神价值中。所以，旅游不是生产行为，而是消费行为，并且是在满足了基本的生存和生活需求层次之后的高级消费形式。

三、旅游活动的构成

旅游是涉及多方面的综合性社会文化现象，它由旅游者、旅游资源和旅游业组成。其中旅游者是旅游的主体，旅游资源是旅游的客体，旅游业是媒体。主体、客体和媒体之间相互依存，相互制约，紧密结合，共同构成旅游这一复杂的综合体，并产生经济效益、社会效益和环境效益。

（一）旅游者

在旅游活动的构成要素中，旅游者是旅游活动的主体。旅游者是旅游活动的首要条件，一切旅游活动都是围绕旅游者而进行的，没有旅游者就没有旅游活动，也就没有由旅游活动而产生的各种经济或社会现象。在旅游活动构成中，旅游主体以个体行为意向和群体市场特点向其他要素提出要求，即产生旅游需求，由此产生旅游活动的运转。旅游活动的发展历史表明，旅游实践乃是先有旅游者的活动，后有为旅游者服务的旅游从业队伍的。旅游者是旅游活动的主导性因素。他们的数量、消费水平、旅游方式等,是决定旅游业内部各种比例关系及其相应协调的主要因素。旅游资源的开发和利用,旅游业的发展规模和速度,都直接受旅游者的客源结构、旅游流向和活动变化规律的制约和影响。一个地区的旅游开发通常就是以客源市场为导向的开发。因而,旅游者是旅游活动的主体。

一个人能否成为旅游者还受多种主客观条件制约。就主观因素而言,必须具有旅游动机,而客观因素则包括必须具有一定可随意支配的收入和闲暇时间,此外还有其他一些客观条件。一个人只有同时满足个人旅游需求的主观条件和客观条件才能成为现实的旅游者,实现其旅游活动。

(二)旅游资源

在旅游活动的构成要素中,旅游资源是旅游活动的客体。旅游资源是吸引旅游者、激发旅游者旅游动机的直接因素,也是旅游业借以创收的前提。因此,旅游资源是一个国家和地区旅游业赖以存在和发展的最基本条件。就旅游者的旅游活动来看,当一个人具备了外出旅游的客观条件,并且也产生了旅游需求的时候,他首先考虑的是到何处去,做何种旅游才能满足自己的旅游需求。而此时,异国他乡的自然因素、人文因素,不同的地域组合和表现特征就成为吸引旅游者前往的决定性因素。显然,如果没有旅游资源所构成的具有吸引力的环境,旅游者便不会前来访问,旅游活动也无从开展。尽管旅游者也会考虑旅游地的生活条件和服务水平,但这些都是旅游者旅游活动所派生出来的次要需求。而旅游资源由于自然和人文要素的组合不同而各具特色,既不可移动,又不可替代,只有亲临其境,亲历其事才能真切感觉,获得真正的精神满足。

所以,旅游资源是旅游活动的客观对象。一个国家和地区,旅游资源的特色和丰富程度是其旅游业发展成功的客观基础。而对旅游资源的利用与开发水平也直接影响到一国或一地区的旅游活动的规模、类型以及发展水平。

旅游资源作为旅游活动的客体,其构成要素多种多样。自然因素、人文因素或其他任何因素以及由它们共同组合所形成的综合体,均可构成对旅游者具有吸引力的环境,成为旅游资源。旅游资源的表现形式也是多种多样的,它广泛存在于客观世界中。

(三)旅游业

旅游活动的构成要素中,旅游业是旅游活动的媒体。旅游业把旅游者和旅游资源联系在一起,使旅游活动顺利开展,成为实现旅游活动的条件和手段。旅游业是旅游发展的产物,也是旅游发展的推动者。在近代旅游业产生之前,旅游活动主要是一种自发的、少数人参加的活动,旅游主体和客体直接联系;旅游者外出旅游活动大多表现为漫游探险等方式,缺乏对旅游客体的了解和认识;同时也没有基本的旅游设施和旅游服务,旅游者的旅游活动缺乏组织性并且存在诸多不便。因此,早期旅游活动规模小、范围小。而旅游业诞生之后,它在旅游者和旅游资源之间起着一种媒介与桥梁的作用,通过旅游业提供各种旅游供给以及对旅游市场进行组织,使得旅游活动方便易行,在现代大众旅游中,几乎没有旅游者不再利用旅游业提供的旅游服务。这对旅游活动的发展起到了重要的刺激与促进作用,使旅游活动的规模越来越大,并使人们外出旅游的距离也越来越远。

不难看出,旅游业诞生之后,完成旅游活动的要素已不再只是旅游者和旅游资源,旅游业在客源地与目的地之间以及旅游动机与旅游目的的实现之间架起了一座便利的桥梁。利用旅游业提供的规范化的旅游模式完成旅游活动,已成为广大民众中占支配地位的旅游形式,而旅游业的发展和规划,也成为旅游目的地的旅游开发的重要组成部分。旅游业作为旅游活动的媒体,已经成为推动旅游活动开展最积极、最活跃的一个因素。

旅游的主体、客体、媒体是相互联系和互为制约的,它们共同构成了旅游的统一体,其中一个要素变动必然引起其他要素的相应变动。如旅游者的旅游兴趣和决策,直接影响到旅游地的选择,旅游者的客流量和流向以及旅游者的时空变化,会影响旅游地的开发规划和规模、服务设施的规模和档次需求。如果旅行社的旅游宣传很有特色,旅游地本身也具有吸引力,就会反过来影响游客流向和流量的变化,旅游地开发规划、环境保护、旅游媒体的交通运输、服务会相应受到影响,因此三者构成了一个旅游的整体。

拓展知识

旅游活动的"六要素"

1991年孙尚清主编的《中国旅游经济发展战略研究报告》中提出了旅游活动最基本的要素,即"行"、"游"、"住"、"食"、"购"、"娱"六要素的概念。这六要素是针对旅游主体——旅游者而言的旅游客体和媒体,是旅游者在旅游活动中必须涉及的,是旅游者的基本旅游需求。

行:是六要素中非常重要的条件,它是帮助旅游者完成空间转移,从居住地到目的地的必要条件。

游:是六要素中最主要的环节,是旅游者最期待的内容,也是旅游者外出旅游的目的,其他五个要素都是围绕游览这个中心衍生的辅助条件。旅游质量的高低,在很大程度上是看游的质量如何。

住:住宿是旅游者在旅行游览过程中非常重要的一个方面。旅游者通过休息放松,及时恢复体力和精力,顺利地进行第二天的游览活动。

食:饮食是一种文化,也是旅游的一个重要内容。人们在旅游过程中享受各地的风味小吃、特产瓜果等,既满足了胃口,又领略了不同地区的饮食文化。

购:通过购物,旅游者可以买到有意义的旅游纪念品,馈赠亲朋好友,或是留作纪念。

娱:目前,我国旅游者的娱乐活动主要是看一些文艺演出,如具有当地风情的文艺表演,如桂林漓江的印象刘三姐、登封的禅宗少林音乐表演等,具有很高的欣赏价值。

资料来源:人力资源和社会保障部.旅游概论.北京:中国劳动社会保障出版社,2009.

第二节 旅游活动的特点和类型

一、旅游活动的特点

旅游活动是一种内容丰富、类型多样、涉及面极广的社会经济活动,是现代社会中人类的一种短期性的特殊生活方式,因而现代旅游活动与一般的社会经济活动相比具有不同的特点。

(一)审美性

旅游是一种综合性的审美活动,它集自然美、艺术美、生活美为一体,融风光、文物、古迹、建筑、雕刻、绘画、书法、音乐、戏剧、风情、美食等于一体,可以满足人们多种多样的审美情趣。而且旅游活动本身就是一种审美的社会实践,是一种生动形象、自然具体的审美教育活动。审美性贯穿旅游活动的各个要素。

从旅游主体来看,审美追求是旅游者普遍的旅游动机之一。旅游者的旅游形式和内容可能会千差万别,但有一个共同点就是为了陶冶情操、愉悦身心,获得美的享受。旅游活动的行、游、住、食、购、娱等每一个环节都能给旅游者以美感。

从旅游客体来看,旅游资源是美的载体。旅游资源同其他资源的区别,就是在于它具有美学特征和观赏价值。旅游资源蕴涵着丰富的自然美、社会美和艺术美,对旅游者产生极大的吸引力。

从旅游媒体来看,旅游业是创造美和生产美的行业。旅游业不同于一般产业,它生产以服务为核心的综合性产品,通过生产和提供美的景观、美的商品、美的艺术、美的服务,以满足旅游者的高层次的物质文化需求——审美需求。

(二)异地性

旅游是人们离开日常生活环境到另一个地方作短时期停留,欣赏异地风光,体验异族风情,身心得到充分的放松和休息。每个人都生活在一定的时间和空间,这一定的时间和空间既是人们认识客观世界的基础,也是人们认识客观世界的限制。出于"求新、求乐"的心理动机,人们借助旅游以开阔眼界,增长知识,这是旅游异地性产生的主观基础。而另一方面,对旅游者产生吸引力的旅游资源,由于与旅游目的地的时空环境紧密相连,具有地理上不可移动的特点,旅游者只有克服空间障碍,离开自己的常住地前往旅游目的地才能实现旅游活动,这是旅游异地性产生的客观前提。一个地区的异地性越强,它对旅游者产生的吸引力就越大。

(三)流动性

旅游活动的异地性,决定了旅游具有流动性。因为旅游者为了实现旅游目的,首先要从自己的常住地转移到异地景区,然后从一个景区向另一个景区转移,这就产生了流动,也就是旅行。只有流动,游览才能获得更为广阔的空间形式,所以,旅游必须以旅行为前提。

(四)暂时性

旅游在时间上的特点,就是人们前往旅游目的地,并在那里做短期停留的访问活动。这种短期停留有别于移民性的永久居留,表现为旅游的暂时性。对于大多数旅游者而言,旅游是其利用社会工作之余的闲暇时间所从事的活动。其动机或是为了恢复体力、愉悦身心,或是为了扩大眼界,增长见识,但不论出于何种动机的旅游都是一种短期的生活方式。因为闲暇时间只是人全部时间构成中的一小部分,而休闲娱乐也只是人们在工作之余才能从事的活动,旅游是人们暂时性的行为。

(五)综合性

旅游活动的综合性集中表现在:第一,旅游活动的构成内容除包括人们通常说的行、游、住、食、购、娱六大主要方面的需求外,还包括通信、医疗、洗理、修补、入出境等方面的需求,几乎包括了人类消费需求的各个方面。第二,旅游活动既涉及自然方面的事物和因素,又涉及社会方面的事物和因素。在社会方面,既有文化的内容,又有经济、社会乃至意识形态的内容。第三,旅游需求使目的地国家或地区许多部门和行业提供服务。既有经济部门,也有非经济部门,经济部门有旅馆业、饮食业、交通运输业、建筑业、商业等,非经济部门有文教、卫生、公安、海关等。

二、旅游活动的类型

由于旅游活动是一种综合性的社会现象,不同类型的旅游活动之间也存在大量的交叉和联系,因此关于旅游的类型,目前尚无统一的划分标准。人们往往根据自己的研究目的和角度,选用不同的划分标准,下面介绍几种常见的分类方法。

(一)按地域范围划分

按地域范围可把旅游活动划分为国内旅游和国际旅游。

1. 国内旅游

国内旅游是指人们在居住国境内开展的旅游活动，通常是指一个国家的居民离开自己的常住地到本国境内其他地方的旅游活动。

根据在旅游目的地的停留时间，国内旅游又划分为过夜旅游和不过夜的一日游。国内一日游是否纳入国内旅游的统计中，各国的做法不一。

综合考察旅行距离、旅游消费水平等，国内旅游还可具体分为地方性旅游、区域性旅游、全国性旅游三种形式。

(1) 地方性旅游

通常是指当地居民在本区、本市、本县范围内的旅游活动。这实际上是一种短时间、近距离的参观游览活动，多数和节假日的娱乐相结合，时间短、活动项目少，常是亲朋好友或家庭、小集体自发组织的旅游活动方式。

(2) 区域性旅游

指居民离开常住地到邻近地区的风景名胜点的旅游活动。如郑州旅行社组织的上海、苏州五日游。

(3) 全国性旅游

指跨多个省份的旅游活动，主要指到全国重点旅游城市和具有代表性的著名风景地的旅游活动。如从哈尔滨到北京、西安、武汉、上海等的旅游活动属于全国性旅游。

特别提示

根据世界旅游组织（WTO）的解释，并不属于本国居民的长住性的外国人（如使馆人员）在所在国境内的旅游活动，也应归为国内旅游。

2. 国际旅游

国际旅游是指跨国旅游，即一个国家或地区的居民跨越国界、地区到另一个或几个国家或地区去的旅游活动。

(1) 按旅游者的流向划分

按旅游者的流向划分，国际旅游分为入境旅游和出境旅游。

①入境旅游：是指其他国家或地区的居民前来本国或本地区的旅游活动，也包括港、澳、台同胞来内地的旅游活动。

②出境旅游：是本国或本地区的居民到其他国家或地区所进行的旅游，也包括内地居民前往港、澳、台地区的旅游活动。

特别提示

我国港、澳、台地区的居民,由于台湾尚未实现统一,香港和澳门作为特别行政区高度自治,尤其是港澳台同胞来内地旅游时需要交付外币,以及外汇收入对内地地区的经济意义,仍视为入境旅游。出于类似原因,内地居民赴上述三地区旅游也被视为出境旅游。为了有别于外国人,我国有关部门针对这一特殊情况采用了“海外”一词,避开了“国际”一词。

(2)按旅游范围划分

按旅游范围划分,还可分为跨国旅游、洲际旅游和环球旅游。

①跨国旅游:泛指离开居住国到另一国或多个国家进行的旅游活动,以不跨越洲界为界限。如亚洲本地区的旅游。

②洲际旅游:指跨越洲际界限的旅游活动。如亚洲国家到欧洲国家。

③环球旅游:指以世界各洲的主要国家(地区)的港口风景城市为游览对象的旅游活动。如英国的“伊丽莎白女王二世号”游船,号称“千人百日游全球”的旅游活动,这种旅游形式消费大,多数属于经济富裕人士的度假观光旅游或探险旅游。

国际旅游与国内旅游的关系是,国际旅游是国内旅游的延伸和发展,国内旅游则是一国或地区旅游业发展的基础。

特别提示

国际一日游

根据在旅游目的国停留时间的长短,国际旅游可划分为过夜的国际旅游和不过夜的国际一日游。在一些相互接壤的国家,这种国际一日游游客是一个重要的客源市场。但在国际旅游统计中,一般都不包括国际一日游人次,而把国际一日游游客的消费作为国际旅游收入统计在内,因为这些国际一日游游客在目的地的消费很难从当地的国际旅游收入中分出。

(二)按旅游目的划分

由于旅游者旅游动机的多种多样,导致旅游活动的内容和形式也千差万别。按照旅游者的旅游动机和主要目的来划分,将旅游分为下列几种基本类型:

1.观光型旅游

观光型旅游是以游览观赏自然风光、城市风光、名胜古迹为目的的旅游,是最常见、最基本的旅游类型。通过观光获得美的享受，愉悦身心，调节体力。观光型旅游的形式主要有自然风光、城市风光、名胜古迹、主题公园、国家公园、野生动物园等。在国外，埃及的古迹、瑞士的风光，早已成为世界各国旅游者心目中的旅游胜地。我国的北京故宫、长城，杭州西湖、安徽黄山等，已成为旅游者的必游之地。

图 3－1 北京颐和园

2. 度假型旅游

度假型旅游是指人们利用假期进行休养和消遣的旅游活动方式。通过度假旅游，适时改换环境，探求新的经历，调节身心节律，消除紧张与疲劳。这种旅游产生时间虽不长，但发展很迅速。特别是第二次世界大战后，随着社会经济发展，人民收入提高，闲暇时间增多，以及交通条件改善，目前度假型旅游已十分普及，形式也十分多样。

度假型旅游种类较多，以传统的海滨旅游最为长盛不衰。由于海滨旅游可以避暑、避寒和充分享受阳光浴、海水浴，有利于开展水上运动和海底观光，还可以领略当地的田园风光和民俗风情，因此，海滨旅游流行于世界各地，而且涌现出了一批著名的海滨旅游度假地。例如，西班牙的"太阳海岸"、法国的"蓝色海岸"、美国的夏威夷、我国的三亚等。随着度假旅游者需求的日益现代化，度假型旅游的形式也越来越丰富，主要有乡村旅游、森林旅游、度假村或度假区、野营旅游、温泉旅游等。

拓展知识

乡村旅游的含义及发展

乡村旅游是指旅游者在乡村的自然环境或人文风情的吸引下，所进行的一系列的游憩活动。简单地说，乡村旅游就是到乡村去观赏乡村的风光，了解一些乡村民情、礼仪风俗等，可以在乡村及其附近逗留、学习，体验乡村生活，就是现在人们所谓的“农家乐”。

乡村旅游是将农业生产、农村生活和生态环境三者合为一体进行的旅游开发，其基本形式是凭借城市周边地带的农村自然景观、田园风光和农业资源，面向城市居民开发的集观光、旅游、科普、建设、娱乐为一体的乡村旅游园区。

在西方发达国家，乡村旅游并不是一种新的旅游形式。早在19世纪，乡村旅游已作为现代人逃避工业城市污染和快节奏生活的出游方式而发展起来。由于铁路等交通设施的发展，乡村的通达性不断改善，乡村旅游发展得以促进，使欧洲阿尔卑斯山区和美国、加拿大落基山区成为世界上早期的乡村旅游地区。目前，德国、奥地利、英国、法国、西班牙等欧洲国家的乡村旅游已具有相当规模，并已走上规范发展的轨道，显示出极强的生命力和越来越大的发展潜力。

我国是一个历史悠久的农业大国，农业地域辽阔，自然景观优美，农业经营类型多样，农业文化丰富，乡村民俗风情浓厚多彩，在我国发展休闲农业具有优越的条件、巨大的潜力和广阔的前景。我国乡村旅游是在市场需求的促动下，在农业发展急需调整产业结构、寻找新的经济增长点的情况下应运而生的。随着我国对外开放程度的增大，农业和农村面临着前所未有的挑战，乡村农家乐旅游作为促进农业产业结构调整、充分利用农村剩余劳动力资源、维护农村社会经济可持续发展的重要途径，其发展将会越来越受到重视。虽然我国乡村旅游和农家乐起步较晚，目前才处于初级阶段，但发展十分迅速。

资料来源：红网论坛.

3. 求知型旅游

在现代社会，由于科学技术的高度发展和教育的普及，人们的受教育程度日益提高，在旅游中对知识的渴求越来越强烈。“读万卷书，行万里路”，从某种意义上说，很多旅游者就是希望通过对异国他乡文化艺术、风土人情、生活方式等的了解，扩大视野，增长知识。这种类型的旅游形式主要有考古旅游、文化旅游、红色旅游、艺术欣赏旅游、民俗旅游、工业旅游、大型艺术节庆旅游、修学考察旅游等。

4. 公务型旅游

公务型旅游是指出于职业的需要，以办展览、商务洽谈、出席会议或进行某些科学文化交流为主要目的的旅游活动。这类旅游的特点是在完成公务的同时，进行参观游览，地点一般选择在旅游胜地或风景文化历史名城。随着市场经济的高度发展，公务型旅游的形式越来越多样化，主要有会议旅游、奖励旅游、大型商业活动。目前这种旅游已占到整个旅游市场的1/3，而在豪华旅游市场中所占的比例更高。

拓展知识

奖励旅游

奖励旅游的目的是协助企业达到特定的目标,并对达到该目标的参与人士,给予一个尽情享受、难以忘怀的旅游假期作为奖励。其种类包括:商务会议旅游、海外教育训练、奖励对公司运营及业绩增长有功人员。需要指出的是,奖励旅游并非一般的员工旅游,而是企业业主提供一定的经费,委托专业旅游业者精心设计的"非比寻常"的旅游活动。用旅游这一形式作为对员工的奖励,会进一步调动员工的积极性,增强企业的凝聚力。

奖励旅游的历史可以追溯到20世纪二三十年代的美国,如今已有一半的美国公司采用该方法来奖励员工。在英国商业组织给员工的资金中,有2/5是以奖励旅游的方式支付给员工的。在法国和德国,一半以上资金是通过奖励旅游支付给员工。近年来奖励旅游在中国也日渐受到企业的重视。十多年前,在北戴河、青岛等河滨城市建的疗养院,可以说是中国"奖励旅游"的雏形,但这不是真正意义上的奖励旅游。目前国内企业奖励旅游做得还很少,大多还都集中在外资企业以及像保险、直销等特殊行业。

资料来源:根据百度百科整理.

5. 宗教型旅游

宗教型旅游是以朝圣、拜佛、求法、取经或宗教考察为主要目的的旅游活动,是世界上最古老的旅游形式之一。宗教型旅游有一个巨大而稳定的客源市场,世界三大宗教拥有教徒21亿人,每年到各个圣地朝觐的信徒无数,还包括一些非教徒的观光旅游。世界各地都有一些著名的宗教圣地,大多数都已成为宗教型旅游热点,这是宗教文化传播的方式之一。

拓展知识

宗教旅游圣地——梵蒂冈

梵蒂冈城是梵蒂冈城国的首都、世界天主教的中心、罗马教廷所在地,位于意大利首都罗马西北角的梵蒂冈高地上,面积仅0.44平方公里、约1400人口、常住人口仅500,修筑在使徒圣彼得墓上的大教堂是全城的中心,也是世界上最大的宗教建筑。1984年梵蒂冈城列入世界文化与自然遗产保护名录。

图 3-2　圣彼得广场

梵蒂冈是世界上的一个特殊城国，城区便是梵蒂冈国家的疆域。梵蒂冈城早在公元 8 世纪就已成为教皇国的中心。1870 年意大利王国吞并教皇国，教皇退居梵蒂冈城。1929 年意大利政府同教皇签订条约，正式承认梵蒂冈城国以教皇为首的罗马教廷的存在，梵蒂冈城国的主权属于教皇，拥有自己的货币、邮政、电讯及民政机构，是政教合一的体制，教皇就是国家元首。梵蒂冈城国除在国内有一定数量的旅游收入外，国家经济依赖在国外的大量土地、投资、黄金和外汇储备，并经营着各种行业的跨国公司，是一个庞大的国际金融托拉斯。梵蒂冈城区略呈三角形，东西长 1045 米，南北宽 805 米，楼房、花园、庭院和广场各占总面积的 1/3。市区著名建筑有圣彼得大教堂、圣彼得广场、梵蒂冈宫、梵蒂冈博物馆、梵蒂冈图书馆、教廷天文台等。

资料来源：昵图网.

6. 购物型旅游

购物型旅游是指以购买异地商品为主要目的，兼以游览当地名胜的旅游活动。它是随着社会经济发展，交通发达，人们生活水平提高而逐渐发展起来的一种购物与观光游览相结合的旅游方式。世界上有不少地方通过特别关税政策吸引购物旅游者，被誉为"购物天堂"，例如香港、安道尔等。

7. 寻根型旅游

寻根型旅游是家庭和个人以寻根问祖、探亲访友、参加聚会或节庆活动等事务为目的的旅游活动。由于历史、政治、经济、战争的原因，在我国历史上曾发生过多次民族大迁徙，旅居国外的华侨、华人众多，侨居国外的移民及其后裔因眷恋故土，每年都有大批回国省亲、寻根访祖，特别以广东、福建为多。

8. 猎奇型旅游

猎奇型旅游是反映人们文化生活多样性的旅游。以领略旅游地特有的景物风貌、时令特色为目标。这种旅游形式五花八门，也叫特色旅游，主要有生态旅游、探险旅游、奇观旅游、体育旅游、太空旅游、原始地旅游等。

拓展知识

探险旅游

探险旅游(Adventure Travel)是旅游者到人迹罕至或险象环生的特殊环境所进行的充满神秘性、危险性和刺激性的旅行考察活动。一些人长期居住于繁华都市，厌倦了车马喧嚣的生活，很想找一个幽静而富有神奇刺激的场所体验探险乐趣。据此，很多国家开辟了探险旅游。如泰国的骑象探险旅游，丹麦的狗拉雪橇探险旅游等。另一种以追求世界纪录为目的的冒险旅行。如乘气球环球旅行，驾脚踏飞机或滑行器飞渡海峡，驾游艇或小船周游世界，乘独木舟横渡大西洋等。而以科学考察为主要目的的探险旅游，种类繁多，如高山探险旅游、沙漠探险旅游、海洋探险旅游、森林探险旅游、洞穴探险旅游、极地探险旅游、追踪野生动物探险旅游，寻找人类原始部落探险旅游等。

在探险旅游的战略规划里给出的探险旅游的定义为“把主动性的参与活动或者户外探险活动作为首要目的或者次要动机的度假或者一日游行为”。

表3-1　大众旅游者和探险旅游者的差异比较

	旅游对象	旅游形式	旅游参与	旅游体验
传统大众旅游者	非常广泛，包括城市景观、文化古迹、主题公园、自然山水等	形式较为单一，多为观光游玩	被动式，主体性和参与性不强	走马观花，心灵感受往往不深
探险旅游者	以相对纯净的自然环境为主	以自然环境为依托，形式多样，内容丰富	主动式，主体性和参与性强	旅游者能在对各种活动的投入中得到丰富、深刻的心灵体验

资料来源：百度百科.

(三)按组织形式划分

按组织形式划分可把旅游活动划分为团体旅游和散客旅游。

1. 团体旅游

团体旅游，也称集体综合旅游，是旅游者群体通过旅行社或旅游服务中介机构，采取支付综合包价或部分包价的方式，有组织地按预定行程计划进行的旅游消费活动。

2. 散客旅游

散客旅游也称个别旅游，是旅游者自行安排旅游行程，零星现付各项旅游费用的旅游消费活动。因为散客旅游灵活、自由，可选择性强，受到很多旅游者的喜爱。

（四）按旅行方式划分

按组织形式划分可把旅游活动划分为航空旅游、铁路旅游、汽车旅游、游船旅游、徒步旅游等。

（五）按计价方式划分

按计价方式划分可把旅游活动划分为包价旅游和非包价旅游。

1. 包价旅游

包价旅游是旅行社以一定价格向市场推销的成批量组合的旅行路线产品。它分为全包价和小包价两种。前者包括一次旅游活动的全部旅游服务，后者只包括其中主要的几项服务。

2. 非包价旅游

非包价旅游是指旅行社根据旅游者需要按单项计价的旅游活动，主要对象是散客，所以又称散客旅游。

（六）按年龄特征划分

按年龄特征划分可把旅游活动划分为儿童旅游、青年旅游、中年旅游和老年旅游。

（七）按费用来源划分

按费用来源划分可把旅游活动划分为自费旅游、公费旅游、奖励旅游。

第三节　旅游组织

一个国家和地区要发展旅游业，需要对其发展过程进行指导、干预和有效地组织实施各种旅游政策，这就必须成立各种旅游行政组织、旅游协会、学会及学术团体。

一、国家旅游组织

国家旅游组织，是指一个国家中为国家政府所承认，负责管理全国旅游事务的组织。成立于1901年的新西兰旅游局，是世界上最早的国家旅游组织。据统计，目前全球至少有175个国家设立了国家旅游管理部门。

（一）国家旅游行政组织的设置模式

世界各国政府建立的旅游行政组织的模式有以下几种类型：

1. 旅游委员会模式

这种模式主要是适应旅游业综合性的特点,对旅游业发展起协调作用。很多国家属于协调部门,而非权利机构,这种模式只为俄罗斯和少数东欧国家所采用。

2. 旅游部模式

采用这种模式的国家大多为发展中国家,主要原因是发展中国家对旅游创汇的期望值很高,而旅游业具有较强的综合性特点,要实现目标,发展旅游业,甚至使其在一定程度上超前发展,就必须借助于强有力的政府机构。墨西哥、意大利、罗马尼亚、埃及等约25个国家采用这种模式。

3. 混合职能模式

这一模式的特点是,旅游管理部门并非单独设立,而是与一个或几个相关部门结合在一起发挥职能。如西班牙的交通旅游与通信部,马来西亚的文化旅游部,澳大利亚的体育、娱乐与旅游部等40多个国家和地区采用这种模式。还有在职能部下设旅游局,如日本在运输部下设国际观光局,美国在商业部下设旅游局,英国在就业部下设旅游局等近30个国家和地区采用这种模式。

4. 旅游局模式

这一模式的特点是单一行使旅游管理职能,直属于内阁或国务院,规格低于部。目前,中国、朝鲜、泰国等十多个国家和地区采用这种模式。

由于各国情况不同,国家旅游行政组织的形式也不一样。它的作用大小,也要根据该国旅游业的发展和政府对旅游业的干预情况而定。一般来说,处于旅游业发展初期,或准备高速发展旅游业的国家,政府对旅游业的发展起决定性作用,旅游行政组织则作为一个政府部门而存在,而在旅游业比较发达,私人企业非常活跃的国家或地区,具有独立法人地位的半自决权性质的旅游行业组织更适合于行使全国性旅游组织的职能。

(二)国家旅游行政组织的职能

(1)负责制定国家旅游发展总体规划。确定旅游业在国民经济发展中的地位,制定旅游发展的战略目标和规划,对旅游业进行综合平衡和宏观调控。

(2)制定旅游政策和法规。拟定旅游业发展的方针政策、行政法规和行业标准并负责组织实施,协调旅游发展的各部门之间的利益关系。

(3)运用行政职权,控制旅游业的发展规模与速度,调节市场价格,控制客流量,保证旅游服务质量。

(4)负责国内旅游市场的宏观管理与国际旅游市场的宣传促销和推广拓展。

(5)制定和管理出入境旅游事务。

(6)调查研究、统计分析旅游业的供求状况,帮助制定旅游营销策略。

(7)对旅游企事业单位实施行业监管,依法审批和监督检查。

(8)管理和指导旅游教育培训与就业。

(三)我国旅游行政组织

从新中国成立到现在,我国旅游业的管理体制大致经历了三个时期。1964 年以前,国家旅游业刚起步,全国没有管理旅游业的专门机构。1964 年,正式成立了由国务院领导的中国旅行游览事务管理局,负责管理全国的国际旅游工作。1978 年,中国旅行游览事业管理总局成立,随后各省、自治区、直辖市也相继成立了旅行游览事业管理局,负责全国和各省、自治区、直辖市的旅游管理工作,政企仍然没有分开。1982 年 8 月,国家旅游局成立,确立了其作为国务院旅游行业主管部门的地位,同时,各省、自治区、直辖市也相继设立了旅游局,并逐步实现了政企分开。

1. **国家旅游局(CNTA)**

中国国家旅游局设立于 1982 年,其前身是 1978 年设立的中国旅行游览事业管理总局。国家旅游局直属国务院领导,是我国最高的旅游行政管理机构。

我国旅游业选择的是政府主导型的旅游发展战略,各级旅游行政管理组织在负责管理旅游事务中发挥重要的作用。我国的旅游行政管理机构中,分为三个层次,即国家旅游局、省(自治区、直辖市)旅游局和市(县)旅游局。

国家旅游局的主要职能是:

(1)研究拟定旅游业发展的方针、政策和规划,研究解决旅游经济运行中的重大问题,组织拟定旅游业的法规、规章及标准并监督实施。

(2)协调各项旅游相关政策措施的落实,特别是假日旅游、旅游安全、旅游紧急救援及旅游保险等工作,保证旅游活动的正常运行。

(3)研究拟定国际旅游市场的开发战略,组织国家旅游整体形象的对外宣传和推广活动,组织指导重要旅游产品的开发工作。

(4)培育和完善国内旅游市场,研究拟定发展国内旅游的战略措施并指导实施,监督、检查旅游市场秩序和服务质量,受理旅游者投诉,维护旅游者合法权益。

(5)组织旅游资源的普查工作,指导重点旅游区域的规划开发建设,组织旅游统计工作。

(6)研究拟定旅游涉外政策,负责旅游对外交流合作,代表国家签订国际旅游协定,制定出境旅游、边境旅游办法并监督实施。

(7)组织指导旅游教育、培训工作,制定旅游从业人员的职业资格制度和等级制度并监督实施。

(8)指导地方旅游行政机关开展旅游工作。

(9)负责局机关及在京直属单位的党群工作,对直属单位实施领导和管理。

(10)承办国务院交办的其他事项。

国家旅游局内设 7 个部门,分别是:办公室(综合协调司)、政策法规司、旅游促进与国际联络司、规划发展与财务司、质量规范与管理司、人事劳动教育司、老干部办公室。

国家旅游局有6个直属单位,分别是:国家旅游局机关服务中心、国家旅游局信息中心、中国旅游研究院、中国旅游报社、中国旅游出版社、中国旅游管理干部学院。

2. 地方旅游局

目前,全国已有30多个省级旅游局,14个计划单列市和数百个省辖市都设立了旅游局,县级旅游局则达500多个,已经初步形成了多级式的旅游行政管理体系。从职责上看,国家旅游局以制定产业政策为重点,省级旅游局以完善市场规划为重点,市级旅游局以维持市场秩序为主。

二、旅游行业组织

旅游行业组织是指为加强行业之间及旅游行业内部沟通与协作,实现行业自律,保护消费者权益,同时促进旅游行业内部各单位的发展而形成的各类组织。旅游行业组织通常是一种非官方组织,各成员采取自愿加入的原则,行业组织所制定的规章、制度和章程对非会员单位不具有约束力。

总的来说,旅游行业组织具有服务和管理两种功能。但行业组织的管理职能与政府旅游管理机构的不同,它不带有任何行政指令性和法规性,其有效性取决于行业组织本身的权威性和凝聚力。

(一)国际性的旅游行业组织

1. 世界旅游组织

世界旅游组织(World Tourism Organization)是联合国系统的政府间国际组织,其宗旨是促进和发展旅游事业,使之有利于经济发展、国际间相互了解、和平与繁荣。主要负责收集和分析旅游数据,定期向成员国提供统计资料、研究报告,制定国际性旅游公约、宣言、规则、范本,研究全球旅游政策。它的前身是国际官方旅游联盟,1975年改为现名,总部设在西班牙首都马德里。

世界旅游组织成员分为正式成员(主权国家政府旅游部门)、联系成员(无外交实权的领地)和附属成员(直接从事旅游业或与旅游业有关的组织、企业和机构)。联系会员和附属成员对世界旅游组织事务无决策权。截至2005年11月,世界旅游组织有正式成员144个。

世界旅游组织的组织机构包括全体大会、执行委员会、秘书处及地区委员会。其中全体大会为最高权力机构,每两年召开一次,审议该组织重大问题。2003年10月,世界旅游组织第15届全体大会在北京举行。执行委员会每年至少召开两次。执委会下设五个委员会:计划和协调技术委员会、预算和财政委员会、环境保护委员会、简化手续委员会、旅游安全委员会。秘书处负责日常工作，秘书长由执委会推荐，大会选举产生。地区委员会系非常设机构，负责协调、组织本地区的研讨会、工作项目和地区性活动。每年召开一次会议。共有非洲、美洲、东亚和太平洋、南亚、欧洲和中东6个地区委员会。

世界旅游组织确定每年的9月27日为世界旅游日。为不断向全世界普及旅游理念，形成良好的旅游发展环境，促进世界旅游业的不断发展，该组织每年都推出一个世界旅游日的主题口号。

1975年5月，世界旅游组织承认中华人民共和国为中国唯一合法代表。1983年10月5日，该组织第五届全体大会通过决议，接纳中国为正式成员国，成为它的第106个正式会员。1987年9月，在第七届全体大会上，中国首次当选为该组织执行委员会委员，并同时当选为统计委员会委员和亚太地区委员会副主席。1991年，再次当选为该组织执委会委员。

拓展知识

表3-2　世界旅游组织历年世界旅游日的主题口号

年　份	主题口号
1990	旅游：有待认识的产业，有待开发的服务
1991	旅游发展的动力：通信、信息和教育
1992	旅游促进社会经济发展和各国人民了解的途径
1993	争取旅游发展与环境保护的永久和谐
1994	高质量的服务、高质量的员工、高质量的旅游
1995	世界旅游组织：为世界旅游服务20年
1996	旅游业：增进世界和平与谅解的因素
1997	旅游业：21世纪创造就业和环境保护的主导力量
1998	公私部门的合作是旅游业发展和推进的关键
1999	旅游业：为21世纪而保护世界自然遗产
2000	科技和自然：21世纪旅游业发展的双重挑战
2001	旅游业：为和平与文明对话服务的工具
2002	生态旅游：可持续发展的关键

续表

年　份	主题口号
2003	旅游:消除贫困,创造就业和社会和谐的推动力
2004	旅游拉动就业
2005	旅游和交通——从儒勒·凡尔纳的幻想到21世纪的现实
2006	旅游让世界受益
2007	旅游为妇女敞开大门
2008	旅游:应对气候变化挑战
2009	庆祝多样性
2010	旅游与生物多样性

资料来源:百度网.

2. 太平洋亚洲旅游协会

太平洋亚洲旅游协会(Pacific Asia Travel Assoclatiom,简称PATA)原名太平洋地区旅行协会,1952年1月成立于夏威夷檀香山,协会总部设在美国旧金山。现任主席(秘书长)为拉特纳帕拉先生(Mr Ratnapala)。

太平洋亚洲旅游协会是一个具有广泛代表性和影响力的民间国际旅游组织,在整个亚太地区以至世界的旅游开发、宣传、培训与合作等多方面发挥重要作用。协会的宗旨是促进进入亚太地区及其内部旅游和旅游业的发展,因此受到该地区各国旅游业界的普遍重视。

3. 世界旅行社协会

世界旅行社协会(World Association of Travel Agencies Wata)是一个国际性的旅游组织,创建于1949年,总部设在瑞士日内瓦。该协会由237家旅行社组成,其中半数以上为私营企业,分布在86个国家的208个城市中。

世界旅行社协会旨在推动旅游业的发展,收集和传播信息,参与有关发展旅游业的商业和财务工作。

该协会出版《世界旅行社协会万能钥匙》,每年一期,免费提供给各旅行社。该刊是一份提供最新信息的综合性刊物,主要刊登会员社提供的各种服务项目的价目表,还刊登各国旅行社提供的国家概况和饭店介绍等。

4. 世界旅行社协会联合会

世界旅行社协会联合会(Universal Federation of Travel Agents,Association,简称UFTAA)是最大的民间性国际旅游组织。其前身是1919年在法国巴黎成立的欧洲旅行社和1964年在纽约成立的美洲旅行社，1966年10月由这两个组织合并组成，并于1966年11月22日在罗马正式成立。总部设在比利时布鲁塞尔。

该联合会宗旨是，负责国际政府间或非政府间旅游团体的谈判事宜，代表并为旅游工业和旅行社的利益服务。

该联合会出版发行《世界旅行社协会联合会议使报》（月刊）（《COURRIER UFTAA》）。

5. 国际旅馆协会

国际旅馆协会（International Hotel Associationiha）是旅馆和饭店业的国际性组织，于1947年在法国巴黎成立。总部设在巴黎。

国际旅馆协会的宗旨是：联络各国旅馆协会，并研究国际旅馆业和国际旅游者交往的有关问题；促进会员间的交流和技术合作；协调旅馆业与有关行业的关系；维护本行业的利益。

国际旅馆协会设有9个委员会：财务委员会、法律委员会、经济政策研究委员会、出版发行委员会、宣传推销委员会、旅行社事务委员会、旅馆专业培训委员会、季节性旅馆和旅游胜地旅馆事务委员会、会员联系事务委员会。

该协会出版发行信息性双月刊《对话》、《国际旅馆和餐馆》月刊和《国际旅馆评论》季刊以及《国际旅馆指南》、《旅行杂志》和《旅游机构指南》（年刊）等。

（二）我国的旅游行业组织

1. 中国旅游协会

中国旅游协会（China Tourism Association，简称CTA）是由中国旅游行业的有关社团组织和企事业单位在平等自愿基础上组成的全国综合性旅游行业协会，具有独立的社团法人资格。它是1986年1月30日经国务院批准正式宣布成立的第一个旅游全行业组织，1999年3月24日经民政部核准重新登记。协会接受国家旅游局的领导、民政部的业务指导和监督管理。

中国旅游协会现有理事163名，各省、自治区、直辖市和计划单列市、重点旅游城市的旅游管理部门、全国性旅游专业协会、大型旅游企业集团、旅游景区（点）、旅游院校、旅游科研与新闻出版单位，以及与旅游业紧密相关的行业社团都推选了理事。协会的组成具有广泛代表性。

中国旅游协会根据工作需要设立了5个分会和专业委员会，分别进行有关的专业活动。即：旅游城市分会、旅游区（点）分会、旅游教育分会、妇女旅游委员会和旅游商品及装备专业委员会。

在中国旅游协会指导下，有4个相对独立开展工作的专业协会：中国旅行社协会、中国旅游饭店业协会、中国旅游车船协会和中国旅游报刊协会。到1995年年底，该协会有团体会员620家。《中国旅游》和《中国饭店》两种杂志，为该协会负责出版的刊物。

2. 中国旅行社协会

中国旅行社协会(China Association of Travel Services 缩写:CATS)成立于1997年10月,是由中国境内的旅行社、各地区性旅行社协会或其他同类协会等单位,按照平等自愿的原则结成的全国旅行社行业的专业性协会,业经中华人民共和国民政部正式登记注册的全国性社团组织,具有独立的社团法人资格。协会接受国家旅游局的领导、民政部的监督管理和中国旅游协会的业务指导。协会会址设在北京。

中国旅行社协会的宗旨是遵守国家的宪法、法律、法规和有关政策,遵守社会道德风尚,代表和维护旅行社行业的共同利益和会员的合法权益,努力为会员服务,为行业服务,在政府和会员之间发挥桥梁和纽带的作用,为中国旅行社行业的健康发展作出积极贡献。

《旅行社之友》为协会会刊,每月一期,免费为会员单位送阅。协会聘请北京中伦金通律师事务所吴鹏律师为协会常年法律顾问,为会员单位和旅行社企业提供法律服务和咨询,并代理委托诉讼业务。

3. 中国旅游饭店协会

中国旅游饭店业协会(英文缩写为CTHA)成立于1986年2月,经中华人民共和国民政部登记注册,具有独立法人资格,其主管单位为中华人民共和国国家旅游局。

中国旅游饭店业协会是中国境内的饭店和地方饭店协会、饭店管理公司、饭店用品供应厂商等相关单位,按照平等自愿的原则结成的全国性行业协会。

该协会的宗旨是:遵守国家法律法规,遵守社会道德风尚,代表中国旅游饭店业的共同利益,维护会员的合法权益,倡导诚信经营,引导行业自律,规范市场秩序。在主管单位的指导下,为会员服务,为行业服务,在政府与企业之间发挥桥梁和纽带的作用,为促进中国旅游饭店业的健康发展作出积极贡献。

该协会下设饭店金钥匙专业委员会。

该协会于1994年正式加入国际饭店与餐馆协会(英文缩写为IH&RA),成为其国家级协会会员。

到1995年底,该协会有团体会员1305家,出版《中国旅游饭店》、《会员饭店报刊集锦》等刊物。

4. 中国旅游车船协会

中国旅游车船协会(China Tourism Automobile And Cruise Association,缩写为CTACA)。

中国旅游车船协会是由中国境内的旅游汽车、游船企业和旅游客车及配件生产企业、汽车租赁、汽车救援等单位，在平等自愿基础上组成的全国旅游车船行业的专业性协会，是非营利性的社会组织，具有独立的社团法人资格。协会于1988年成立，现有会员200余家。

5. 中国旅游报刊协会

中国旅游报刊协会（China Association of Tourism Journals，缩写为CATJ）成立于1993年8月25日，会址设在北京，是由全国与旅游信息传播相关的报纸、期刊、大众传媒单位及相关单位的报刊，按平等自愿原则组成的全国性专业组织。本会是非营利性社会团体，具有独立的社团法人资格。

该协会的宗旨是：遵守中华人民共和国宪法和法律，遵守国家有关旅游和新闻的法规，遵守社会道德风尚。代表和维护会员的共同利益与合法权益，努力为会员服务，为政府服务，为行业服务，在政府部门与会员之间发挥桥梁和纽带作用，团结全国各类传播旅游信息的报刊和大众媒体，为促进旅游业持续、快速、健康发展作出积极贡献。

案例分享

老李的探亲算不算旅游？

老李夫妇是农民，辛苦了大半辈子，把三个孩子培养长大，孩子们都很争气，如今事业有成，建立了幸福的家庭。为了尽孝心，争相邀请父母来家定居。大儿子是北京一所高校的老师，二儿子是上海一家外企的经理，小女儿在美国纽约定居。老李夫妇先在美国女儿家住了两年，在女儿的资助下游览了美国很多旅游景点。他们后来又到大儿子家住了半年，游览了北京的名胜古迹，最后到二儿子家住了两个月，参观了上海外滩、世博园等景点，最后回到自己家里。老李夫妇的参观游览是不是旅游，为什么？

分析：

老李夫妇到美国探望小女儿的行为不能算作旅游，因为旅游是人们离开惯常环境到异地的旅行和暂时停留，时间不超过一年。而老李夫妇在美国已经居住了两年，他们的行为不是旅游。老李在北京和上海停留时间没有超过一年，游览了当地的旅游景点，这些是旅游行为。

思考与练习

一、填空题

1. 旅游具有社会属性、文化属性、________和________。

2. 旅游活动是由旅游者、旅游资源和________构成。

3. 按地域范围，可把旅游活动划分为________和________。

4. 按组织形式，可把旅游活动划分为________和________。

5. 目前我国的国家旅游行政组织是________。

二、选择题

1. 我国内地居民赴香港旅游属于(　　)。

A. 区域性旅游　B. 全国性旅游　C. 出境旅游　D. 跨国旅游

2. 乡村旅游属于(　　)。

A. 观光型旅游　B. 度假型旅游　C. 求知旅游　D. 猎奇旅游

3. 世界旅游组织属于(　　)。

A. 旅游行政组织　B. 旅游行业组织

C. 旅游企业组织　D. 旅游法人组织

4. 英国驻中国大使馆的工作人员在我国进行的旅游活动属于(　　)。

A. 国内旅游　B. 国际旅游　C. 出境旅游　D. 跨国旅游

5. 美国在商业部下设旅游局，这种管理模式属于(　　)。

A. 旅游委员会模式　B. 旅游部模式

C. 混合职能模式　D. 旅游局模式

三、判断题

1. 我国港、澳地区的居民来内地旅游，属于国内旅游，由于台湾尚未统一，台湾同胞来内地旅游属于入境旅游。

2. 人们日常的上班、上学都不是旅游活动。

3. 由于各国情况不同，国家旅游行政组织的形式也不一样。我国国家旅游行政组织采用的是旅游部的模式。

4. 旅游在时间上的特点，就是人们前往旅游目的地，并在那里做短期停留的访问活动，停留时间不能超过半年。

四、问答题

1. 如何理解旅游的概念？

2. 现代旅游活动有哪些特点？

3. 按旅游活动内容划分，旅游活动有哪些类型？

4. 简述我国旅游行政组织的设立。

五、实训项目

调查一下你周围的人去过哪些地方旅游，在什么时候去的，旅游地的风景如何，旅游回来之后有何感受。

第四章 旅游者

引 言

旅游活动的开展首先要有愿意参与旅游活动的群体,即旅游者,旅游者是旅游活动的施动者,也是旅游活动的主体;其次要有可供旅游者开展旅游活动的客体,主要指旅游资源;再次要有能够将二者联系统一起来的媒介,即旅游业。这三者构成了旅游活动的三大要素。旅游资源的开发建设与旅游业业务的开展都是围绕旅游者展开的,旅游活动本身就是旅游者的活动,因此,有必要研究旅游者的概念,分析旅游者的形成条件,并划分旅游者的类型,这也正是本章着力解决的问题。

学习目标

- 掌握旅游者的技术性定义,了解各个国家和机构对国际旅游者和国内旅游者的概念界定;
- 掌握旅游者形成的主观条件和客观条件;
- 掌握旅游者主要类型的划分,理解不同类型旅游者的主要特征;
- 能够针对不同类型的旅游者提供有差异的旅游产品和服务项目。

第一节 旅游者的概念

国内外相关组织与学者给旅游者下过很多定义,可概括为两大类:一类是建立在抽象理论基础上的概念性定义;另一类是出于旅游统计工作的需要,而给出的具有较强实务性的技术性定义。

一、旅游者的概念性定义

1811 年《牛津词典》给出了“tourist”一词的解释，1876 年瑞士的《世纪大百科词典》也对该词进行了解释。自此开始，对“旅游者”一词不断有新见解出现，无法统一。1933 年，英国人 F. W · 奥格威尔在《旅游活动》一书中从经济学的角度对旅游者进行了归纳。中华人民共和国国家标准（GB/T 16766—1997）《旅游服务基础术语》中也对旅游者进行了归纳总结。有关旅游者概念性定义的具体内容见表4－1。

表 4－1　旅游者的概念性定义

学者及机构	时间	主要观点
《牛津词典》（英国）	1811	以观光为目的的外来游客。
《世纪大百科词典》（瑞士）	1876	出于好奇心，为了得到愉悦而进行旅行的人。
《旅游活动》（F. W · 奥格威尔，英国）	1933	从经济目的来看，旅游者必须是具备两个条件的人：第一，离开自己的久居地到外部任何地方去，时间不超过一年；第二，在离开自己久居地期间，把钱用到他们所在的地方，而不是在其他地方挣钱。
《旅游服务基础术语》（中华人民共和国国家标准，GB/T 16766—1997）	——	为满足物质和精神文化需求进行旅游消费活动的主体，是旅游服务活动的需求者和服务对象。

特别提示

对旅游者概念性定义的看法

旅游者的概念性定义突出强调了旅游的目的，包括观光、经济、愉悦等。旅游者的背景不同，旅游目的就会有很大的区别。旅游者在旅游活动过程中会主动地、有意识地寻求满足感，改变惯常环境中的生活状态，放松身心。旅游就是一个为满足物质和精神文化需求而寻求身心愉悦的过程。

旅游者的概念性定义建立在抽象理论的基础上，实用性较差。各国政府以及旅游业从业者需要对旅游者的数量、消费水平、消费结构等因素进行统计和调查，并制定出旅游业及出入境管理方面的相关政策。这就要求从统计的角度建立起旅游者的技术性定义。

旅游者的技术性定义通常将旅游者区分为国际旅游者和国内旅游者，分别对两种类型的旅游者给出技术性的定义。

二、国际旅游者的技术性定义

1937 年，国际联盟①统计专家委员会给出了“国际旅游者”的定义，这是最早的“国际旅游者”的技术性定义。第二次世界大战后，旅游业得到恢复并迅速发展起来，形成了前所未有的发展浪潮，统一各国旅游统计口径受到世界各国政府的高度重视。在国际官方旅游组织联盟 IUOTO②(International Union of Official Tourism Organizations)的推动下，在各国政府的支持下，1963 年联合国在罗马召开了一次由全体成员国参加的国际旅游会议(简称罗马会议)。罗马会议对 1937 年国际联盟的定义进行了修订，对国际旅游者的统计范围作出了新的规范。会议首次提出了“游客”的总体概念，将纳入旅游统计中的来访人员统称为游客，并进一步将游客区分为旅游者(或称为过夜游客)和游览者(或称为一日游游客)，区分的依据是旅游者是否在旅游地过夜。罗马会议修订后的国际旅游者的技术性定义可操作性和实用性更强，并于 1968 年被联合国统计委员会和国际官方旅游组织联盟正式通过，1970 年经济合作与发展组织(OECD)旅游委员会也采纳了这一定义，同年世界旅游组织再次重申将这一定义作为本组织对纳入统计旅游人员范围的解释，并建议各国都采用这一定义。1981 年，世界旅游组织在《国内与国际旅游统计资料收集与提供方法手册》一书中，对国际游客与非游客的统计口径进行了界定，并在全世界推广。有关国际旅游者技术性定义的具体内容见表 4－2。

---

① 国际联盟(League of Nations)是联合国的前身，第二次世界大战后更名为联合国。

② 国际官方旅游组织联盟(International Uion of Official Tourism Organizations)是世界旅游组织(WTO)的前身。

表 4－2　国际旅游者的技术性定义

<table>
<tr><th>学者及机构</th><th>时间</th><th colspan="2">主要观点</th></tr>
<tr><td rowspan="7">国际联盟统计专家委员会</td><td rowspan="7">1937</td><td colspan="2">离开自己的居住国，到另一国访问至少 24 小时的人。特别界定下列人员为国际旅游者和非国际旅游者。</td></tr>
<tr><td>国际旅游者</td><td>非国际旅游者</td></tr>
<tr><td>出于消遣、娱乐、家庭和健康等原因而进行旅行的人。</td><td>抵达某国就业任职，或从事任何营业活动者。</td></tr>
<tr><td>为了履行某种社会职责而出国旅行的人（如科学、行政、外交、宗教、体育等会议或公务）。</td><td>到国外定居者。</td></tr>
<tr><td rowspan="2">在海上巡游过程中前来访问的人员，即使逗留时间不足 24 小时，也作为旅游者。</td><td>住在边境的居民越过边境到邻国去工作的人。</td></tr>
<tr><td>临时过境而不逗留的旅行者，即使在某国境内时间超过 24 小时也不算作旅游者。</td></tr>
<tr><td>为商务目的而出国旅行的人。</td><td>到国外学习，膳宿在校的学生。</td></tr>
<tr><td>罗马会议</td><td>1963</td><td colspan="2">凡纳入旅游统计中的来访者统称为游客，包括旅游者和游览者。游客，指除为获得有报酬的职业外，基于任何原因到一个不是自己常住的国家去访问的任何人。旅游者（过夜旅游者），是指到一个国家作短期访问至少逗留 24 小时的游客。其旅行的目的是：其一，闲暇的消遣（包括娱乐、度假、疗养保健、学习、宗教信仰或体育运动等目的）；其二，为了工商业务、探亲、公务出使或出席会议等。游览者（“短程游览者”或“一日游游客”），是指到一国作短暂访问逗留不足 24 小时的游客，但不包括那些在法律意义上并未进入所在国的过境游客（如没有离开机场中转区域的航空游客）。</td></tr>
<tr><td rowspan="5">世界旅游组织</td><td rowspan="5">1981</td><td>国际游客</td><td>非国际游客</td></tr>
<tr><td>为了娱乐、医疗、宗教、家庭事务、体育、会议、学习或过境而进入另一个国家者。</td><td>向目的国移民或在该国谋求职业者。</td></tr>
<tr><td>中途停留的外国轮船船员或飞机组组员。</td><td>因外交或军事目的而进行访问的人员及其随从。</td></tr>
<tr><td>停留时间不到一年的外国商业或企业人员。</td><td>避难者、流浪者或边境往来工作人员。</td></tr>
<tr><td>持续时间不足一年的国际团体雇员或回国短暂停留的旅行侨民。</td><td>逗留时间超过一年者。</td></tr>
</table>

特别提示

这些定义凸显了对旅游者身份判定所需考虑的三个因素，即目的判定、居住地判定和时间判定。根据上述国际旅游者技术性定义的分析和理解，对国际旅游者进行界定时，所采用的技术性指标主要涉及旅游者访问的主要目的是否是获取报酬？在旅行中以任何形式获取报酬者都不能被称为旅游者。旅游者是否离开惯常环境？惯常环境通常指旅游者的常住国和常住地，而不是旅游者的国籍。持续停留时间是否少于12个月或24个小时？逗留在12个月以内的才被称为游客，超过12个月的被称为非游客；旅游未达到24小时的是短程旅游者（或一日游游客），超过24小时的才被称为旅游者（或过夜游客）。请思考以下情形中，哪些人属于国际旅游者范畴？移民；外交人员；武装部队官兵；流浪者；边境每日上下班的工人；从游轮上岸游览数小时的人；就医达半个月的患者；宗教朝觐者；过境探亲者；国际会议的参加者；游牧人；跨越边境的演出人员；飞机场中转的旅行者。

三、国内旅游者的技术性定义

各个国家和旅游组织对国内旅游者的定义不尽相同，尚无统一的解释。美国使用较广泛的是1973年美国国家旅游资源评审委员会提出的定义，加拿大政府也对国内旅游者给予了明确的界定，以便于对国内旅游者进行统计。美国和加拿大的技术性定义，都强调旅游者外出的距离，规定旅行单程超过50英里（约80公里）才能称为旅游者，而不强调旅游者旅行的时间或旅行者是否在外过夜。同美国和加拿大的情形相反，英国英格兰旅游局给出的定义则强调旅游者必须在外过夜至少一次，而法国的国内旅游者定义则强调旅游者外出旅行的时间，要求在24小时至4个月之间。1984年，为了国际统计与分析的可比性，世界旅游组织也对国内旅游者的技术性定义作了规定，将国内游客划分为国内旅游者（旅行时间超过24小时）和国内不过夜游览者（旅行时间短于24小时）。有关国内旅游者技术性定义的具体内容见表4－3。

表4－3　国内旅游者的技术性定义

学者及机构	主要观点	主要特征
世界旅游组织	任何以消遣、闲暇、度假、体育、商务、公务、会议、疗养、学习和宗教等为目的，而在其居住国，不论其国籍如何，对某个目的地进行24小时以上，1年以内旅行的人，均视为国内旅游者。	强调时间

续表

学者及机构	主要观点	主要特征
美国	(1)美国国家旅游资源评审委员会的定义:旅游者是指为了出差、消遣、个人事务或出于工作的原因而上下班之外的其他任何原因而离家外出旅行至少50英里(给80公里,单程)的人,而不管其是否在外过夜还是当日返回。 (2)美国人口统计局和旅游资料中心还规定下述情况不能列为旅游者:火车、飞机、货运卡车、长途汽车和船舶的驾驶及乘务人员的工作旅行;因上下班而往返于某地的旅行;学生上学或放学的日常旅行。	强调距离
加拿大	加拿大政府的定义:国内旅游者是指到离开其所居社区边界至少50英里以外的地方去旅行的人。	强调距离
英国	英国英格兰旅游局的定义:国内旅游者是基于上下班以外的任何原因离开居住地外出旅行过夜至少一次的人。	强调时间
法国	旅游者是基于下列原因离开自己的主要居所,外出旅行超过24小时但未超过4个月的人。这些原因主要包括消遣、健康、出差或参加各种形式的会议、商务旅行、修学旅行。但下列人员不在国内旅游者范畴之列:外出活动不超过24小时的人;为了就业或从事职业活动而前往某地的人员;到某地定居的人;在异地就学、膳宿在学校的学生及现役军人;到医疗机构治疗或疗养的人;在规定假期内,为家庭事务而探亲访友的人。	强调时间

从形式上看,美国和加拿大的标准都是距离,而英国和法国的标准都是时间,二者之间的标准不同,但实质上是相近的。一般情况下,旅行距离超过50英里(约80公里),旅游者在目的地过夜的可能性较大,旅行的时间也会超过24小时,反之亦然。国内旅游者和国际旅游者的区别在于旅游者是否跨越国界。除了国际或国内的限定之外,游客与旅游者、一日游游客的定义基本没有区别。各国国内旅游者的定义,均是根据各国的国情,参照罗马会议及世界旅游组织对游客、旅游者、一日游游客的定义,以取得国际间的一致性与可比性。

四、我国对于旅游者的定义

随着1978年对外开放政策的实施和旅游业的发展,我国的旅游统计工作也开始进行。我国国家统计局和国家旅游局根据我国的实际情况,在世界旅游组织及罗马会议定义的基础上,对旅游者的定义进行了严格界定。

(一)我国对入境游客的统计规定

我国国家统计局于1979年对入境旅游者的身份作了规定,指出旅游者是指来我国参观、旅行、探亲、访友、休养、考察或从事贸易、业务、体育、宗教活动、参加会议等的外国人、华侨和港澳台同胞。其中:外国人指非我国国籍的人,含加入外籍的中国血统华人;华侨是指持有中国护照,但侨居在外国的中国同胞;港澳台同胞是指居住在我国香港、澳门地区和台湾省的中国同胞。

我国国家旅游局在《中国旅游统计年鉴》中对入境旅游者的概念进行了解释和说明,进一步完善了国家统计局的规定。根据罗马会议中的定义,将任何为休闲、娱乐、观光、度假、探亲访友、就医疗养、购物、参加会议或从事经济、文化、体育、宗教活动,离开常住国(常住地)到其他国家(或地方),其连续停留时间不超过12个月,并且在其他国家(或其他地方)的主要目的不是通过所从事的活动获取报酬的人定义为游客。游客不包括因工作或学习在两地有规律往返的人。其中,常住国是指一个人在一年中的大部分时间内所居住的国家(或地区),或者在这个国家(或地区)只居住了较短的时间,但在12个月内仍将返回的这个国家(或地区);常住地是指一个常住国的居民,在近一年的大部分时间所居住的城镇或在该城镇中只居住了较短时间,但在12个月内仍将返回的这个城镇。

入境游客分为入境(过夜)旅游者和入境一日游游客。

入境旅游者,指入境游客中,在我国旅游住宿设施内至少停留一夜的外国人、华侨、港澳台同胞。其中,入境(过夜)旅游者不包括下列人员:

(1)应邀来华访问的政府部长以上官员及其随行人员;

(2)外国驻华使领馆官员、外交人员以及随行的家庭服务人员和受赡养者;

(3)在我国驻期已达一年以上的外国专家、留学生、记者、商务机构人员等;

(4)乘坐国际航班过境,不需要通过护照检查进入我国口岸的中转乘客;

(5)边境地区往来的边民;

(6)回内地定居的华侨、港澳台同胞;

(7)已在我国内地定居的外国人和原已出境又返回我国内地定居的外国侨民;

(8)归国的我国出国人员。

入境一日游游客,指入境游客中,未在我国旅游住宿设施内过夜的外国人、华侨、港澳台同胞。入境一日游游客应包括乘坐游船、游艇、火车、汽车来华旅游,在车(船)上过夜的游客和机、车、船上的乘务人员,但不包括在境外(内)居住而在境内(外)工作、当天往返的港澳同胞和周边国家的边民。

(二)我国对国内游客的统计规定

我国国家旅游局在《中国旅游统计年鉴》中,将国内游客划分为国内旅游者和国内一日游游客两大类。

“国内旅游者”是指国内居民离开惯常居住地,在境内其他地方的旅游住宿设施内停留至少一夜,最长不超过12个月的国内游客。国内游客应包括在我国境内常住一年以上的外国人、港澳台同胞,但不包括下列人员:

(1)到各地巡视工作的部级以上领导;

(2)驻外地办事机构的临时工作人员;

(3)调遣的武装人员;

(4)到基层锻炼的干部;

(5)到外地学习的学生;

(6)到境内其他地区定居的人员;

(7)无固定居住地的无业游民。

“国内一日游游客”是指国内居民离开惯常居住地10公里以外,出游时间超过6小时但不足24小时,并未在境内其他地方的旅游住宿设施内过夜的国内游客。

(三)我国对出境游客的统计规定

我国国家旅游局在《中国旅游统计年鉴》中,将出境游客划分为出境(过夜)旅游者和出境一日游游客两大类。

出境(过夜)旅游者是指我国内地居民出境旅游,并在境外其他国家或地区的旅游住宿设施内至少停留一夜的游客。出境一日游游客是指我国内地居民出境旅游,在境外停留时间不超过24小时,并未在境外其他国家或地区的旅游住宿设施内过夜的游客。

第二节　旅游者的形成条件

一个人要想成为现实的旅游者,需要具备一定的条件。这些条件主要体现在社会条件和个人条件两个方面。从社会条件来说,旅游的产生有赖于社会政治形势的稳定和经济的发展。在社会条件的推动下,形成了因商务、公务、会议等原因而开展的公差旅游活动和因消遣、家事等原因进行的个人旅游活动。前者旅游就是工作的组成部分,很少受到个人条件的影响,而后者更多地受到个人条件的限制,在讨论旅游者的形成条件时,更多的是针对非差旅性旅游者,即个人旅游者而言的。本节主要从个人条件来探讨旅游者的形成条件,主要包括旅游者形成的客观条件和主观条件两个方面。

一、旅游者形成的客观条件

旅游活动的历史证明，国际性大众旅游的兴起是同世界各国，首先是西欧和北美国家国民收入水平的提高与带薪假期的增加分不开的。因而人们普遍认为，收入水平和闲暇时间是影响旅游者形成的最重要的客观原因。简单地说，要想成为旅游者就要有“钱”、有“闲”。

（一）收入水平——足够的可自由支配收入

在旅游活动中，食、住、行、游、购、娱的任何一项活动都需要支付金钱，旅游活动具有消费属性，消费者必须具备足够的收入，才能保证旅游活动的顺利进行，这是成为旅游者的首要条件。

个人和家庭的总收入可以划分为必须支配收入、可自由支配收入和纳税三大部分，详见图4－1。其中，必须支配收入是人们为了维持日常生活和社会消费必须支配的收入，日常生活消费主要包括日常的衣、食、住、行等基本生活消费，社会消费主要是指人们需要支出的养老、医疗、失业等保险费用；纳税是每一个公民应尽的义务，体现了每个人为社会和国家所作出的贡献。总收入中，除去必须支配收入和纳税两部分费用后，就是可自由支配收入，也只有这部分收入可以用于旅游。人们外出旅游和收入水平有着直接的联系，当一个家庭的收入只能够满足或不能满足日常基本开支时，很少或不可能发生外出旅行行为，因此，足够的可自由支配收入是旅游者形成的一个重要客观条件。

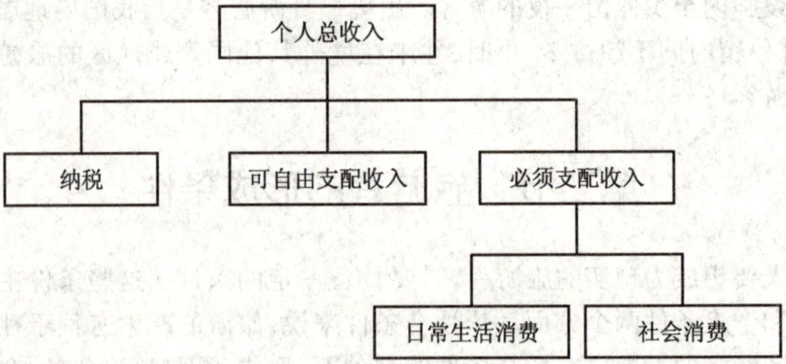

图4－1　收入分解示意图

可自由支配收入反映了一个人或家庭的旅游支付能力，当可支配收入超过临界水平后，每增加一定比例的可支配收入，用于旅游等奢侈品的消费额便会以更大的比例增加。如图4－2所示的恩格尔曲线。

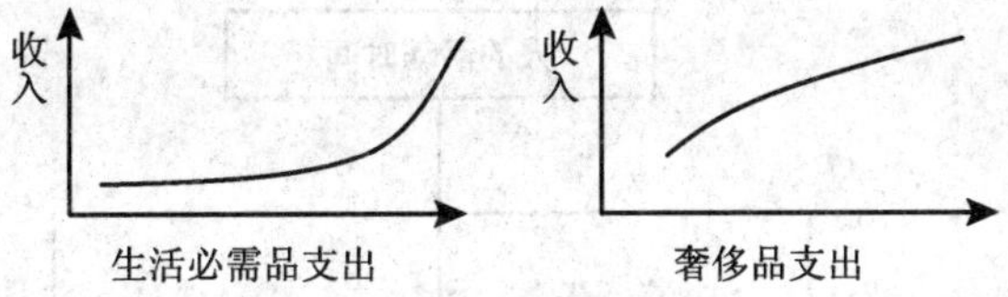

图 4-2　恩格尔曲线

恩格尔定律指出随着人们收入的增加，收入中用来购买食物（生活必需品）的部分所占比例将会下降；收入中用来购买奢侈品的部分所占比例将会上升。恩格尔系数是指人均食品消费与人均可支配收入的比例系数，该系数越小，说明在收入总额中可自由支配收入更高，人们的生活水平和质量也越高，外出旅游的可能性也越大。

特别提示

个人或者家庭的可自由支配收入而不是总收入，是推动旅游者产生的关键因素，直接决定着一个人能否成为旅游者，影响着旅游者对旅游目的地及旅游活动范围的选择，旅行方式和旅游活动内容的选择，旅游者外出逗留时间的长短，旅游者的消费水平和消费结构。

（二）闲暇时间——足够的闲暇时间

旅游活动要人们离开常住地才能开展，异地性是旅游活动的又一基本特征，这就要求旅游者要有足够的闲暇时间在异地参观访问。闲暇时间的多少决定着旅游活动开展的可能性、旅游目的地的选择以及旅游者在目的地逗留的时间，这是决定是否成为旅游者的另一个客观条件。

在现代社会中，人的活动时间由工作时间、生活时间、社会活动时间、闲暇时间四部分构成，具体内容如图 4-3 所示。

1. 工作时间

工作时间包括法定的就业工作时间和必要的附加工作时间两部分。我国的法定工作时间为每周 5 天，每天 8 小时；附加工作时间包括必要的加班加点、必要的第二职业工作时间等。

2. 生活时间

生活时间是用于满足生理需要的时间，如吃饭、睡觉、做家务等。

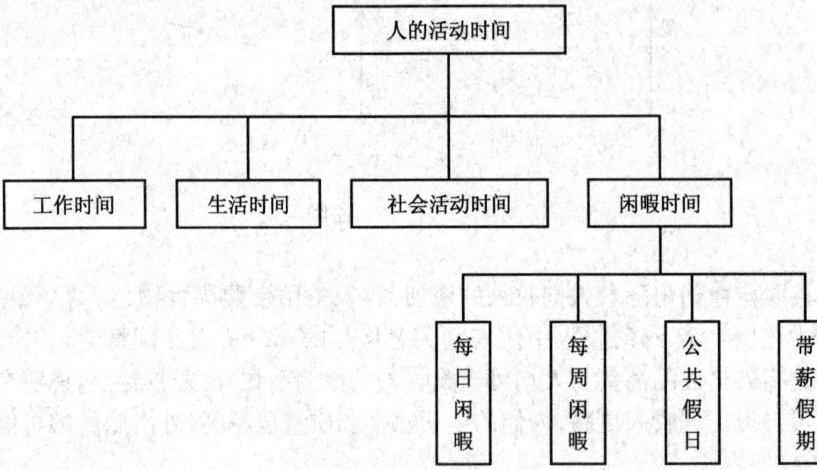

图4-3　人的活动时间构成示意图

3. 社交活动时间

除了工作和生活，人们还要参加一些必要的社交活动，如酒会、宴会、舞会、家长会、生日庆典等。

4. 闲暇时间

闲暇时间，亦称余暇时间，是指在工作、生活、社交活动之外的自由时间，可由个人随意支配，并用于消遣、娱乐、休闲或自己感兴趣并乐于从事的活动的时间。简单地说，闲暇时间就是可自由支配的时间。

在人的活动时间构成中，只有闲暇时间可用于旅游，但并非所有的闲暇时间都可用于旅游，只有持续集中的一定数量的闲暇时间才可用于旅游。在现代社会中，闲暇时间可划分为每日闲暇、每周闲暇、公共假日和带薪假期四种类型。

(1)每日闲暇。每日闲暇即是每天工作、生活、社交活动之余剩下的时间，其特点是过于零散，分布在一天的多个时间段中，可用于简单的娱乐和休息活动，但无法用于旅游。

(2)每周闲暇。通常是指每周末的休假时间。目前，全世界绝大部分国家实行每周5天工作制，周末休息两天。有些国家相关法规还规定，每年有4次为期3天的周末假日。我国从1995年5月1日起，也实行了一周5天工作制。周末闲暇时间较为集中，由于时间较短，可用于开展近距离的周末度假或一日游、二日游。

(3)公共假日。通常指各国的法定节假日。从世界范围来看，各国的节假日时间不同、多少不一，通常同各国民俗和传统节日有关。西方国家最典型的公共假日是圣诞节和复活节。我国的公共假日，自2008年起，包括清明节、"五一"劳动节、端午节、中秋节、“十一”国庆节、元旦和春节，共计11天，其中春节和国庆节为3天，其余假日为1天。我国的公共假日往往和周末闲暇合并在一起，安排前后两个周末的调休，为旅游活动创造了优越的时间。公共假日，特别是“五一”、“十一”、春节，都是人们探亲访友、外出旅游的高峰期。

(4)带薪假期。带薪假期是经济发达国家以法律形式规定的对就业人员实行的优惠休假制度，雇员在休假期间享有与工作期间相同的工资收入。1936年法国率先通过立法形式规定劳动者每年享有至少6天的带薪假期。目前世界各国实行的带薪假期长短不一。瑞典的带薪假期为6周；美国的带薪假期为2~4周；欧洲每年平均期限是22~25个工作日，时间大多集中在6~9月。我国2008年颁布的《劳动法》也规定了我国的带薪休假制度：机关、团体、企业、事业单位、民办非企业单位、有雇工的个体工商户等单位的职工连续工作1年以上的，享有带薪年休假。职工累计工作已满1年不满10年的，年休假5天；已满10年不满20年的，年休假10天；已满20年的，年休假15天。带薪假期时间较长且连续集中，往往是人们开展远程旅游的最好时机。有资料显示，欧美游客来华旅游的时间大多集中在6~9月，大部分人选择利用带薪假期来我国旅游。

特别提示

每日闲暇只能用于就地娱乐或家中休息，不能用于旅游；每周闲暇只能用于短距离旅游活动；公共假日只能用于中长距离旅游活动；带薪假期可用于远程旅游。对于在职人员来说，足够的闲暇时间是旅游者形成的必要条件，对于退休人员则另当别论。

拓展知识

我国休假制度对国内旅游的影响分析

随着社会和经济的发展，我国的国内旅游轰轰烈烈地发展起来，为了更好地促进假日经济的繁荣、昌盛，我国的休假制度经历了两次大调整。第一次调整后，催生出春节、“五一”、“十一”3个旅游黄金周，迅速释放了国民积蓄已久的旅游消费需求，主导了国内旅游发展的趋势。但与旅游黄金周相伴的旅游高度集中性，加剧了旅游供需矛盾，从而引发出旅游交通、旅游安全、旅游质量、旅游资源与环境保护等许多问题，暴露出黄金周旅游存在的诸多问题与弊端，引起了各界人士的深度探讨与高度关注。

自2008年起，我国的公共假日进行了两次调整，将原来的“五一”劳动节、“十一”国庆节、春节三个3天假期，调整为“十一”、春节两个3天假期；“五一”劳动节、清明节、端午节、中秋节、元旦五个1天假期。新休假方案中旅游黄金周的数量由3个减少为2个，而3天小长假的数量由1个增至5个。由于可自由支配时间对旅行距离具有明显的影响作用，旅游时间的长短在一定程度上决定着可旅行距离的远近，因而新方案实施后，旅游者可以在更为广泛的时段中理性地规划出游时间，有效地分流了以往高度集中的黄金周旅游客流，形成了中远程客流与近程客流平分秋色的空间格局。

另外，职工带薪年休假制度的实施，可使享受带薪年休假的职工在小长假、黄金周之外的其他时段外出旅游成为可能，从而进一步削减与平抑旅游高峰，增强时间分布的均衡性与平稳度。新休假制度打破了旅游时间分布高度集中于黄金周的格局，形成法定节假日与周末连休3天的小长假、黄金周和职工个人带薪休假并存的新局面，对优化假日旅游结构具有积极的影响。

资料来源：根据郭晓东，肖星，房亮. 新休假制度对国内旅游流时空结构及旅游开发的影响分析. 旅游学刊，2008(5)整理.

（三）其他客观条件

拥有足够的可自由支配收入和足够的闲暇时间是旅游者形成的两个最重要的客观条件，但科学技术因素、人口结构与素质、家庭生命周期、气候气象因素、旅游业的发展状况、政府的支持程度，以及新闻媒体的传播力度等因素都不同程度地影响着旅游者的形成，这些影响因素主要体现在以下两个方面：

1. 身体能力状况

大部分旅游活动要求旅游者要有健康的身体，旅游者的健康状况直接影响着旅游活动能否实现、旅游的方式，以及旅游时间的长短和距离的远近。从旅游的发展现状来看，中青年外出旅游的比例最大，老年人外出旅游的比例较低。相比之下，老年人的可自由支配收入和闲暇时间更具优势，但由于体力不支、体能状况较差，给老年人外出旅游带来了巨大的挑战。但是，随着人们生活水平的提高，医疗、保健技术的发展，老年人的体能状况已有了较大程度的提高。自20世纪90年代以来，老年人参加旅游的比例大幅提高，并形成了令全世界旅游业瞩目的“银发市场”。

2. 家庭生命周期

每个家庭都有生命周期，可分为单身阶段、新婚阶段、初为父母阶段、空巢阶段和分解阶段五个阶段。单身阶段是人们大多在经济上实现自主，脱离原有家庭的阶段。此阶段，没有家庭拖累，消费也比较自由，人们往往乐于外出旅游，特别是愿意参加带有探险、体育、新奇色彩的旅游活动。新婚阶段是从结婚到第一个孩子出生之前的阶段。此阶段,一般没有过多的经济负担,闲暇时间也较多,人们也往往愿意外出旅游,特别是乐于参加带有消遣娱乐性质的旅游活动。初为父母阶段是第一个孩子出生到子女独立生活前的阶段。特点是家庭人口增多,开支增加,家庭拖累增重。此阶段人们是否外出旅游,取决于经济状况和子女需要照顾的程度,通常会减少外出旅游的次数。空巢阶段是子女经济上已经独立,离开父母,家中只留下老夫妇的阶段。此阶段,家庭收入丰厚,没有负担,往往会外出参加疗养、观光旅游。分解阶段是老年夫妇丧失配偶阶段。孤独的老年生活往往让人们丧失生活目标,对旅游的兴趣也逐渐消失。

综上所述,可自由支配收入、闲暇时间、体能状况以及家庭生命周期是影响旅游者形成的四个主要客观条件。

二、旅游者形成的主观条件

(一)旅游需要

旅游是人类社会发展到一定阶段的产物,是人类多种需要的一种主观反应。旅游需要不仅决定了消费者是否将参与某项旅游活动,而且决定了他们何时、何地、从事何种类型的旅游活动。

研究人的需要这一领域,具有较大影响力的理论是人本主义心理学家亚伯拉罕·马斯洛的需要层次理论。马斯洛首次用层次理论来解释人们的需要,他将人的需要分为生理需要、安全需要、社交(情感)需要、尊重需要以及自我实现需要五个层次,具体如图 4-4 所示。

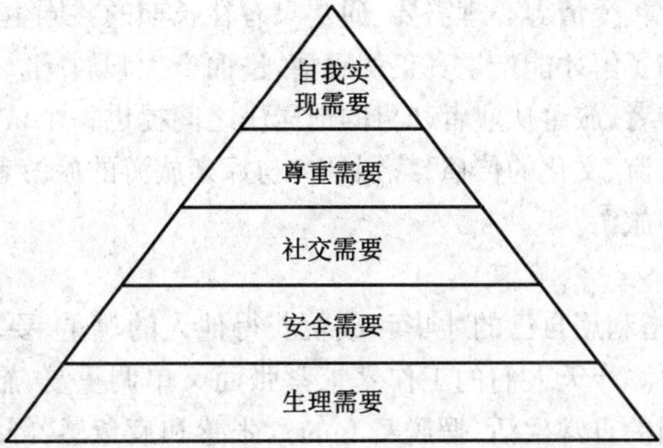

图 4-4 马斯洛的需求层次理论

马斯洛认为,人的需要是有层次的,只有低层次的需要得到满足,高层次的需要才能产生。人的需要是由低层次需要向高层次需要发展,但是任何一种需要并不因为下一个高层次需要的出现而消失,只是高层次的需要产生后,低层次需要的影响变小而已。在这些层次中,低级的需要可以从外部通过物质手段获取,属于生理需要;而高级需要则是从内部使人得到满足,属于心理需要。生理需要比较容易满足,而心理需要却很难达到完全满足的程度。马斯洛的需要层次理论虽然不能解释所有旅游行为,但它确实为我们认识人们的旅游行为提供了重要的理论依据。

1. 生理需要

生理需要,主要包括食欲、睡眠等生存方面的欲望,是人类最低限度的基本需要。旅游者在外出旅游的过程中,首先要满足生理上的需要,如保持机体生存、健康,才能进行各种游览活动。旅游者在旅游地要品尝当地的美食,享受清新空气,放松了身心,特别是保健旅游,就是以疗养、保健及增强体质为特征的旅游活动。

2. 安全需要

安全需要,主要指人们免受生理和心理两方面的伤害而产生的被保护与被照顾的需要。旅游者安全的需要也是多方面的,他们需要保障人身安全,在旅途中不发生意外,不生病;他们也需要心理上的安全,避免在旅游中发生超乎寻常的兴奋、紧张以及恐慌、不安等事件,为此他们会选择治安好、没有动乱的旅游地;他们还需要随身携带财物的安全能够得以保证。

3. 社交需要

社交需要,是指人们归属与爱的感情需要。一个人想要被社会某些群体和他人所接受,获取友情、爱情等心理需要,通常只有在长期的共同生活和工作中,通过人们之间的熟悉和了解才能产生真正的感情,进而产生归属感。但是,旅游也会给旅游者和其他旅游者、旅游从业者和目的地居民之间提供一个认识与沟通的机会,促进人们之间的交流、文化的传播,特别是参与探亲旅游的旅游者显然是为了满足社交需求而进行的旅游。

4. 尊重需要

尊重需要,是指利用自己的才华和成就获得他人的尊重,要求他人给予尊敬、赞美和赏识的需要。今天人们的工作繁忙紧张而又单调重复,旅游者通过旅游可以远离喧嚣而沉闷的日常生活,摆脱身心的紧张感和疲惫感,舒缓紧绷的神经,甚至逃避现实,旅游的经历常常被周边的人所羡慕。

5. 自我实现需要

自我实现需要,是指充分发挥个人能力,实现理想和抱负,并取得成就的需要。人们为了充实自己或实现自己的理想而开展的旅游活动,多数是为了自我实现需要而进行的旅游。例如,修学旅游就是为了开阔视野、增长见识、自我完善而开展的旅游活动；探险旅游，包括攀登珠穆朗玛峰等高山，是为了挑战自我、证明自我而开展的旅游活动；环球旅游、登月旅游也是为了满足自我实现需要而进行的旅游活动。

综上所述，各层次的需要都会对旅游者造成一定程度的影响，尽管该理论不能解释人的全部旅游行为，但它对研究人的行为需要仍具有普遍的意义。

（二）旅游动机

人们的旅游需要形成后，就会产生紧张感，进而形成旅游动机，动机是需要的表现形式。旅游动机是指激发一个人愿意去旅游以及到何处去、做何种旅游的内在心理原因，常常以愿望、兴趣、爱好、猎奇等形式表现出来，从而促使旅游行为的产生。由于人们的旅游需要是多种多样的，旅游动机也具有多样性。

1. 旅游动机的分类

众多国内外的学者从不同角度对旅游动机进行了分类。1935 年，德国学者葛里克斯曼对旅游动机进行了分类，指出旅游动机可分为心理动机、精神动机、身体动机和经济动机四大类；随后，日本学者田中喜一和美国学者罗伯特 · W · 麦金托什对葛里克斯曼提出的动机类型作了进一步划分；1986 年，我国学者屠如骥根据海外来华旅游者的调查研究，将旅游动机归纳为求实动机、求新动机、求名动机、求美动机、求胜动机、求趣动机、求知动机、求情动机、求健动机九类。

本书采用美国学者罗伯特 · W. 麦金托什所作的分类。该学者将旅游动机分为四类，分别是生理动机、文化动机、人际（社会交往）动机以及地位和声望动机。

（1）生理动机：通过保健、体育、娱乐、度假、医疗等活动，使体力得到恢复、身心得到放松，消除紧张和不安。

（2）文化动机：通过了解目的地的音乐、艺术、民俗、舞蹈、绘画、宗教等，获取其他国家和地区的知识和文化，并满足旅游者的求知欲。

（3）人际动机：结交朋友、探亲访友、避开日常工作以及家庭或邻居、建立新的友谊等。

（4）地位和声望动机：出于个人成就和个人发展的需要，希望被人承认、引人注目、受人赏识、获得好名声等。

2. 影响旅游动机的因素

旅游动机受到多种因素的共同作用和影响，影响旅游动机的因素既有来自旅游者的个体因素，也有来自外部的社会因素。

（1）个体因素。主要指个性心理类型、性别、年龄、职业和受教育程度对旅游动机的影响。

在影响旅游动机的个体因素中，一个人的个性特征起着决定性的作用。美国心理学家斯坦利·C.普洛格运用心理学发展系列理论,以数千美国人为调查样本,对人们的个性心理特点进行了研究,得出了著名结论,即普洛格的"心理类型模式",亦称为"性格类型模式"。普洛格将人们的心理类型划分为五种,分别称为自我中心型、近自我中心型、中间型、近多中心型和多中心型,如图4-5所示。

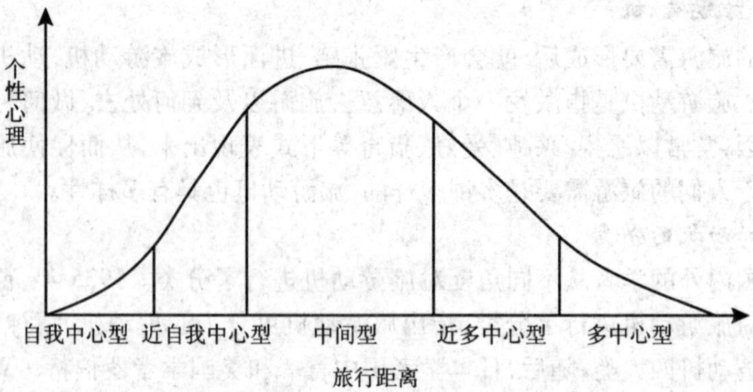

图4-5　人的个性心理

从图4-5可以看出,人的个性心理类型呈中间大、两头小;中间高、两头低的正态曲线分布。这一曲线说明,大多数人的个性处于中间型,自我中心型和多中心型两种极端个性的人只占极少数的比例,近自我中心型和近多中心型属于极端类型向中间型的两种过渡类型,其人数也占一定的比例。具体如图4-6所示。

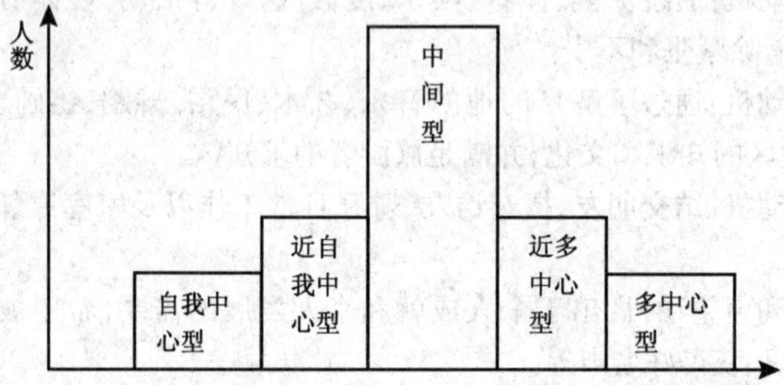

图4-6　人的个性心理分布图

不同心理(性格)特征的人,旅游动机、心理特点和行为特征也不尽相同,如表4-4所示:

表 4－4　不同心理（性格）特征的人的旅游动机和心理特点比较

自我中心型	多中心型
希望旅游地是熟悉的环境	希望去非游览区
喜欢常规的旅游项目	热衷于在他人参观前自己有新发现
向往阳光和海水，浪漫气氛	追求冒险和探索，情节紧张
希望活动量要小	希望活动量要大
希望自己驾驶汽车去旅游地	希望乘飞机去旅游地
希望旅游设施齐备	希望有适当的条件就行
希望有熟悉的气氛，老朋友	喜欢结交新朋友
旅游活动要有严密的计划	希望只安排最基本的活动，有自由时间

综上所述，人的个性特征越是倾向于多中心型，外出旅游的可能性就越大，越有可能成为旅游地的开拓者；反之，人的个性特征越是倾向于自我中心型，对旅游地的成熟度和旅游业的依赖度就越大，越有可能成为旅游跟随者。

旅游动机除了受到个性心理特征的影响之外，性别、年龄、职业和受教育程度也直接影响着旅游者进行旅游活动的动机。

从性别来看，在相当长的一段时间内，传统的“女主内、男主外”的观念使得男性更多地从事社会劳动，而女性则把更多的时间和精力放在家庭生活中，男性比女性外出旅游的倾向性更大。然而，随着社会的发展，参与社会工作的女性越来越多，社会地位也有了明显提高，女性旅游市场也有了相当大的发展，女性旅游者的比例也大大提高。由于男性和女性在心理、行为、意识形态方面的差异，旅游的动机也存在很大差别，例如，以商务、公务为目的的差旅型旅游以男性旅游者居多，而购物旅游的参与者多为女性；男性旅游者更愿意参与冒险性质的旅游，而女性旅游者更倾向于参与休闲性质的旅游。女性旅游市场已经在较大范围内得到了拓展。

从年龄来看，青年、中年、老年三个不同阶段的旅游者的旅游动机也有很大差别。青年人处于身体机能的鼎盛时期，有强烈的旅游欲望，倾向于新奇、富有刺激性、带有冒险性、体力消耗大的旅游活动；中年人在工作和事业上已经打下了一定的基础，社会阅历丰富，压力也很大，大多数倾向于求实、求稳、求名，常常参与商务、会议等实现自我价值、拓展事业的旅游活动，或是为了放松身心而开展的享受性旅游活动；老年人有足够积蓄和富裕时间，但由于身体机能条件的差异，倾向于选择节奏舒缓、舒适且体力消耗小的旅游活动，只要身体状况允许，就会经常参加旅游活动，尤其是保健旅游。银发旅游市场也越来越受到旅游企业经营者和整个旅游行业的重视。

职业的不同也会对旅游动机产生很大的影响。首先,职业的不同在很大程度上决定了人们的收入水平,而收入水平的高低直接影响着人们参加旅游活动的性质、次数及消费水平;其次,职业的不同在很大程度上决定了人们的闲暇时间,这将进一步影响人们选择旅游目的地距离的远近和旅游时间的长短。一般来说,从事繁杂度高、任务重大工作的人倾向于选择放松性质的度假、娱乐消遣型旅游。

受教育程度的高低也会影响人们的旅游动机。受教育程度较高的人,有一定的知识储备,也有较强的求知欲望,会为了学习、深造而开展修学旅游,对文化旅游也颇感兴趣,在旅游目的地的选择上,会考虑进入新开拓的或者是还未开拓的新兴地区;受教育程度较低的人,多参与消遣和娱乐性质的旅游,而不在乎通过旅游活动是否会有所收益,在旅游目的地的选择上,对安全性和舒适性要求较高,会选择进入较成熟的知名旅游目的地。

(2)社会文化因素。人们生活在一定的社会环境中,其活动不可能脱离社会背景而独立存在,旅游活动也是如此。影响旅游动机的社会文化因素主要有社会因素、民族风俗和宗教。

社会的政治、经济及治安等因素构成了个人生活的社会环境,也是影响旅游动机的主要社会因素。稳定的政局、发达的经济、安全的形势均会激发人们旅游的动机,反之,动荡的局势、欠发达的经济环境会遏制人们外出旅游的愿望。政府和相关机构支持、鼓励人们外出旅游会直接激发人们参与旅游的热情,反之,则会减弱参与旅游的热情。每个人的社会地位、日常生活、工作和学习环境也有差别,所接触的同事、同学、亲朋好友、邻居等相关群体也各不相同,这也影响旅游动机的产生。

文化、民俗本身就是独具特色的旅游吸引物,处于不同地区和环境的人在民族风俗和人生价值等意识形态领域也有差别。通常欧美地区的人把度假、娱乐作为文化生活中的重要组成部分,人们爱好四处周游、探险、欣赏各地文化和民族风俗;而欠发达地区的人,则崇尚勤劳、节俭,往往视旅游为游手好闲、浪费钱财。

不同的宗教有各自的价值观和行为准则,从而形成不同的旅游模式。如伊斯兰教教规规定每一个有能力的穆斯林生平都要做一次长途旅行,到麦加去朝觐;佛教徒则希望到各佛教圣地去拜佛、还愿;藏传佛教的转山朝拜活动等。

3. 旅游动机的激发

旅游动机的激发是刺激旅游者的生理和心理内驱力,提高人们的旅游积极性,促使人们参与到旅游活动中来。旅游业经营者要从旅游资源、旅游产品、旅游服务、旅游促销等方面采取有效措施激发人们的旅游动机。

(1)开发有特色的旅游产品。旅游资源是激发旅游动机的基础,人们外出旅游的动机之一就是要欣赏与了解各地区和国家的旅游资源。旅游资源的开发要以自然为本,以满足旅游者求真的心理;同时,旅游产品的开发要尽可能突出旅游资源的个性,挖掘旅游资源的内涵。在保持自然、人文景观原有风韵的基础上,提高旅游资源的吸引力,激发人们的旅游兴趣和动机。例如,九寨沟正是运用它独到的特色和鲜明个性,以原始古朴的山水美吸引着众多中外旅游者,成为旅游者蜂拥而至的“神话世界”。

(2)提高旅游服务质量。旅游服务质量是激发旅游动机的前提,设施条件是激发旅游动机的保证。建立健全各种规章制度和服务规范,提高旅游从业人员的业务素质和道德水平,为旅游者提供尽善尽美的服务,并辅以齐全配套的旅游设施,从硬件和软件两个方面切实提高旅游服务质量,才能满足不同层次、不同地区、不同心理旅游者的需要,激发旅游的动机。

(3)加大旅游宣传力度。旅游业可以通过广播、电视、报纸、杂志、展览会、推介会、新闻发布会等媒体对旅游活动和旅游目的地展开推广与促销。通过多样和持续的宣传,使人们认识到旅游的价值,改善人们对旅游的态度,并使潜在旅游者产生旅游动机,从而转变为现实旅游者,参与到旅游活动中来。加大旅游宣传力度,可以改善社会整体旅游环境氛围,优化社会群体的旅游行为模式,从而刺激旅游者个体旅游动机的形成。

第三节　旅游者的类型

一、根据旅游活动的地域范围分类

根据旅游者在开展旅游活动时是否跨越国界,可将旅游者划分为国际旅游者和国内旅游者。

(一)国际旅游者

国际旅游者,是指从自己的定居国或常住国跨越国界到另一个或数个国家去旅游的旅游者。国际旅游者根据跨境活动开展的地域范围又可进一步划分为跨国旅游者、洲际旅游者和环球旅游者。世界旅游组织又将洲际旅游者划分为欧洲旅游者、美洲旅游者、非洲旅游者、中东旅游者、南亚旅游者、东亚及太平洋旅游者。对于一个国家来说,国际旅游者还可划分为入境旅游者和出境旅游者。详见图4－7所示。

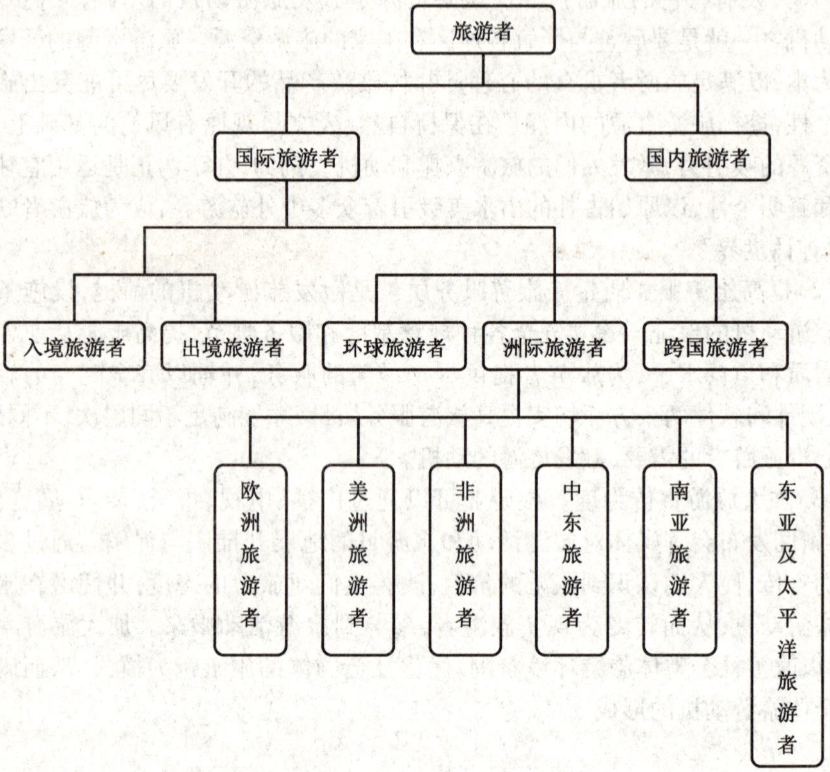

图4-7　按照旅游活动的地域范围划分的旅游者分类图

国际旅游者的主要特点有：

1. 旅游时间较长、消费水平较高

一般来说，国际旅游的距离较远，旅游者多会利用节假日和带薪假期开展跨越国境的旅游活动。由于距离较远，旅游者多会采用飞机等交通工具，在目的地滞留的时间也较长，消费的费用较大，要求旅游者具备一定的经济基础。尤其是环球旅游者多数都是经济富裕人士，数量有限。

2. 对旅游服务质量要求较高

大多数国际旅游者都是成熟型的旅游者，旅游经验丰富，他们对旅游目的地的设备设施、景点建设等硬件质量要求较高，对旅游从业人员，特别是导游的素质及知识积累程度要求也较高。

3. 选择旅游目的地较为慎重

国际旅游者外出旅游的费用较高，同时也需要花费相当长的时间和精力，选择目的地也会考虑到文化、安全、兴趣等诸多因素，对目的地的选择比较谨慎，深思熟虑后才会作出决定。

(二)国内旅游者

国内旅游者,是指离开自己的定居地或常住地,不跨越国界到另一个或数个地方去旅游的旅游者。国内旅游者的主要特点有:

1. 旅游时间较短、消费水平较低

国内旅游者旅游的时间较短,在周末及节假日时间都可开展。我国的国内旅游者多集中在“五一”、“十一”及春节假期开展中短距离的旅游,且旅游消费水平较低。

2. 对旅游服务质量要求相对较低

与国际旅游者相比,国内旅游者更多地考虑选择较为经济的旅游机构与旅游方式,对旅游目的地的硬件和软件质量要求都不是很高。但是,随着人们生活水平的提高,对旅游服务质量的要求也在逐步提升。

3. 参与人数多

国内旅游花费的时间较少,费用也较低,安全也有保障,使得更多的旅游者有条件和能力参与到国内旅游中来。

二、根据旅游目的和活动内容分类

根据旅游者旅游目的和活动内容的不同,可将旅游者划分为消遣型旅游者、差旅型旅游者、家庭及个人事务型旅游者和专项旅游者。

(一)消遣型旅游者

消遣型旅游者是以欣赏自然风光、放松心情、了解人文特征为活动内容的旅游者。主要包括观光型旅游者、度假型旅游者和文化型旅游者。

观光旅游者是指以欣赏自然风景和风土人情为活动内容的旅游者,是20世纪50年代和60年代初期世界上最常见、最普遍的旅游者,也被称为传统旅游者。随着60年代中期度假旅游者的崛起和70年代以来文化旅游者的迅速增加,为消遣型旅游者扩展了新的类型,也扩大了旅游者的队伍。度假旅游者是指以度假休闲为活动内容的旅游者,放松身心和松弛精神是度假旅游者的主要目的。文化旅游者则是以文化交流为活动内容的旅游者,这一类旅游者以探索文物古迹,交流文学、艺术、建筑、雕塑、音乐、舞蹈、科学、技术、教育等方面的成果,了解不同的民族文化,开阔视野、增长知识为目的。三者在表现形式上有所区别,但具有共同的特征。

1. 旅游季节性较强

旅游者可以根据气候状况自由选择最佳的出行时间,造成旅游目的地明显的淡旺季差异。我国幅员辽阔、旅游资源丰富,旅游者可选择在四季到不同的旅游目

的地旅游,春、秋两季在我国大部分地区气候宜人,是最适宜的旅游季节;夏季旅游者可选择到海滨地区度假消暑;冬季可选择到北部地区观赏冰雕、雾凇等壮丽景象,也可到南部温暖地区避寒。

2. 旅游目的地选择的自由度大

消遣型旅游者的旅游目的地是旅游者根据旅游目的地知名度、旅游资源的吸引力、旅游配套设施建设情况、旅游地安全状况等因素,综合评价和比较后作出的选择。旅游者可以根据自身情况,在全世界范围内随意选择,拥有完全的自我决定权。

3. 旅游者对产品价格较为敏感

旅游者都是自费旅游,通常会选择多个目的地、多种出行方式、多条线路加以比较,衡量旅游产品的性价比,选择性价比最高的旅游产品。

4. 旅游人数较多

我国的大众旅游蓬勃地发展,参与人数众多,规模空前。旅游的本质是审美与愉悦,在所有的旅游者类型中,消遣型旅游者占绝大多数。

但是,观光型旅游者、度假型旅游者和文化型旅游者又有不同的特征。观光型旅游者是三种旅游者中在目的地停留时间最短、重游率最低的旅游者;文化型旅游者次之;度假型旅游者在目的地的停留时间最长、重游率最高,且花费最高。

(二)差旅型旅游者

差旅型旅游者是因工作需要而外出的旅游者,以工作为主,同时也在工作之余开展目的地参观、游览等旅游活动。差旅型旅游者又可根据具体的工作内容,划分为商务型旅游者、公务型旅游者和会议型旅游者。商务旅游者是指以经商为主要活动内容的旅游者,也是旅游史上产生最早的旅游者;公务旅游者是指以公务为主要活动内容的旅游者;会议旅游者是以参加会议和参与旅游为活动内容的旅游者。差旅型旅游者的主要特征是:

1. 季节性不明显

差旅型旅游者以开展业务为主要目的,出于工作或业务需要,在任何季节都会外出旅行,不受季节和气候的影响。除非是目的地发生严重的自然灾害(如海啸、地震等),使业务无法开展。对出发时间、停留时间的选择度也较小,完全要依照工作安排进行。另外,与消遣型旅游者不同的是,差旅型旅游者大多不会选择在周末或节假日占用休息时间出行,旅游就是其日常工作的一部分。

2. 目的地的选择度较小

由于受到业务的限制,目的地是根据工作内容设定的,差旅型旅游者基本无法选择目的地,多数目的地都位于大都市中。

3. 消费水平高，对价格不敏感

差旅型旅游者多数具有一定的身份，特别是会议型旅游者大多是企业家、政府官员和专家、教授，收入较高，且属于公费旅游者。在外出旅游的过程中，对服务设施和服务质量要求都很高，追求舒适、豪华，对价格一般不太计较，消费能力较强。

4. 出行人数较少，但次数较为频繁

差旅型旅游者总体人数较少，但他们经常来往于各个国家和地区，出行次数非常频繁。有关统计资料显示，在全球航空客运市场中，差旅型旅游者所占比重达50%；在全球高档饭店中，差旅型旅游者所占比重高达60%。由于差旅型旅游者出行次数较频繁，消费水平较高，受到世界各国旅游业的重视。在各种差旅型旅游者中，商务旅游者出行的频率是最高的。

（三）家庭及个人事务型旅游者

家庭及个人事务型旅游者指由于探亲访友、解决家庭事务等个人及家庭原因而外出的旅游者，主要特征有：

1. 季节性不明显

家庭及个人事务型旅游者出行的主要目的是解决已经出现的问题，不受天气、气候等自然条件的影响。多数旅游者会根据事件的紧急程度，立刻出发，或选择在节假日出行。

2. 目的地的选择自由度较小

由于受到个人及家庭因素的限制，目的地是确定的，不存在可选择性。

3. 对价格较为敏感

因家庭及个人事务出行者都是自费旅游者，往往会选择物美价廉、比较实惠的旅游产品。

4. 很少利用目的地的住宿及其他服务设施

家庭及个人事务型旅游者往往会在亲朋好友家中住宿，不会利用当地的住宿机构，对其他服务机构的使用率也较低。

（四）专项旅游者

专项旅游者，是从自己的兴趣、爱好出发，专注于一个或数个特殊领域旅游的旅游者。主要有宗教旅游者、修学旅游者、科考旅游者、美食旅游者、生态旅游者、探险旅游者、农业旅游者、体育旅游者、购物旅游者、医疗保健旅游者等。具体如图4－8所示。

宗教旅游是最古老的旅游形式之一，是以宗教朝圣为活动内容的旅游者；修学旅游者是以求学深造、获取知识、增长见识为主要目的的旅游者；体育旅游者是指以直接参加或现场参观体育运动表演为活动内容的旅游者；生态旅游者是指以

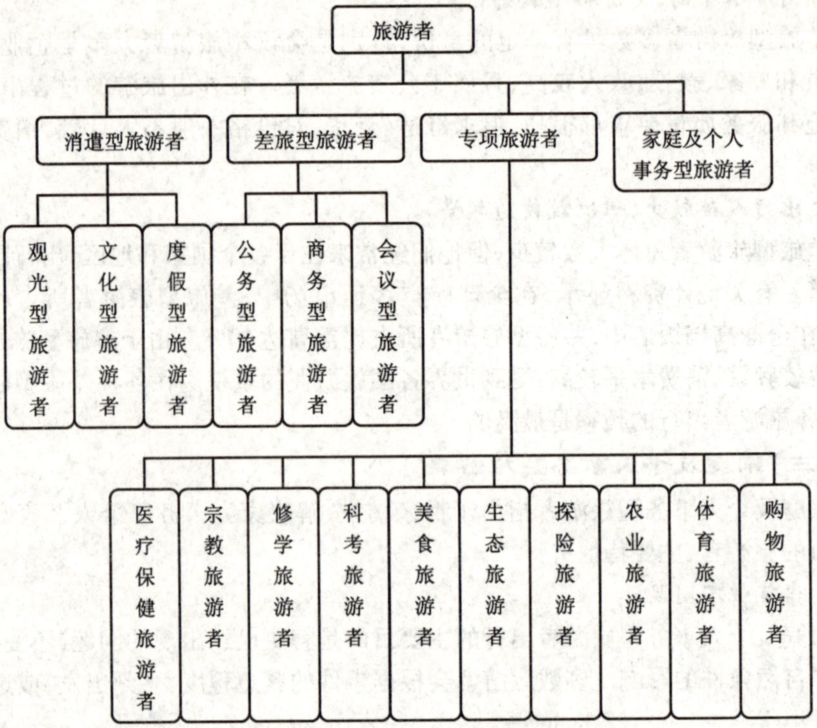

图 4－8　按照旅游目的和活动内容划分的旅游者分类图

欣赏、享受、体验和学习自然为动机，愿意在旅行中为当地的环境保护和可持续发展作出贡献，希望他们的花费用于支持当地的经济和资源保护，敏感地对待并包容不同文化的旅游者；探险旅游者是指参与带有较大危险性的探险旅游活动的旅游者；购物旅游者是以购物为主要目的并结合都市观光旅游的旅游者；医疗保健旅游者是以增进身体健康程度为目的而进行旅游的人。

专项旅游者的主要特征是：

(1)专项旅游者侧重自主性、个性化的价值取向，从独特视角开展各具特色、与众不同的旅游活动。

(2)对旅游组织者有较高的要求。专项旅游者通常会选择志同道合的人作为旅游同伴，对旅游组织者的专项能力要求也较高。例如，医疗保健旅游者参与者多为老年人，对旅游从业者的医疗保健知识要求较高，最好有专业医师随团。

(3)对旅游目的地的选择有较大的特殊性。专项旅游者要求目的地的条件能够开展专项旅游活动，如体育旅游的目的地一定要有合适的体育场所和项目；探险旅游者选择的目的地通常都是荒无人烟、人迹罕至的地区。

(4)专项旅游的内容会随着时间的推移而发生改变。旅游者不同的兴趣、爱好是专项旅游发展和运行的基础,随着时间的推移,人们旅游经验的丰富、旅游水平的提高,旅游者对于旅游的兴趣会逐渐发展并转移,专项旅游的内容也会逐渐丰富并发展。

三、根据旅游者的体验程度分类

旅游者在旅游过程中的旅游经验、体验与旅游者生活的惯常环境有很大差别。由于旅游者的个性不同,人们对待旅游的态度也有很大差异。有些人喜欢生活在熟悉的环境里,不喜欢前往陌生的环境中旅游;有些人恰恰相反,有很强烈的好奇心和求知欲,最喜欢前往人迹罕至的地方探险。著名学者科恩(Cohen)将熟悉度和新奇度融合在一起,考虑到旅游者的旅游动机,根据旅游者的体验程度对旅游者进行了分类,如图 4 -9 所示。

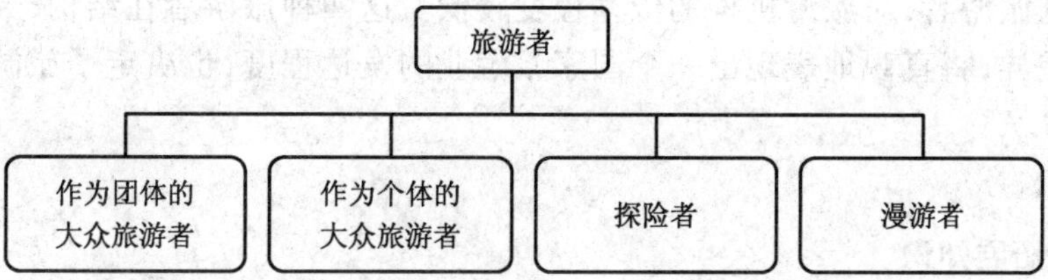

图 4 -9　按照旅游者的体验程度划分的旅游者分类图

(一)作为团体的大众旅游者

这一类旅游者熟悉度最高、新奇度最低。旅游者在出行方式上,采用有组织的团体形式,最典型的就是包价旅游。由旅行社设定旅游线路、安排旅游行程,全程导游陪同,所有的决定权都交由旅游组织者。旅游者自己几乎不用做任何决定,完全按照既定好的计划和路线行进,就像在他居住的惯常环境中一样。这也是旅游活动的初级形式。

(二)作为个体的大众旅游者

这一类旅游者熟悉度在和新奇度的较量中依然占了上风。旅游者采用个人而非团体的方式出行,旅游行程并不是事先计划好的,旅游者可在一定程度上掌握自己的时间和路线,有一定的自主权。但是,旅游者的主要安排还是通过旅游机构完成的。旅游者多数情况下,还是生活在熟悉的环境里,偶尔会和当地居民有交往和交流。

(三)探险者

探险者的旅游体验中,新奇度占主导地位。旅游者通常独立制订自己的出行计划，安排出行线路，尽量选择别人不曾走过的路线、不曾到达的区域，避开已开发成熟的旅游地，但会尽量寻求舒适的食宿和可靠的交通工具。探险者尽量尝试着与当地居民交往，勇敢地离开他所熟悉的小环境，但他并没有完全融入当地社会，保留了旅游者的基本特点。

（四）漫游者

漫游者的旅游体验中，熟悉度基本消失，新奇度异常显著。旅游者完全自己拟定出行计划并实施，选择的目的地是没有开发的旅游地。在旅游过程中，完全切断了与旅游机构的一切联系，与当地人生活在一起，入乡随俗，与他们同吃同住，完全融入当地的文化和生活之中。

这四种类型旅游者体验程度的不同，与当地居民的融合度也不同。可以看出，融合度越高则旅游者的体验程度也越高。作为团体和个体的大众旅游者被称为常规化的旅游者，对旅游机构的依存程度较高；而探险者和漫游者被称为非常规化的旅游者，对旅游机构的依存程度较低。这四种旅游者在结构、数量和比例上的差异，将直观地表现出一个国家旅游业的发达程度，也决定了旅游活动的影响力。

拓展知识

旅游者类型的其他划分标准

（1）按照世界旅游组织的分类标准可将旅游者分为纳入统计的旅游者和不纳入统计的旅游者；

（2）按照旅游者的年龄差异可将旅游者分为少年旅游者、青年旅游者、中年旅游者和老年旅游者；

（3）按照旅游组织形式可将旅游者分为团体旅游者和个体旅游者（散客）；

（4）按照旅游费用的来源可将旅游者分为公费旅游者、自费旅游者、社会旅游者和奖励旅游者；

（5）按照旅游者的性别可划分为男性旅游者和女性旅游者；

（6）按照旅游者收入水平的差异可划分为高收入旅游者、中等收入旅游者和低收入旅游者；

（7）按照旅游者不同的心理类型可划分为理智型旅游者、冲动型旅游者和选价型旅游者。

案例分享

我想去桂林

1994 年,来自贵阳的歌手韩晓因歌曲《我想去桂林》而成名。这首歌塑造了一个渴望去桂林旅游,但又苦于时间与金钱的矛盾而无法实现旅游愿望的人物形象。歌词如下:我想去桂林呀我想去桂林/可是有时间的时候我却没有钱/我想去桂林呀我想去桂林/可是有了钱的时候我却没时间/在校园的时候曾经梦想去桂林/到那山水甲天下的阳朔仙境/漓江的水呀常在我心里流/去那美丽的地方是我一生的祈望/有位老爷爷他退休有钱有时间/他给我描绘了那幅美妙画卷/刘三姐的歌声和动人的传说/亲临其境是老爷爷一生的心愿/我想去桂林呀我想去桂林/可是有时间的时候我却没有钱/我想去桂林呀我想去桂林/可是有了钱的时候我却没时间。

人们都说,桂林山水甲天下,如此秀丽的风光,何不去看看呢?旅游者形成的条件是什么呢?

分析:

旅游者形成的条件有客观条件和主观条件之分。从《我想去桂林》这首歌的歌词来看,旅游者形成的客观条件是"时间"和"金钱",两者必须兼备,只满足其中任意一个条件,不可能实现旅游的愿望;旅游者形成的主观条件,即歌词中的"想","想"代表着旅游愿望、旅游需要,在旅游需要基础上形成的旅游动机,将潜在的旅游需要转变为现实的旅游需要。一个人在自我旅游动机的驱动下,同时满足旅游所必需的"时间"和"金钱"条件,才能成为现实的旅游者。

思考与练习

一、填空题

1. 国内外相关组织与学者给出的旅游者定义并不统一,但基本可概括为两大类:________________。

2. 美国和加拿大对国内旅游者的技术性定义,都强调旅游者外出的________。

3. 我国国家统计局于 1979 年对入境旅游者的身份作了规定,指出旅游者是指来我国参观、旅行、探亲、访友、休养、考察或从事贸易、业务、体育、宗教活动、参加会议等的________。

4. 旅游者形成的主观条件是________________。

5. 恩格尔定律指出随着人们收入的增加,收入中用来购买奢侈品的部分所占比例将会________。

二、选择题

1. 旅游者形成的客观条件有（　　）。

A. 收入水平　B. 闲暇时间　C. 身体健康状况

D. 家庭生命周期　E. 旅游需要

2. 人的活动时间中能够用于旅游的时间有（　　）。

A. 生活时间　B. 社会活动时间　C. 每日闲暇

D. 每周闲暇　E. 带薪假期

3. 人的个性特征越是倾向于（　　），外出旅游的可能性就越大，越有可能成为旅游地的开拓者。

A. 自我中心型　B. 多中心型　C. 中间型　D. 近自我中心

4. 美国学者罗伯特·W·麦金托什将旅游动机分为四类，分别是（　　）。

A. 生理动机　B. 文化动机　C. 人际动机

D. 地位和声望动机　E. 精神动机

5.（　　）在旅游过程中，完全切断了与旅游机构的一切联系，与当地人生活在一起，入乡随俗，与他们同吃同住，完全融入当地的文化和生活之中。

A. 作为团体的大众旅游者　B. 探险者

C. 作为个体的大众旅游者　D. 漫游者

三、判断题

1. 可自由支配收入是指从个人收入总额中扣除全部税收和社会消费之后的余额。（　　）

2. 居民收入是一个国家和地区能否产生旅游者的唯一条件。（　　）

3. 抵达某国就业任职，或从事任何营业活动的人不是旅游者。（　　）

4. 每个人的社会地位、日常生活、工作和学习环境的差别不会对旅游动机产生影响。（　　）

5. 家庭及个人事务型旅游者对价格敏感。（　　）

四、问答题

1. 运用马斯洛的需求层次理论分析旅游需要。

2. 运用普洛格的“心理类型模式”分析不同个性心理特点对旅游动机的影响。

3. 如何激发旅游者的旅游动机？

4. 根据旅游目的和活动内容对旅游者如何进行类别的划分？试比较各种类型旅游者特征的异同。

五、实训项目

对自己所在地区（如北京市）的旅游者进行调查，分析旅游者的旅游动机及旅游活动过程，总结本地区主要的旅游者类型及其特征。

第五章 旅游资源

引 言

旅游资源是旅游活动的客体，没有旅游资源，旅游活动就成了无源之水，无本之木，旅游也就无从谈起了。本章我们主要学习旅游资源的概念、特点、分类；旅游资源评价的内容和方法；旅游资源开发和保护的关系、旅游资源保护的有效措施；世界遗产的概念、类型，中国世界遗产发展现状，以及世界遗产的中国模式等内容。

学习目标

- 掌握旅游资源的概念、特点；
- 了解旅游资源的分类方法，掌握旅游资源的二分法；
- 理解什么是旅游资源评价，了解旅游资源评价的内容和评价方法；
- 了解旅游资源开发的内容和原则，掌握资源开发和保护的关系，掌握旅游资源遭受破坏的原因及保护措施；
- 理解世界遗产的概念、了解世界遗产的类型、中国世界遗产发展存在的问题、世界遗产的中国模式。

第一节 旅游资源的概念和特征

一、旅游资源的概念

2003 年，我国颁布的《旅游资源分类、调查与评价》和国家标准《旅游区（点）质量等级的划分与评定》对旅游资源的概念进行了界定，旅游资源是指自然界和人类社会中凡能对旅游者产生吸引力，可以为旅游业开发利用，并可产生经济效益、社会效益、环境效益的各种事物和因素。对于这一概念的理解需要注意以下几点：

第一、吸引力是旅游资源的核心。

第二、旅游资源吸引力的发挥与周围环境有关。

第三、吸引力并非一成不变。一旦失去吸引力，它就不再是旅游资源。

特别提示

西方国家将旅游资源称做旅游吸引物（tourist attractions），与中国不同的是，它不仅包括旅游地的旅游资源，而且包括接待设施和优良的服务因素，甚至还包括舒适快捷的交通条件。

拓展知识

国内学者对旅游资源概念的理解

随着旅游活动内容的丰富，旅游资源的概念也不断丰富起来。由于出发点与侧重点的不同，旅游资源的概念也有所不同。多年来，众多学者对旅游资源的概念作了积极的探讨，提出了许多建设性的概念和定义。

（1）凡是构成吸引旅游者的自然和社会因素，亦即旅游者的旅游对象或目的物都是旅游资源。（邓观利）

（2）凡是能为人们提供旅游观赏、知识乐趣、度假休闲、娱乐休息、探险猎奇、考察研究，以及人民友好往来与消磨闲暇时间的客体和劳动，都可称为旅游资源。（郭来喜）

（3）旅游资源，是指对旅游者具有吸引力的自然存在和历史文化遗产，以及直接用于旅游目的的人工创造物。（保继刚）

（4）凡能激发旅游者的旅游动机，为旅游业所利用，并由此产生经济效益与社会效益的现象和事物，均称为旅游资源。（孙文昌）

（5）旅游资源，是指客观地存在于一定地域空间，并因其所具有的愉悦价值而使旅游者为之向往的自然存在、历史文化遗产或社会现象。（谢彦君）

（6）凡是能够造就对旅游者具有吸引力环境的自然事物、文化事物、社会事物或其他任何客观事物都可构成旅游资源。（李天元）

从以上概念中我们可以看出，人们对旅游资源所作解释上的差异是由于人们对两个旅游方面的术语的理解有所不同。首先是对“旅游资源”的理解有所不同。如有的是从需求的角度出发，认为旅游资源是指那些其基本功能为吸引旅游者来访的事物;还有的从供给角度出发,认为旅游资源是旅游经营者或旅游业能够借以开展经营的要素,其基本功能是为旅游经营者或旅游业借以经营和创收。此外是对"旅游(活动)"的理解有所不同。如以"具有审美和愉悦价值"为条件所作的界定,认为不应把商务性来访为代表的非消遣性访问活动纳入旅游(活动)的范畴。

总之,人们对旅游资源的解释之所以存在差异是因为人们所持的视角有所不同。

二、旅游资源的特点

旅游资源主要有多样性、季节性、地域性、变化性和易损性等特点。

(一)多样性

旅游资源种类众多、内容丰富、分布广泛,既有自然的,又有人文的;既有历史遗存的,又有现代兴建的;既有满足旅游者休闲需要的,又有能满足旅游者探险需要的;既有满足观光游览功能的,又有能满足康体保健功能的。正是这些丰富多样的旅游资源满足了人们不同的旅游需要。

拓展知识

2009 年首批全国文明风景旅游区名单(11 个)

四川峨眉山风景名胜区、江西庐山风景名胜区、山东泰山风景名胜区、河南洛阳龙门风景名胜区、北京颐和园、福建武夷山风景名胜区、安徽黄山风景名胜区、浙江杭州西湖风景名胜区、云南丽江古城、广东深圳华侨城旅游度假区、辽宁鞍山千山风景名胜区。

2009 年第二批全国文明风景旅游区(15 个)

江西井冈山风景名胜区、福建鼓浪屿风景名胜区、云南石林风景名胜区、四川九寨沟风景名胜区、北京天坛公园、新疆天山天池风景名胜区、河南云台山风景名胜区、江苏蜀冈-瘦西湖风景名胜区、湖北武汉东湖风景名胜区、山东青岛崂山风景名胜区、广东白云山风景名胜区、安徽九华山风景名胜区、吉林净月潭风景名胜区、湖南武陵源风景名胜区、陕西黄帝陵风景名胜区。

资料来源:中国旅游新闻网.

（二）季节性

自然界的季节性变化使旅游资源具有季节性的特点。旅游资源的季节性主要表现为以下几方面：

第一，一些自然、人文景观只有在特定的季节或时间段出现。如吉林冬季的雾凇景观、在秋季可以看到北京的香山红色、洛阳牡丹花于五一前后观赏最佳等；泰山日出、黄山云海、峨眉佛光、海市蜃楼等天象奇观也仅仅在一天中特定的时间内或特定气候环境下出现，转瞬即逝。山东潍坊的风筝会、壮族三月三的赶歌圩、中华民族的春节等都呈现出明显的季节性。

第二，同样的自然事物在不同季节里展现出不同的风姿。古人就有对同一座山四季变化的诗句，如北宋画家郭熙在论山之画法时说："春山淡冶而如笑，夏山苍翠而如滴，秋山明净而如妆，冬山惨淡而如睡。"

旅游资源的这种季节性、周期性变化会使旅游线路、旅游景点等出现淡季和旺季、冷点和热点。掌握旅游资源的这个特点，重视不同类型资源的优化组合，合理调整旅游活动内容，实行旅游价格的季节弹性浮动制，延长旺季时段，做到淡季不淡，冷点不冷，是旅游开发者应该充分重视的问题。

（三）地域性

各种旅游资源都分布在一定的地域范围内，并反映一定的地理环境特点。不同地区的旅游资源具有不同特色。如号称世界"旅游王国"的西班牙，就是利用其充足的阳光、良好的海滨浴场和惊险刺激的"斗牛"表演来吸引大量游客的。我国的园林、寺观、古建筑等在世界上更是独具特色，还有内蒙古的"那达慕"大会、傣族的"泼水节"、高山族的杵舞等都具有浓郁的民族风情。

（四）变化性

旅游资源并非一成不变的。有的旅游资源遭到破坏后，对旅游者失去了吸引力，就不再是旅游资源了。有的原来不是旅游资源的事物，后来对旅游者产生了吸引力，变成了旅游资源，如名人故居。还有些事物，后经人们考证、开发，扩大了它们的影响力，成为旅游资源，如土耳其的特洛伊考古区因古希腊马史诗《伊利亚特》而为人们所熟悉。但一直以来，人们都认为特洛伊城是虚构的。直到1871～1894年，德国考古学家H·谢里曼发掘特洛伊城址，特洛伊的真实存在才得以确认。1893～1894年，德国考古学家W·德普费尔德继续主持发掘。1932～1938年，美国考古学家C·W·布利根又在此发掘。一座4000年前的古城在人们的面前慢慢揭开了她神秘的面纱。现在，特洛伊已成为土耳其的旅游胜地之一，吸引着成千上万的游客前来游览。

（五）易损性

旅游资源如果利用和保护不当，就很容易遭到破坏，尤其是人文旅游资源具有明显的易损性。历史古迹、一旦遭到破坏就不复存在，即使得以修复，也失去了其历史的厚重感。

拓展知识

柏林：历史与现代的融合

第二次世界大战中，柏林遭到了毁灭性的灾难，当苏军武力攻占柏林后，90%的建筑化为废墟。法国人的妥协与绥靖保存了巴黎的辉煌，而德国人的固执与坚持毁灭了柏林。如今的柏林既饱含历史的沧桑，又带有未来的期许。它像一盘有趣的大杂脍：民主德国时代的老公寓，和西欧精品名店并存；破落的战前建筑和光鲜却空荡的办公大楼相映成趣。

一段历史起承转合

在欧洲，论繁华和热闹，柏林不及巴黎，论收藏又不及伦敦。历史，尤其是纳粹及冷战时期的历史，兴许是这个城市最大的看点。

从勃兰登堡门开始，可以一路行走聆听这座城市静默的讲述。在过去的200年里，勃兰登堡门目睹了无数兴衰荣辱：普鲁士的军队曾从门下凯旋而归；希特勒曾驱赶成千上万的人充当炮灰，从门下出发“征服世界”。柏林墙建成后，勃兰登堡门被隔在大墙以东几十米，成为柏林墙的象征地段。1990年柏林墙倒塌时，这里又成了欣喜若狂的柏林人的聚集之地，成了德国统一象征。

最为特别的是门上矗立着一座胜利女神的青铜像。曾经，这座神像连同四马战车在1807年被拿破仑当做战利品带走，但7年后又让德国的队伍带回来。在柏林，人们对勃兰登堡门总是怀有特殊的感情，称它为“命运之门”。虽然不及巴黎凯旋门的宏大，但是当夕阳西下，映照在雅典阿克波利斯建筑风格的城墙上，似乎有一种特别的美。

勃兰登堡门是当年东西柏林的分界线，而举世闻名的柏林墙就建在门的西面。现在墙已拆除，只留下一小段遗迹，薄薄的一层钢筋混凝土板而已，一面被涂画得花红柳绿，另一面则显得惨白一片。当地人解释，有涂鸦的一面当年属于西柏林，而惨白一片的则属于东柏林。当年入夜时分，东柏林的守军把大探照灯直接打射到墙面上，只要墙上出现人影，便意味着有人接近。

一座都市声色犬马

从勃兰登堡门穿街过巷5分钟，就可以抵达一处极其摩登的城区——波茨坦广场。波茨坦广场是新柏林最具魅力的场所，其引人注目的建筑集餐馆、购物中心、剧院及电影院等于一身，使它不仅吸引着观光的游客，也吸引着柏林人经常到此一游。而以前的波茨坦广场只成为现在广场中的一部分。最初的波茨坦广场只有一个十字路口。之后，在这里建起了波茨坦火车站，从而发展成交通最繁华的地区之一，也成了首都生机勃勃的都市生活的代名词。第二次世界大战中，广场遭到严重毁坏。由于它地处美、英、法、苏管辖区的交界处，并有柏林墙横穿广场，使这繁华一时的城市中心，在战后被沦为没有人烟的隔离区。

而德国福尔斯堡的福斯汽车厂区内，距离柏林市区1.5个车程的大众汽车城，则是全世界爱车人士的圆梦地。大众汽车城由福斯汽车集团耗资7亿马克精心建造，自2000年6月开放。没有枯燥的汽车制造理论，漫步游览该厂的汽车博物馆可以看到，精心设计的多媒体解说设计，让汽车从老生常谈分解成工业设计实验室中的千万种美丽模型，从汽车外装、内饰、布料、皮套、喷漆到防冲撞测试、环保驾车测试……

最好玩的要算是模拟开车室，人坐在里面像真的在车里一样，清清楚楚感受车子转弯、颠簸、加速、刹车等，观众随车子行经德南黑森林、意大利弯曲小巷、美国大峡谷，风景奇险优美，颇有迪士尼乐园的水准，却又多了一份汽车文化下呈现出来的各国文化多元性。

资料来源：中国新闻网.

第二节　旅游资源的分类

一、旅游资源分类的意义

旅游资源分类，是指根据旅游资源的共性和个性，按一定的目的和需要对旅游资源进行集合归类的科学区分过程。对旅游资源进行科学分类可以使复杂的旅游资源条理化、系统化，形成旅游资源有关资料的信息系统。这不仅有利于旅游资源的归档、查找、管理和对比，也是认识、评价旅游资源，开发和保护旅游资源必不可少的科学资料和重要依据。

二、旅游资源的分类方法

旅游资源内涵丰富，根据不同的划分标准可将旅游资源分为不同的类型，常见的分类方法有以下几种。

（一）我国国家旅游局提出的分类方法

由我国国家旅游局提出，国家质量监督检验检疫总局2003年2月24日发布并于当年5月1日起实施的国家标准（GB/T 18972—2003）《旅游资源分类、调查与评价》，把旅游资源划分为8个主类、31个亚类、155个基本类型。每个层次的旅游资源类型有相应的汉语拼音代号，前四个主类在属性上属于自然旅游资源,后四个主类属于人文旅游资源。这种分类方法主要用于旅游资源全面调查和科学分析,是我国各地开展旅游资源调查、评价和研究的基本方法。详见表5-1。

表5-1 旅游资源分类表

主类	亚类	基本类型
A地文景观	AA 综合自然旅游地	AAA 山丘型旅游地 AAB 谷地型旅游地 AAC 沙砾石地型旅游地 AAD 滩地型旅游地 AAE 奇异自然现象 AAF 自然标志地 AAG 垂直自然地带
	AB 沉积与构造	ABA 断层景观 ABB 褶曲景观 ABC 节理景观 ABD 地层剖面 ABE 钙华与泉华 ABF 矿点矿脉与矿石积聚地 ABG 生物化石点
	AC 地质地貌过程形迹	ACA 凸峰 ACB 独峰 ACC 峰丛 ACD 石(土)林 ACE 奇特与象形山石 ACF 岩壁与岩缝 ACG 峡谷段落 ACH 沟壑地 ACI 丹霞 ACJ 雅丹 ACK 堆石洞 ACL 岩石洞与岩穴 ACM 沙丘地 ACN 岸滩
	AD 自然变动遗迹	ADA 重力堆积体 ADB 泥石流堆积 ADC 地震遗迹 ADD 陷落地 ADE 火山与熔岩 ADF 冰川堆积体 ADG 冰川侵蚀遗迹
	AE 岛礁	AEA 岛区 AEB 岩礁
B水域风光	BA 河段	BAA 观光游憩河段 BAB 暗河河段 BAC 古河道段落
	BB 天然湖泊与池沼	BBA 观光游憩湖区 BBB 沼泽与湿地 BBC 潭池
	BC 瀑布	BCA 悬瀑 BCB 跌水
	BD 泉	BDA 冷泉 BDB 地热与温泉
	BE 河口与海面	BEA 观光游憩海域 BEB 涌潮现象 BEC 击浪现象
	BF 冰雪地	BFA 冰川观光地 BFB 长年积雪地
C生物景观	CA 树木	CAA 林地 CAB 丛树 CAC 独树
	CB 草原与草地	CBA 草地 CBB 疏林草地
	CC 花卉地	CCA 草场花卉地 CCB 林间花卉地
	CD 野生动物栖息地	CDA 水生动物栖息地 CDB 陆地动物栖息地 CDC 鸟类栖息地 CDE 蝶类栖息地

续表

主类	亚类	基本类型
D 天象与气候景观	DA 光现象	DAA 日月星辰观察地 DAB 光环现象观察地 DAC 海市蜃楼现象多发地
	DB 天气与气候现象	DBA 云雾多发区 DBB 避暑气候地 DBC 避寒气候地 DBD 极端与特殊气候显示地 DBE 物候景观
E 遗址遗迹	EA 史前人类活动场所	EAA 人类活动遗址 EAB 文化层 EAC 文物散落地 EAD 原始聚落
	EB 社会经济文化活动遗址遗迹	EBA 历史事件发生地 EBB 军事遗址与古战场 EBC 废弃寺庙 EBD 废弃生产地 EBE 交通遗迹 EBF 废城与聚落遗迹 EBG 长城遗迹 EBH 烽燧
F 建筑与设施	FA 综合人文旅游地	FAA 教学科研实验场所 FAB 康体游乐休闲度假地 FAC 宗教与祭祀活动场所 FAD 园林游憩区域 FAE 文化活动场所 FAF 建设工程与生产地 FAG 社会与商贸活动场所 FAH 动物与植物展示地 FAI 军事观光地 FAJ 边境口岸 FAK 景物观赏点
	FB 单体活动场馆	FBA 聚会接待厅堂(室) FBB 祭拜场馆 FBC 展示演示场馆 FBD 体育健身馆场 FBE 歌舞游乐场馆
	FC 景观建筑与附属型建筑	FCA 佛塔 FCB 塔形建筑物 FCC 楼阁 FCD 石窟 FCE 长城段落 FCF 城(堡) FCG 摩崖字画 FCH 碑碣(林) FCI 广场 FCJ 人工洞穴 FCK 建筑小品
	FD 居住地与社区	FDA 传统与乡土建筑 FDB 特色街巷 FDC 特色社区 FDD 名人故居与历史纪念建筑 FDE 书院 FDF 会馆 FDG 特色店铺 FDH 特色市场
	FE 归葬地	FEA 陵区陵园 FEB 墓(群) FEC 悬棺
	FF 交通建筑	FFA 桥 FFB 车站 FFC 港口渡口与码头 FFD 航空港 FFE 栈道
	FG 水工建筑	FGA 水库观光游憩区段 FGB 水井 FGC 运河与渠道段落 FGD 堤坝段落 FGE 灌区 FGF 提水设施
G 旅游商品	GA 地方旅游商品	GAA 菜品饮食 GAB 农林畜产品与制品 GAC 水产品与制品 GAD 中草药材及制品 GAE 传统手工产品与工艺品 GAF 日用工业品 GAG 其他物品

续表

主类	亚类	基本类型
H 人文活动	HA 人事记录	HAA 人物 HAB 事件
	HB 艺术	HBA 文艺团体 HBB 文学艺术作品
	HC 民间习俗	HCA 地方风俗与民间礼仪 HCB 民间节庆 HCC 民间演艺 HCD 民间健身活动与赛事 HCE 宗教活动 HCF 庙会与民间集会 HCG 饮食习俗 HGH 特色服饰
	HD 现代节庆	HDA 旅游节 HDB 文化节 HDC 商贸农事节 HDD 体育节
数量统计		
8 主类	31 亚类	155 基本类型
[注] 如果发现本分类没有包括的基本类型时，使用者可自行增加。增加的基本类型可归入相应亚类，置于最后，最多可增加两个。编号方式为：增加第 1 个基本类型时，该亚类 2 位汉语拼音字母 + Z、增加第 2 个基本类型时，该亚类 2 位汉语拼音字母 + Y。		

（二）根据旅游资源的特点和属性划分

根据旅游资源特点和属性的区别，把旅游资源分为自然旅游资源和人文旅游资源，也就是人们常说的“二分法”。

1. 自然旅游资源

自然旅游资源主要指大自然赋予的，自然形成的旅游资源，尽管部分有人为的参与、加工，但还是以自然景物为主的旅游资源。按其表现形式，又可划分为以下几类：

（1）地质地貌景观：由地球运动变化而形成的自然景观。岩溶地貌，如桂林山水，丹霞地貌，如仁化丹霞山。雁荡山是典型的火山岩地貌、雅丹魔鬼城是由于风水作用而形成的典型的风沙地貌。匈牙利的阿格泰列克洞穴则属于喀斯特地貌。南非的弗里德堡陨石坑是世界上最古老、最大的陨石坑，其直径达 250 ~ 300 公里，科学家经过研究已初步确认，这个陨石坑形成于 21 亿年前，是目前已知的形成年代最久远的陨石坑。

（2）水文景观：江河峡谷、湖泊、瀑布、泉水、海洋海滨等都属于水文景观。加拿大和美国交界处的尼亚加拉瀑布以平均流量 5720 立方米/秒位居世界第一大瀑布。中国贵州的黄果树瀑布也成为中国之最。

（3）气象气候景观：包括江南烟雨、黄山的云海、泰山日出、西湖的断桥残雪、峨眉佛光等气象景观和林海雪原、海岛椰林等气候景观。“江城树挂”是吉林市特有的气象景观。

(4)生物景观:包括植物景观和动物景观。植物景观,如被称为世界“三大活化石植物”的银杏、水杉和鹅掌楸,被称为花中四君子的梅、兰、竹、菊,有国色天香之称的牡丹等。动物景观,珍稀动物如大熊猫、金丝猴、白唇鹿等,观赏动物如台湾高雄蝴蝶谷的蝴蝶、青海湖鸟岛的鸟、西双版纳的大象和孔雀等。

2. 人文旅游资源

人文旅游资源,是指由人类在发展过程中所创造的可供旅游业开发利用的物质财富和精神财富的总和。在欧美国家的旅游研究中常把人文旅游资源称为人造(man - made)旅游资源。其主要有以下几种类型:

(1)历史古迹:包括不同时期遗留下来的历史建筑、陵墓、宫殿、园林、名人故居、水利工程等。如法国的枫丹白露宫,印度的泰姬陵、埃及的金字塔、美国的自由女神像、我国众多的名人故居等。

(2)宗教文化:指宗教活动、宗教建筑和宗教艺术等。朝觐是伊斯兰教的重要活动。如2010年11月14日是全球穆斯林的重大节日——朝觐日。截至11月14日朝觐日,已有76个国家操不同语言的穆斯林到麦加朝觐,朝圣期间,穆斯林聚集在圣城周围一起祈祷、吃饭、学习。宗教建筑,如河南嵩山少林寺的塔林,敦煌莫高窟和龙门石窟分别表现了魏晋时期和唐朝的雕刻艺术。

特别提示

朝觐,是伊斯兰教信徒(穆斯林)所规定的必须遵守的基本制度之一,每一位有经济和体力的穆斯林都负有朝拜麦加的宗教义务,不论男女老少都会尽最大的努力,争取一生至少要前往麦加朝觐一次,1932年沙特阿拉伯王国成立以后,麦加被称为宗教之都,朝觐者摩肩接踵。朝圣期间,穆斯林聚集在圣城周围一起祈祷、吃饭、学习。朝觐共有6道程序,分别为受戒、瞻礼、环游天房、站驻阿拉法特山、射石、宰牲,结束朝觐离开麦加之前,朝觐者还要再巡游天房被称为辞朝,以表达无限崇敬和依依惜别之情。

(3)节庆活动:如西方人的狂欢节、德国的啤酒节、美国奥斯卡颁奖典礼、奥运会、2010年非洲足球世界杯、2010年广州亚运会等。

(4)主题公园:随着社会的发展,兴起一些具有游乐特色的人造公园或人造景点。如开封清明上河园是以宋朝风俗为主题的公园,美国迪士尼、深圳欢乐谷是以现代娱乐项目为主题的公园,还有深圳三景区(世界之窗、锦绣中华、中国民俗村)。

(5)饮食购物:包括各种富有特色的地方风味美食、特产名品、特色市场与著名店铺等。如天津的狗不理包子、十八街麻花等。

拓展知识

旅游资源的"三分法"

近年来,有些学者根据旅游资源的成因及其表现内容的基本属性,将旅游资源分为三大类,即自然旅游资源、人文旅游资源和社会旅游资源。

自然旅游资源包括地质地貌类、水体类、气象气候类、生物类、风景名胜区与自然保护区类。人文旅游资源包括历史文物古迹类、园林及古建筑类、宗教圣迹类、民族风情类等。在对旅游者产生吸引作用的各种事物中,有些既非自然属性,也不属于严格意义上的"人文"概念,划作另外一类,称其为社会旅游资源。较为常见的社会旅游资源主要包括重大节事活动类、经济建设成就类,科技发展成就类和社会发展成就类等。

资料来源:根据李天元.旅游学.北京:高等教育出版社.2006整理.

(三)根据旅游资源管理级别分类

在我国,根据旅游资源的管理级别,通常将其分为以下四类:

1. **世界级旅游资源**

世界级旅游资源,主要包括经联合国教科文组织批准,被列入《世界遗产名录》的名胜古迹,以及被列入"人与生物圈"保护区网络的自然保护区。它们享有世界上最高的知名度,是全人类共同的宝贵财富,同时也是旅游者向往的旅游胜地。截至2010年8月,《世界遗产名录》中世界遗产总数已达911处,我国有40处。此外,我国有26个自然保护区已列入联合国"人与生物圈"保护区网络。

拓展知识

人与生物圈计划

人与生物圈计划(MAB),是联合国教科文组织科学部门于1971年发起的一项政府间跨学科的大型综合性的研究计划。生物圈保护区是人与生物圈计划的核心部分,具有保护、可持续发展、提供科研教学、培训、监测基地等多种功能。其宗旨是通过自然科学与社会科学的结合,基础理论与应用技术的结合,科学技术人员、生产管理人员、政治决策者与广大人民的结合,对生物圈不同区域的结构和功能进行系统研究,并预测人类活动引起的生物圈及其资源的变化,以及这种变化对人类本身的影响。

人与生物圈计划受到世界各国的重视,已有100多个国家参加,有的国家已成立了人与生物圈国家委员会。中国于1972年参加这一计划并当选为理事国,1978年成立了中华人民共和国人与生物圈国家委员会。我国有10个课题被纳入人与生物圈计划,有26个自然保护区加入了世界生物圈保护区。它们是卧龙、鼎湖山、长白山、梵净山、武夷山、神农架、锡林郭勒、博格达峰和盐城等。中国还将建立中国生物区保护网络,以吸引更多的自然保护区加入,并逐渐向国际网络输送。

资料来源:根据百度百科整理.

2. **国家级旅游资源**

国家级旅游资源主要包括由国务院审定的国家重点风景名胜区、国家历史文化名城、国家重点文物保护单位,以及由林业部批准设立的国家级自然保护区和国家森林公园。它们具有重要的观赏、历史、社会和科学价值。我国根据交通、导游资质、卫生设施、接待量等指标评选出了66个AAAAA景区。

3. **省级旅游资源**

省级旅游资源主要包括许多省级风景名胜区、省级历史文化名城或名镇、省级文物保护单位、省级自然保护区、省级森林公园等。它们具有浓厚的地方特色、艺术欣赏价值、历史文化价值或科学研究价值,在省内外有较大的影响。如河北的省级文明景区吴桥杂技大世界。

4. **市(县)级旅游资源**

市(县)级旅游资源主要包括市(县)级风景名胜区、文物保护单位等。它们具有一定的观赏、历史、社会和科学价值,主要吸引邻近地区和本地的游客。

(四)根据旅游资源的可再生程度分类

根据旅游资源的可再生程度分为不可再生旅游资源和可再生旅游资源。

1. **不可再生旅游资源**

不可再生旅游资源,是指那些在长期的自然和人类历史发展过程中形成的旅游资源,如古地质断层、古建筑、古墓葬和古文化等。这类旅游资源一旦遭到破坏,就很难恢复原貌,即使能部分或全部复原,其原有的旅游观赏价值也会受到影响,因为这些遗产性旅游资源本身固有的成因特点和历史文化意义使其不可任意仿制。如兵马俑的仿品没有任何历史价值。

2. **可再生旅游资源**

可再生旅游资源,是指那些被部分消耗掉,但可通过人工再造而补充的旅游资源。这类旅游资源通常指那些没有重要历史价值或重要文化意义的当代人造旅游景点。如以主题公园为代表的各类现代人造景点,还有纪念品与土特产品、花卉展览等。

第三节 旅游资源的评价

一、旅游资源评价的概念

旅游资源评价是旅游资源有效利用与合理开发的前提,是选择某些因子通过一定的方法对旅游资源的价值作出评判和鉴定。评价的结果有助于了解旅游资源的价值,了解其旅游吸引力的强弱。旅游资源评价的目的是确定其是否值得开发、如何开发、何时开发、为谁开发,以及开发的方向。

因此,旅游资源评价是指依据不同地域旅游资源的组合特点,及由此产生的质和量的差异来对旅游吸引力的大小进行科学划分,包括确定一定地域范围内旅游资源的类型特征、空间结构、数量和质量等级、开发潜力和开发条件等。

二、旅游资源评价的内容

旅游资源评价的内容主要包括以下几方面:

(一)旅游资源质量的评价

1.旅游资源的特色

任何旅游资源都有自己的特征,同类的旅游资源也因其分布地域环境的不同,也各具特色。旅游资源的特色是衡量其旅游吸引力大小的关键因素。

2.旅游资源的价值

旅游资源的价值包括旅游资源的美学、文化、历史和科学价值,它决定着旅游资源的质量和开发的功能指向。如在美学价值高的旅游资源开发中,就主要表现为观光旅游;文化、历史和科学价值高的旅游资源,则主要表现在科学考察、文化旅游等方面。

3.旅游资源的结构

一定地域内相对集中分布的旅游资源,且有多种类型相互协调,并呈线型、环闭型或马蹄型排列,具有较高的质量。

(二)旅游资源环境的评价

1.旅游资源的自然环境

自然环境直接影响旅游资源的质量和品位,也影响利用资源的建设和开发。如地质条件恶劣的地方,易引发地震、滑坡、泥石流等,不利于旅游资源的开发和旅游活动的开展。

2.旅游资源的社会环境

社会环境是指旅游资源所在区域的政治局势、社会治安、医疗保健和当地居民对旅游的认识等条件。一旦出现社会环境的波动,就会给当地旅游业带来不利影响。如2010年8月的菲律宾人质事件使得菲律宾旅游业遭受重挫。2009年约有15万名香港游客访菲，菲律宾人质事件后，估计约流失5万名香港游客。目前，访问菲律宾的香港团已全面暂停，只有个人游客前往该地。

3. 旅游资源的经济环境

旅游资源所在地的经济发展对旅游吸引力也有一定的影响，如居民的收入水平、消费水平、主要经济部门的收入渠道等也都会影响到当地资源的吸引力。如经济高度发达的欧洲一直是旅游者热选的旅游目的地。

4. 旅游资源的环境容量

旅游资源的环境容量是指旅游资源所在地在一定时间内旅游活动的容纳能力，它包括容人量和容时量两个方面。容人量是指旅游景区单位面积所能容纳游客的数量。容时量是指游览景区时所需要的基本时间，它体现了景区的游程、内容、景象、布局等基本情况。旅游资源的构成越复杂、内涵越丰富、趣味性越强，他的容时量就越大；相反，那些一览无余，了无新意的景观，容时量就小。

（三）旅游资源开发条件的评价

1. 区位条件

旅游资源的区位条件包括旅游资源所在地区的行政地位、地理位置、交通条件，以及与周边旅游区之间的相互关系等。它是决定旅游资源开发可行性、开发效益、开发规模及开发程度的重要外部条件。如位于经度和时间起点的英国格林尼治天文台就因其特殊的地理位置而成为世界旅游的热点。

2. 客源条件

旅游地的客源数量直接关系到旅游资源的开发规模和开发价值。根据旅游客源市场需求、规模、辐射半径、消费群体、消费结构、消费水平和旅游行为等。预测旅游客源市场需求趋势，因地制宜地确定旅游资源发展规模、等级，客观地衡量旅游资源的开发利用价值。

3. 投资条件

旅游资源的开发需要持续投入大量的资金，当地的社会经济环境、经济发展战略，以及给予投资者的优惠政策等都直接影响投资者的开发决策。因此，必须认真研究旅游资源地区的投资条件和政策环境，以便推动旅游资源开发的健康、有序发展。

4. 施工条件

旅游资源的开发还要考虑其工程量的大小和难易程度。首先是工程建设的自然基础条件，如地质、地貌、水文、气候等；其次是工程建设的供应条件，包括水、供电、设备、建材、食品等。因此，评价旅游资源必须合理地评价其施工环境条件，对开发施工方案进行充分的技术论证，同时考虑经费、时间的投放与效益的关系，以确定合理的开发方案。

拓展知识

西藏旅游资源开发条件的评价

虽然西藏的许多旅游资源本具有极高的价值和垄断性,但由于受区位条件、旅游环境以及开发条件的影响,西藏的旅游资源开发存在一定的困难。

环境质量。西藏高原的环境受特定的自然因素影响,受人为污染和破坏较少。这里可以使人们沐浴在蓝天白云、绿草碧水之间,享受清新的空气。但西藏海拔高,氧气含量少,初到高原的人经常会出现高原反应。且高原紫外线照射十分强烈,对皮肤有很大伤害,在高原室外活动,要有一定的防护措施。

区位条件差。西藏位于我国的西南部,远离我国人口密集的中、东部地区,使旅游的路途时间过长。截至2001年西藏还没有通铁路。航空运输的交通费用相对较大,且运力有限,特别是夏季的旅游黄金季节,单向客流对旅游运输造成很大影响。公路运输运费较为便宜,但由于青藏、川藏等公路干线等级并不高,路面状况不很理想,使游客的陆路进入受到长途颠簸的困扰。

旅游资源的地域组合不良。西藏地域辽阔,虽然旅游资源数量丰富,品位很高,但旅游资源的密度较小,景点之间有较大的旅游阻力。拉萨有布达拉宫、哲蚌寺、甘丹寺、大昭寺、罗布林卡等丰富的旅游资源,但它们大多为宗教场所,资源类型较为单一。从拉萨到其周围的雍布拉岗、藏王墓等景点的距离在两百公里以上,拉萨到珠穆朗玛峰则有六七百公里的路程。景区的布局分散,致使在开发利用上难以形成规模和产生"聚集"效应,从而降低了它们在开发利用上的优势。

资料来源:朱普选. 西藏旅游资源的地域特色及其开发评价. 西藏民族学院学报(哲学社会科学版).2002(1).

三、旅游资源评价方法

旅游资源评价方法包括定性和定量评价两种。

(一)定性评价法

定性评价法主要是通过评价者观察后的印象得出结论的方法。定性评价法简便易行。但评价者的评价是以个人体验而进行的,具有较强的主观性。常用的定性评价法有以下几种。

1."三三六"评价法

该方法是由北京师范大学的卢云亭提出的。所谓"三三六"即"三大价值"、"三大效益"、"六大条件"。

"三大价值"是指历史文化价值、艺术观赏价值(审美价值)、科学研究价值。

"三大效益"主要指经济效益、社会效益和生态环境效益。

"六大条件"是指地理位置及交通条件、旅游资源的类型及地域组合条件、旅游资源的容量条件、旅游资源的客源市场条件、旅游资源开发投资条件和施工难易条件。如表5－2所示都江堰旅游资源的开发条件评价。

表5－2　都江堰旅游资源的开发条件评价

评价内容	评　语	得　分
历史文化价值	战国时期蜀郡太守李冰修建的都江堰,后有诸葛亮、吉当普等历史名人的建设,都江堰历史文化价值十分突出。	100分
美学价值	都江堰－青城山是世界文化与自然双遗产。这里文人雅士辈出,是行诗作画之良地,还是余秋雨笔下中国最激动人心的工程。	100分
科学价值	世界唯一留存且使用至今的巨型水利工程,中国人勤劳与智慧的结合,天人合一,被喻为"天府之源"。	100分
集群状况	都江堰市注重发展工业,如拉法基水泥品牌。"五·一二"大地震后,中信集团也进军都江堰楼市。大型产业集群的发展,使都江堰在2009年国内生产总值增长居成都市区(县)首位。	90分
地域组合状况	毗邻成都、郫县、温江、彭州,阿坝州,这些地方都具有丰富的旅游资源,区位优势明显。	95分
客源市场	旅游业为主,工商业为辅,人口近60万,大型连锁商场有成都百货、好又多量贩等,商业街"天和盛世"以及在建的"水街",有较好的市场前景。	95分
地理位置和交通	都江堰素有"小成都"之美誉,是通往阿坝州的咽喉要道,距成都45公里。周围有成灌高速、成青快速通道、成灌IT大道、老成灌路,交通十分发达,成灌快速铁路的建成,更是大力推动了旅游业的发展。	100分

资料来源:根据百度知识整理.

2. *旅游资源及环境综合评价*

上海社会科学院黄辉实的"六字七标准"评价法,是从旅游资源本身和旅游资源所处环境两个方面来进行评价。

从旅游资源本身方面评价。这主要指六个标准,即美、古、名、特、奇、用 。在评价时,要结合这几方面进行全面、综合地考察。从旅游资源所处环境方面评价,主要是从季节性、环境污染状况、与其他旅游资源间的联系性、可进入性、基础结构、社会经济环境、客源市场等七个方面进行评价。

（二）定量综合评价法

定量评价法则是将评价指标量化，再依据各个指标所占权重求得总评分的方法，此法不受评价者主观偏好等个人因素的影响，使旅游资源评价工作更客观、更科学。

1. 技术性的单因子定量评价

旅游资源的单因子定量技术评价法是指对旅游资源各要素是否符合旅游活动程度的评估。该评价方法在评价旅游资源时集中考虑典型的关键因子，并对它们进行技术性的适宜度或优劣判断。这类评价的基本特点是运用大量技术评价指标，一般只限于自然旅游资源的评价，对于开展专项旅游活动，如登山、滑雪、海水浴等较为适用。如表5-3所示。

表5-3 海水浴场评价标准（日本）

序号	资源项目	符合要求的条件	附注
1	海滨宽度	30~60m	实际总利用宽度50~100m左右
2	海底倾斜	1/60~1/10	倾斜度越低越好
3	海滩倾斜	1/50~1/10	倾斜度越低越好
4	流速	游泳对流速要求在0.2~0.3m/s，极限流速0.5m/s	无离岸流之类局部性海流
5	波高	0.6m以下	符合旅游要求的波高为0.3m以下
6	水温	23°C以上	不超过30°C，但越接近30°C越好
7	气温	23°C以上	—
8	风速	5m/s以下	—
9	水质	透明度0.3m以上，COD2ug/g以下，大肠菌数1000MPN/100ml以下，水面油膜肉眼难以辨明	—
10	地质粒径	没有泥和岩石	越细越好
11	有害生物	不能辨认程度	—
12	藻类	在游泳水域不接触身体	—
13	危险物	无	—
14	浮游物	无	—

资料来源：保继刚，楚义芳. 旅游地理学（修订版）. 北京：高等教育出版社，1999.

2. 综合性的多因子定量评价

综合性的多因子定量评价是在考虑多因子的基础上,运用数理方法对旅游资源及其环境和开发条件进行综合定量评价,评价的结果为数量指标,以便于不同旅游资源评价结果的比较。这类评价常用的方法有层次分析法、指数评价法、综合评分法、模糊数学评价法、价值工程法、综合价值评价模型法等。

3.《中华人民共和国国家标准》中的旅游资源评价方法

我国国家旅游局2003年颁布的《旅游资源分类、调查与评价》国家标准是我国现阶段常用的评价方法。

(1)评价项目

评价项目主要包括资源要素价值、资源影响力和附加值。

①资源要素价值项目中含观赏游憩使用价值,历史文化科学艺术价值,珍稀奇特程度,规模、丰度与概率,完整性等五项评价因子。

②资源影响力项目中含知名度和影响力、适游期或使用范围等评价因子。

③附加值含环境保护与环境安全评价因子。

(2)基本分值

资源要素价值和资源影响力总分值为100分,其中:资源要素价值为85分,分配如下:观赏游憩使用价值30分、历史科学文化艺术价值25分、珍稀或奇特程度15分、规模、丰度与概率10分、完整性5分。资源影响力为15分,其中:知名度和影响力10分、适游期或使用范围5分。附加值中环境保护与环境安全分正分和负分。详见表5-4。

(3)计分与等级划分

依据旅游资源单体评价总分,将其分为五级,从高级到低级为:

五级旅游资源,得分值域:90~100分;

四级旅游资源,得分值域:75~89分;

三级旅游资源,得分值域:60~74分;

二级旅游资源,得分值域:45~59分;

一级旅游资源,得分值域:30~44分;

未获等级旅游资源:得分:0 ~29分。

五级旅游资源称为特品级旅游资源,五级、四级、三级旅游资源被通称为优良级旅游资源,二级、一级旅游资源被通称为普通级旅游资源。如表5-4所示。

表 5－4　旅游资源评价赋分标准

评价项目	评价因子	评价依据	赋值
资源要素价值(85 分)	观赏游憩使用价值(30分)	全部或其中一项具有极高的观赏价值、游憩价值、使用价值。	30～22
		全部或其中一项具有很高的观赏价值、游憩价值、使用价值。	21～13
		全部或其中一项具有较高的观赏价值、游憩价值、使用价值。	12～6
		全部或其中一项具有一般观赏价值、游憩价值、使用价值。	5～1
	历史文化科学艺术价值(25 分)	同时或其中一项具有世界意义的历史价值、文化价值、科学价值、艺术价值。	25～20
		同时或其中一项具有全国意义的历史价值、文化价值、科学价值、艺术价值。	19～13
		同时或其中一项具有省级意义的历史价值、文化价值、科学价值、艺术价值。	12～6
		历史价值、或文化价值、或科学价值，或艺术价值具有地区意义。	5～1
	珍稀奇特程度(15 分)	有大量珍稀物种，或景观异常奇特，或此类现象在其他地区罕见。	15～13
		有较多珍稀物种，或景观奇特，或此类现象在其他地区很少见。	12～9
		有少量珍稀物种，或景观突出，或此类现象在其他地区少见。	8～4
		有个别珍稀物种，或景观比较突出，或此类现象在其他地区较多见。	3～1
	规模、丰度与概率(10分)	独立型旅游资源单体规模、体量巨大；集合型旅游资源单体结构完美、疏密度优良级；自然景象和人文活动周期性发生或频率极高。	10～8
		独立型旅游资源单体规模、体量较大；集合型旅游资源单体结构很和谐、疏密度良好；自然景象和人文活动周期性发生或频率很高。	7～5
		独立型旅游资源单体规模、体量中等；集合型旅游资源单体结构和谐、疏密度较好；自然景象和人文活动周期性发生或频率较高。	4～3
		独立型旅游资源单体规模、体量较小；集合型旅游资源单体结构较和谐、疏密度一般；自然景象和人文活动周期性发生或频率较小。	2～1

续表

评价项目	评价因子	评价依据	赋值
资源要素价值(85分)	完整性(5分)	形态与结构保持完整。	5~4
		形态与结构有少量变化,但不明显。	3
		形态与结构有明显变化。	2
		形态与结构有重大变化。	1
资源影响力(15分)	知名度和影响力(10分)	在世界范围内知名,或构成世界承认的名牌。	10~8
		在全国范围内知名,或构成全国性的名牌。	7~5
		在本省范围内知名,或构成省内的名牌。	4~3
		在本地区范围内知名,或构成本地区名牌。	2~1
	适游期或使用范围(5分)	适宜游览的日期每年超过300天,或适宜于所有游客使用和参与。	5~4
		适宜游览的日期每年超过250天,或适宜于80%左右游客使用和参与。	3
		适宜游览的日期超过150天,或适宜于60%左右游客使用和参与。	2
		适宜游览的日期每年超过100天,或适宜于40%左右游客使用和参与。	1
附加值	环境保护与环境安全	已受到严重污染,或存在严重安全隐患。	-5
		已受到中度污染,或存在明显安全隐患。	-4
		已受到轻度污染,或存在一定安全隐患。	-3
		已有工程保护措施,环境安全得到保证。	3

资料来源:《旅游资源分类、调查与保护》(GB/T 18972—2003),中国旅游网。

第四节　旅游资源开发与保护

一、旅游资源的开发

(一)旅游资源开发的概念

旅游资源开发,是指通过适当的方式把旅游资源及其所在地改造成具有吸引力的旅游环境，从而使旅游资源的吸引力得以发挥、改善和提高的技术过程。

旅游资源开发工作的直接目的是为了发挥、改善和提高旅游资源的利用价值，使旅游资源能对旅游者产生吸引力。其最终目的是为了将潜在的旅游资源转化为现实的旅游资源，使其产生经济效益。这就需要人们对当前旅游接待中的不足进行必要的开发和建设，否则便无法使其成为现实的旅游资源，吸引力也无法充分发挥。

（二）旅游资源开发的内容

旅游资源开发是一项综合性的工作，其内容主要包括以下几点：

1. 旅游景区(点)的建设

旅游景区(点)的建设是旅游资源开发工作的核心内容，既包括对尚未得到利用的潜在旅游资源的初始性开发，又包括对已有旅游景区(点)的深度开发；既包括以主题公园为代表的一个新景点的创造，又包括对现有景区(点)的完善与更新。它既可以是开发性的挖掘，也可以是保护性的建设。

2. 提高旅游地的可进入性

“可进入性”是指旅游资源所在地同外界的交通联系及其内部交通条件的通畅和便利程度，即人们常说的“进得来、出得去、散得开”。因此，合理安排旅游地交通是旅游开发中的一个重要内容，包括交通线路的设计、交通设施的配套、交通工具的选择等方面。我国许多美丽的风景常因可进入性差而使人们望而却步。如九寨沟虽然有人间仙境的美誉，但可进入性不强。如果从成都到九寨沟坐大巴车，要在崎岖的山路上颠簸一天，这常常使老年人和易晕车的游客吃不消。如果乘飞机也存在诸多不便。九寨沟黄龙机场是四川阿坝州的首个机场，机场海拔标高3 448米，九黄机场位于九寨沟、黄龙、牟尼沟三大景区三角形的中心位置，因地势复杂，航班延误多、配套设施少、服务质量差，致使游客对九黄机场抱怨不断。

3. 建设和完善旅游设施

旅游设施包括道路、医院、银行、供水、供电、通信等旅游基础设施和旅游问讯中心、宾馆、旅游纪念品商店、旅游娱乐场所等旅游服务设施，它们是旅游者在旅游地逗留期间的生活、旅游活动的重要设施。合理、完善的旅游设施有助于提高旅游服务质量，从而提高了旅游资源的吸引力。

4. 加强培训，提供优质的旅游服务

旅游业是服务性行业，服务质量的高低直接影响到旅游者对旅游资源的评价，影响到对旅游活动的评价。因此，旅游目的地要加强对旅游从业人员的培训，使他们成为训练有素的专业人员，从而不断提高服务水平和服务质量。

5. 加大宣传力度，不断开拓旅游市场

经过开发的旅游资源要取得预期的经济、社会和环境效益，就需要加大宣传力

度，使这些旅游资源被更多的旅游者所熟悉、所接受。不断扩大旅游客源市场，才能达到旅游资源开发的最终目的。宣传的方式多种多样，有电视等媒介宣传、制作宣传册、户外广告宣传等。今天，一些旅游目的地利用某些名人的知名度和影响力来加大宣传力度，也取得了不错的效果，如用名人来代言该地区或作为该地区的形象大使等。

拓展知识

"非线路"也是一出好戏

就在《非诚勿扰2》全国热映之际，北京市旅游局也在各地积极推介"北京旅游非线路"。该线路以两部《非诚勿扰》中出现的北京景点为基础，延伸成为特色旅游产品。据说北京市旅游局还将在相关景区景点打出"北京旅游非线路"的标识，并将这一系列产品作为在国内市场促销的重点。旅游与电影结合，北京旅游携手"非2"又是一出好戏。

借电影营销旅游，其实已经不是什么新鲜事。从早年间的《少林寺》让嵩山少林名扬四海，到后来的《大红灯笼高高挂》宣传山西王家大院、《卧虎藏龙》炒热四川蜀南竹海，以及近期热映的《让子弹飞》带火广东开平碉楼，成功的例子不胜枚举。但北京旅游携手"非2"，却与以往不同。

此前外景地借势电影营销多为被动，而此次北京则采取主动。在电影公映前一周，由北京市旅游局冠名，华谊兄弟、中央电视台影视频道联合制作的《非诚勿扰2》全球首映典礼在北京欢乐谷华侨城大剧院举行，北京市旅游局与华谊兄弟正式宣布达成战略合作关系：北京市旅游局将利用华谊兄弟2010年及2011年多部影视作品及大型娱乐活动推广北京旅游。这可以看做北京旅游部门与华谊兄弟合作的新起点，也标志着旅游联姻电影开启了一个新时代。

北京传统的旅游形象以故宫、长城、颐和园、北京烤鸭为代表，在此基础上形成传统的观光旅游产品。此次通过"非2"，北京着力推出的是慕田峪长城、欢乐谷、潭柘寺、紫竹院公园和798艺术区。一提到长城，人们首先想到的是八达岭，然而慕田峪长城也很壮观；虽说"先有潭柘寺，后有北京城"，但大部分外地游客对潭柘寺并不了解，甚至很少听说；欢乐谷和紫竹院公园以接待本地游客为主；798艺术区是新北京的一张名片，在海外市场有较大的知名度。从这些选择我们可以猜想，北京市旅游局此举的意义在于对北京旅游形象进行多元化的诠释，这符合北京提出的建设世界城市的战略目标。

作为中国的首都和千年古都，北京从来不缺旅游客源。而全中国最不缺客源的北京都大力进行旅游宣传营销活动，对其他地方具有重要的示范意义，将对各地旅游营销理念产生积极影响，如在营销方面想出更多办法和点子，投入更多的人力、物力和财力，产生更好的市场效果，激发人们出门旅游的欲望……

《非诚勿扰2》是一部好看的电影，"非线路"也是一出旅游营销的好戏。

资料来源：中国旅游报.2010－12－27.

（三）旅游资源开发的原则

旅游资源在开发和建设中应遵循以下原则：

1. 突出独特性原则

(1)尽可能保持自然和历史形成的原始风貌。任何对旅游资源过分修饰和全面的毁旧翻新的做法都是不可取的，这样只能削弱旅游资源的吸引力。如意大利罗马有众多的古建筑，这些建筑大都有上百年的历史，至今还保存着原始风貌。漫步在罗马街头，穿梭在这些古建筑中，旅游者会感到这座城市厚重的历史、厚重的文化，能感受整座城市的灵魂。

特别提示

"千城一面"的中国城市失去了城市固有的旅游吸引力

很多国内外专家对中国的城市建设提出了严厉批评。其中最突出的问题就是中国城市的"千城一面"。实际上，在城市快速发展的今天，中国城市不约而同地出现建筑风格缺乏特色，南北风格趋同，布局毫无新意等问题。学者王又丰认为，我国城市特色的丧失有四个表现：一是争建国际化大都市；二是争建中央商务区(CBD)；三是盲目追求高层建设和西式建筑；四是追求大广场、大草坪、大马路。

资料来源：崔凤军.城市旅游的发展与实践.北京：中国旅游出版社.2006(1).

(2)尽量挖掘当地特有的旅游资源。旅游资源开发要突出其特色，做到"人无我有，人有我佳"。一定区域范围内历史"最"悠久、规模"最"大、造型"最"奇、工艺"最"精、知名度"最"高的旅游资源，以其突出的特色增强了吸引力和竞争力。

(3)努力反映当地的文化特点。旅游资源开发要突出当地的民族化、地方化的特点。环境外观上使旅游者感到有民族和地方的特色。而旅游接待设施的内部环境和设备不宜"旧"，而要以符合旅游者的生活习惯，并使旅游者具有熟悉感为原则。较为理想的做法是外"土"内"洋"、外"旧"内"新"。这样，旅游者在精神上有置身于异国他乡的新奇感，在生活上又有如居故里的熟悉感。

2. 讲求经济的原则

旅游资源开发的最终目的是为了发展旅游业，促进当地经济的发展。因此，旅游资源开发要遵循经济效益的原则。首先，旅游资源开发要服从当地经济和社会的发展规划。再次，做到有序开发。当一个地方发展旅游业时，需要对开发项目的投资效益进行预测，分期、分批、有重点地优先开发某些项目，而不能无序地盲目开发。最后，在旅游开发中尽量就“地”取材。在项目开发和建设中，要尽可能地利用当地的原材料，使用当地的人工和技术力量，以降低资源开发中的成本。

3. 注重保护与合理开发相结合的原则

旅游资源是旅游目的地的宝贵财富，很多是不可再生的自然遗产和历史文化遗产。在对旅游资源开发过程中，应该把对旅游资源的保护放在首位，应该注意在保护和维持其原有风貌的前提下进行合理开发。这主要体现在，旅游资源的开发规模不得超过该地的旅游承载力，并且有关建设项目的性质、布局、规模、高度、造型、色彩以及建筑材料的使用等，都应与周围的景观和环境相协调。

拓展知识

我国旅游资源开发的典型案例

2009年国家旅游局本着整合形象，打造品牌；引导市场，创造亮点；形成抓手，推动发展的目的，以典型性强、知名度大、交通通达、跨越多省为评选条件，评选出我国首批国家旅游线路，初步拟定12条。

图5－6　中国初步拟定首批12条国家旅游线路

1. 中国“丝绸之路”国家旅游线路。以丝路文化为核心，跨越河南、陕西、甘肃、宁夏、青海、新疆六省区，是一条典型的国际旅游线路，在海内外形成了较大的市场影响。

2. 中国“香格里拉”国家旅游线路。以川滇藏民族文化和特色景观为内涵，形成了从昆明经大理、丽江至迪庆的核心旅游线路，并辐射至四川甘孜及西藏等地，是中国目前热点的旅游线路之一，在海内外旅游市场中深受欢迎。

3. 中国“长江三峡”国家旅游线路。以峡谷景观、高峡平湖风光、大坝景观、历史文化、地域文化为主要吸引物，是中国对外推广的经典旅游线路。

4. 中国“青藏铁路”国家旅游线路。以青藏铁路为依托形成的通往雪域高原的旅游线路，东起青海西宁，西至西藏拉萨，并延伸至西藏其他地区。

5. 中国“万里长城”国家旅游线路。长城是中华文化的象征，也是我国最为重要的旅游吸引物之一，东起山海关、西至嘉峪关，跨越东西多个省(区)市。

6. 中国“京杭大运河”国家旅游线路。以京杭大运河历史遗存为内涵，北起北京通州，南至杭州，跨越北京、天津、河北、山东、江苏、浙江六省市，是我国东部贯穿南北的文化旅游线。

7. 中国“红军长征”旅游线路。红军长征旅游线路是目前我国红色旅游中最受欢迎的旅游线，该线从江西瑞金出发，经江西、湖南、贵州、四川、陕西，直达延安，是我国贯穿东西、连接南北、重点在西部的旅游线。

8. 中国“松花江－鸭绿江”国家旅游线路。以东北三省林海雪原、白山黑水、民族文化、边疆风情为内涵，以冰雪旅游、文化旅游、生态旅游、边疆旅游为核心，以大江界河旅游贯穿东北三省。

9. 中国“黄河文明”国家旅游线路。以黄河文明为纽带，自西向东连接青海、甘肃、宁夏、陕西、内蒙、山西、河南、山东八省(区)，重点是陕西、河南、山西、山东等中原黄河文化旅游区。

10. 中国“长江中下游”国家旅游线路。以长江中下游城市群和世界遗产为核心，连结湖北、湖南、江西、安徽、江苏、上海，以都市旅游、遗产旅游、山水观光为特色。

11. 中国“京西沪桂广”国家旅游线路。该线路以空中航线为主，连接北京、西安、上海、桂林、广州五个著名旅游城市，是中国旅游市场最早对外推出、保持长久不衰的典型旅游线路，被誉为“经典中国”旅游线路。

12. 中国“滨海度假”国家旅游线路。以空中航线、海上航线连贯我国东部沿海度假城市旅游目的地，从北向南包括大连、烟台、威海、青岛、日照、连云港、福州、泉州、厦门、深圳、珠海、海口、三亚、北海等，突出中国滨海度假旅游品牌，引导居民休闲度假。

资料来源：中华人民共和国国家旅游局官方网. 2009－03－24.

二、旅游资源的保护

旅游资源是旅游业存在和发展的基础,目前旅游资源不断遭到破坏已成为普遍的现象。这些破坏轻则会造成旅游资源质量的下降,使旅游资源的吸引力受到影响;重则有可能导致旅游资源的损毁,危及该地区旅游业发展的基础。

(一)旅游资源开发与保护的关系

1. 相互联系、相互依存

(1)保护是开发的前提,是为了更好的开发。旅游资源是旅游活动赖以进行的物质基础,当旅游资源遭受到严重破坏或毁灭时,旅游活动就无法进行,旅游业也成为“无源之水,无本之木”。因此,对旅游资源的开发要以保护旅游资源为前提。

(2)开发是保护的一种形式。对旅游资源的开发,有助于该资源地保护资金的筹措,且有助于使地方传统文化受到重视,更有助于提高人们的旅游资源保护意识等。同时,旅游资源只有通过合理的开发,才能招徕旅游者,才能发挥旅游资源的价值功能,才能体现出经济效益、环境效益和社会效益。

2. 相互矛盾

(1)开发本身就是一种破坏。开发就是对资源地进行适度的建设,是以对局部的破坏为前提的。没有破坏就没有开发,破坏和开发在一定程度上是同时存在的。在旅游资源开发过程中,还存在着一些开发者基于经济利益而对资源进行过度的开发,这种开发往往会超过资源地的承载力,所造成的破坏也更为严重。

(2)过度的保护必然会妨碍对旅游资源的开发。过度开发旅游资源固然不可取,但过分坚持保存原始资源风貌同样有失偏颇。这种忽视人们旅游需求和社会经济发展需要,故步自封,片面强调旅游资源保护而忽视旅游资源的合理开发,同样是一种不负责任的行为。

(二)旅游资源遭受破坏的原因

旅游资源遭受破坏的原因归结起来,可分为自然破坏和人为破坏两个方面。

1. 自然造成的破坏

(1)灾变性破坏。如地震、火山喷发、海啸等自然灾害的出现,会直接改变一个地区的面貌,毁掉一些旅游资源。如 1997 年 8 月 12 日,夏威夷岛上最古老的瓦吼拉神庙,被基拉威火山喷了的熔岩全部淹没,一座具有 700 年悠久历史的名胜古迹顷刻间毁于一旦。我国 2008 年“五·一二”汶川大地震使四川省的旅游景区受到了不同程度的破坏,基中都江堰景区内的二王庙垮塌、伏龙观变形、能俯瞰整个都江堰水利工程的最佳景点——秦堰楼只剩残垣断壁等。

(2)缓慢性风化。如风蚀、日蚀、水蚀等自然现象。如埃及的基奥斯普大金辽塔，近一千多年来，风化产生的碎屑体积达5立方米，平均每年损耗约50立方米，整个金字塔表层每年损耗约3毫米。我国的云冈石窟由于长期受风雨侵蚀和后山石壁的渗水浸泡，使其大部分洞窟外檐裂塌，很多雕像被风化，有些已经断臂失头，有些则面目模糊。在其中53个洞窟中，目前只有少数能供人观赏，其他大都因损坏严重而无法开放。

2. 人为造成的破坏

(1)战争性破坏。战争对旅游资源造成的破坏往往是毁灭性的。如圆明园在1860年被英法联军纵火烧毁，1900年又被八国联军焚烧洗劫，遭到了毁灭性的破坏。至今，仍有大量宝贵文物流失国外。

(2)建设性破坏。人类在发展过程中为满足生存和发展而进行的工程建设、城市建设，在一定程度上对旅游资源也造成了破坏。如长江三峡曾是我国十大风景区之一，以壮观的景色闻名于世，然而，三峡工程的建设使三峡风光永存水底。一些为追求统一建设的"旧城改造"和经济利益驱动下的"拆迁"行为，使历史文化遗产和环境遭到严重破坏。如遵义会议旧址周边地区高楼林立严重破坏了旧址的整体环境。钱学森实验室因某开发商的强拆而不复存在。

(3)开发性破坏。旅游资源在开发过程中，由于大肆砍伐景区树木或在景区内兴建宾馆、饭店等接待设施，致使旅游接待区和旅游观赏区紧密相连，使得饭店所产生的废水、废气及游客产生的生活垃圾在一定程度上破坏了当地的旅游资源。

(4)管理性破坏。旅游景区管理不善造成破坏，我国大多数景区为了经济利益，在旅游旺季对景区的接待量不予管理，造成实际接待人数远远超出景区的承受能力，从而使旅游资源遭到严重破坏。

(5)旅游活动的破坏。旅游者的不当行为也会对旅游资源造成破坏。如北京天坛的回音壁因早期游客的大量拍打、抚摸使之受损严重。长城上随处可见的"×××到此一游"使长城的许多青砖伤痕累累。美丽的秦淮河也曾因游人乱丢垃圾而一度成为垃圾河。

拓展知识

"百年之后，敦煌安在?"的思考

敦煌石窟目前每年要接待60万以上的游客，这是一个让文物专家心惊肉跳的数字。旅游旺季蜂拥而至的游客使得石窟中弥漫着大量的二氧化碳和人体散发的湿热气，使壁画上起着鸡蛋皮一样的东西。这东西从里面往外鼓，一摸就碎成粉末，被称为壁画的"癌症"。有专家做过试验，让40个人在洞窟中待37分钟，空气中的温度、湿度及二氧化碳含量就将超过正常含量的6倍！敦煌壁画正在以比古代快100倍的速度走向死亡。唐代第156窟里的墨书《莫高窟记》在20世纪60年代还清晰可见,现在已经模糊不清了。人们不禁担忧:百年之后,敦煌安在?

资料来源:中国旅游同业网.

(三)旅游资源保护的措施

对旅游资源的保护要以"防"为主、以"治"为辅、防治结合,综合运用法律、行政、规划和技术等手段,加强对旅游资源的管理和保护。

1. 健全旅游法制管理体系,加强对政策的贯彻落实

目前,我国有关旅游资源保护方面的法律、法规主要有《中华人民共和国文物保护法》、《国家风景名胜区管理暂时条例》、《中华人民共和国自然保护区条例》、《旅游资源保护暂行办法》等。此外,各地方立法机构和人民政府根据国家法律、法规,结合地方实际情况,制定了实施细则和地方性法规。例如,为保护和合理开发利用旅游资源,促进旅游业的可持续发展,广东汕头市2010年12月15日颁布了《汕头市旅游资源保护和开发条例》,该条例自2011年2月1日起实施。在对旅游资源保护过程中,既要政策给力,更要加大执行力度,除了做到有法可依,更要做到有法必依、执法必严、违法必究。

2. 加大行政管理力度,明确行政管理职责

在对旅游资源进行保护的过程中,要加大行政管理力度,明确行政管理部门的职责。一方面,加大行政管理职能部门的管理力度,在相关部门设置专门的旅游资源开发保护管理职能,对旅游资源实行统一的规划和监督管理,加强对旅游资源的保护,另一方面,根据行政级别和行政区域,实施"分级管理"和"分域管理",使旅游资源管理的责权落到实处。在行政管理中要注意理顺管理职责,做到责权分明,责权到位,且不可责权不分和部门间相互推诿。

3. 做好调查研究,制定科学的旅游规划

在调查研究的基础上,制定和实施科学的旅游发展规划是旅游资源保护的重要举措。首先要对旅游资源及生态环境进行研究,测定并评估旅游保护状况,制定相应的规划和实施方案,然后根据规划有计划地开展相应的保护工作,减少因无序开发造成的资源环境破坏。如针对游客在旅游活动中对旅游资源的破坏,首先要加强本地区的旅游规划,充分估计当地的旅游接待能力,正视超负荷接待对旅游资源破坏的影响。针对旅游旺季可能出现的"人满为患"的情况,应有计划地及时采取多种手段,如调整价格、对游客进行引流分散、控制接待量等。

4. 运用多种技术手段,保护旅游资源

技术性保护措施是利用现代科技手段,对旅游资源及其环境进行监测与分析而实施的保护措施。针对不同类型的旅游资源和具体保护需要,采取物理手段和

化学手段、生物手段、工程手段等技术措施保护旅游资源。如用物理和化学方法净化景区水体,清除大气中的污染物。我国用氧化氢纸浆糊敷与注射点滴相结合的工艺根除青铜器上的粉状锈。美国为减少佛罗里达州46号公路附后因饥饿外出寻食被撞死的黑熊数量,在该公路上铺设一条直径约7.3尺(8英尺)的水泥预制管作为黑熊的通道,公路两边底部呈漏斗状的防护栏可使黑熊顺利落入管道,并在实验通道里安装摄像机,以帮助野生动物专家确定黑熊能否利用安全通道。

5. **加强宣传教育,强化保护意识**

旅游资源保护的意识不强是造成人为破坏的主要原因。所以,必须加强对旅游资源保护的宣传,从而达到教育公众,提高他们的资源保护意识,进而使他们自觉地保护旅游资源。目前,我国公民在对环境和资源保护的认识与行动上与发达国家尚有较大差距,这就更需要我们做好对环境和旅游资源的宣传教育工作,使宝贵的旅游资源免遭人们无知的摧残。

总之,我国旅游资源保护工作任重道远,应把这项工作放在旅游业发展的重要位置,结合采取各种措施,使我国旅游业真正走上持续、稳定、健康发展的道路。

拓展知识

美国国家公园系统

自世界上第一个国家公园——黄石公园于1872年在美国成立,美国已有384个国家公园分别界定为国家公园、国家纪念地、国家保护区、国家湖岸、国家海岸、国家历史公园、国家战争公园、国家历史地、国家游憩地、国家纪念馆和风景道等20个不同类型、总占地面积达33.74万平方公里,占美国国土面积的3.64%。20世纪初,随着美国有关保护环境和文化资源(包括国家公园)的一系列法律、法规、标准与指导原则、公约、命令或协议的颁行和完善,逐步形成了一整套源于这些法律法规的国家公署管理政策和管理体制。

法律基础。美国的遗产保护是建立在较为完善的法律体系之上的,几乎每个国家公园都有独立立法。从1872年的《黄石公园法》到1916年的《组织法》、1935年的《历史纪念地保护法》、1964年的《野生动物保护法》,以及《土地和水资源保护法》、1968年的《国家游径系统法》和《自然风景河流法》、1970年的《一般授权法》、1978年的《国家公园及游憩法》、1980年的《阿拉斯加国家土地保护法》、1998年的《国家公园系列管理法》,美国国会的立法、决议、决定,以及相关管理政策的制定始终伴随着美国国家公园发展的全过程。美国国家公园局的设立及其各项政策均以联邦法律为依据,按照法律规定的程序来进行。国家公园管理机构只有依法保护国家公园资源的责任和义务,没有不受法律限制的开发权力。

管理机构。美国国家公园体系的管理者为内政部国家公园管理局。该局成立于1916年，专门负责全国的国家公园事务。1935年通过的《历史纪念地保护法》规定，将国家文化资源和自然资源统一交由国家公园管理局管理。

统一标准。一个准备进入国家公园系统的新区必须符合以下标准：(1)具有全国意义的自然、文化或欣赏价值的资源；(2)具有加入国家公园系统的适宜性；(3)具有加入国家公园系统的可行性；(4)具有由国家管理局代替其他机构或私人企业等不同保护方式的要求。这些标准的制定就是确保国家公园系统只能包括国家自然、文化和具有欣赏价值资源的杰出范例，同时也说明，进入国家公园系统不是保护国家最杰出资源的唯一选择。

美国国家公园的规划设计由国家公园管理局下设的丹佛规划设计中心全权负责，独家垄断操作。丹佛规划设计中心的职员有风景园林师，生物、生态、地质、水文、气象等方面的专家学者，还有经济学、社会学和人类学的专家。这一方面保证了规划设计的质量；另一方面又防止了违反规划事情的发生。

旅游功能。美国国家公园与州立公园分工明确，国家公园以保护国家自然文化遗产，并在保护的前提下提供全体国民观光机会为目的；州立公园主要为当地居民提供休闲度假场所，允许建设较多的旅游服务设施。州立公园体系的建立既缓解了国家公园面临的巨大旅游压力，又满足了地方政府发展旅游、增加财政收入的需要。

特许经营。1965年美国国会通过了《特许经营法》，规定国家公园管理机构不得从事商业性经营活动，公园内商业经营项目通过特许经营的办法委托企业经营，管理机构从特许经营项目收入中提取一定比例的费用，用于改善公园管理。国家公园管理机构是联邦政府的非营利机构，专注于自然文化遗产的保护与管理，日常开支由联邦政府拨款解决。特许经营制度的实施形成了管理者和经营者角色的分离，避免了重经济效益、轻资源保护的弊端。

资料来源：吴必虎，宋子千. 旅游学概论. 北京：中国人民大学出版社. 2009.

第五节　世界遗产发展概况

2010年8月第34届世界遗产委员会大会在巴西利亚闭幕，《世界遗产名录》中世界遗产总数已达911处，其中世界文化遗产（含文化景观遗产）704处，自然遗产180处，文化与自然双遗产27处。

一、世界遗产的概念

1972年11月，联合国教科文组织第17届大会在巴黎召开，会议通过了《保护世界文化和自然遗产公约》（简称《世界遗产公约》），主要规定文化遗产和自然遗产的定义,以及文化遗产和自然遗产的国家保护和国家法保护措施等条款,规定了各缔约国可自行确定本国领土内的文化和自然遗产,并向世界遗产委员递交其遗产清单,由世界遗产大会审核和批准。

《世界遗产公约》的管理机构是联合国教科文组织的世界遗产委员会,该委员会于1976年成立,并同时建立了《世界遗产名录》。该名录的编制和世界遗产委员会等机构的成立为全球合作保护世界遗产提供了重要前提,之后的《实施世界遗产公约的操作指南》更为保护工作的权威性和可操作性提供了有力的抓手,标志着一个新的人类保护文化成就和自然财富时代的到来。

所以,世界遗产是指被联合国教科文组织和世界遗产委员会确认的、人类罕见的、目前无法替代的财富,具体可分为自然遗产、文化遗产、自然与文化双重遗产。如加拿大的米瓜莎公园,中国的长城,新西兰的汤加里罗国家公园。

拓展知识

世界遗产的发展

图5-8 联合国教科文组织世界遗产标志

1959年,埃及政府打算修建阿斯旺大坝,但可能会淹没尼罗河河谷里的珍贵古迹。1960年联合国教科文组织发起了"努比亚行动计划",50多个国家集资4000万美元,成功地保护了这些世界遗产。阿布辛贝神殿和菲莱神殿等古迹被仔细地分解,然后运到高地,再一块块地重新组装起来。之后,联合国教科文组织联合国际古迹遗址理事会起草了保护世界遗产的协定。

1972年,联合国教科文组织在巴黎通过《保护世界文化和自然遗产公约》,是参与国家最多的公约。

1973年,美国最先加入公约组织,到现在大约有180个国家加入。

1977 年，联合国教科文组织世界遗产委员会正式召开会议，评审世界文化遗产。世界文化遗产包括：①文物，②建筑群，③遗址。世界自然遗产包括：①地质和生物结构的自然面貌，② 濒危动植物生态区，③天然名胜。

1992 年，联合国教科文组织世界遗产委员会第 16 届会议提出把“文化景观遗产”纳入《世界遗产名录》中的，专门代表《保护世界文化和自然遗产公约》第一条表述的自然与人类的共同作品。文化景观遗产包括：①园林和公园景观，②有机进化的景观（人类历史演变的物证），③关联性文化景观。

1992 年，联合国教科文组织启动一个世界文化遗产的延伸项目“世界记忆遗产”（也叫做“世界记忆工程”或者“世界档案遗产”），目的是抢救和保护文献记录，使人类的记忆更加完整。

1998 年联合国教科文组织通过决议设立“非物质文化（口头和非物质文化）遗产”评选，以便保护文化的多样性，激发创造力。这是跟《保护世界文化和自然遗产公约》保护物质文化遗产并列的项目，一般也被当做世界遗产的整体内容。

1998 年，奥地利塞默林铁路，1999 年印度大吉岭喜马拉雅铁路，被列入《世界遗产名录》，延伸出一个具有旅游开发价值的“线性文化遗产”类型。

2002 年，联合国粮农组织、开发计划署和全球环境基金设立全球重要“农业文化遗产”项目，即 GIAHS 全球重要农业文化遗产。

2009 年，湿地国际联盟组织开展对国际湿地纳入世界遗产保护战略，设立“湿地遗产”项目。

资料来源：百度知道。

二、世界遗产的类型

根据《世界遗产公约》，世界遗产主要包括文化遗产、自然遗产、文化与自然双重遗产。经过多年的实践，在加深对世界遗产内涵理解的基础上，现在又增加了一些新的内容。近年来常用的世界遗产类型有以下几种：

（一）文化遗产（Culture Heritage）

1.《世界遗产公约》规定的文化遗产

（1）文物：从历史、艺术或科学角度看，具有突出、普遍价值的建筑物、雕刻和绘画，具有考古意义的成分或结构，铭文、洞穴、住区及各类文物的综合体。

（2）建筑群：从历史、艺术或科学角度看，因其建筑的形式、同一性及其在景观中的地位，具有突出、普遍价值的单独或相互联系的建筑群。

（3）遗址：从历史、美学、人种学或人类学角度看，具有突出、普遍价值的人造工程或人与自然的共同杰作以及考古遗址地带。

(4)文化遗产保护区:主要指历史建筑、历史名城、重要考古遗址和有永久纪念价值的巨型展雕塑及绘画作品。

2. 文化遗产项目列选标准

凡提名列入《世界遗产名录》的文化遗产项目,至少要符合以下一项标准才能获得批准:

(1)代表一种独特的艺术成就,一种创造性的天才杰作。

(2)能在一定时期内或世界某一文化区域内,对建筑艺术、纪念物艺术、规划或景观设计方面的发展产生过重大影响。

(3)能为一种已消逝的文明或文化传统提供一种独特的或至少是特殊的见证。

(4)可作为一种建筑或建筑群或景观的杰出范例,展示人类历史上一个(或几个)重要阶段。

(5)可作为传统的人类居住地或使用地的杰出范例,代表一种(或几种)文化,尤其在不可逆转之变化的影响下变得易于损坏。

(6)与具有特殊或普遍意义的事件或现行传统或思想或信仰或文学艺术作品有直接和实质的联系(委员会认为,只有在某些特殊情况下或该项标准与其他标准一起作用时,此款才能成为列入《世界遗产名录》的理由)。

世界文化遗产如希腊罗得中世纪古城(Medieval City of Rhodes)、法国里昂历史遗迹、德国的科隆大教堂和洪都拉斯的科潘玛雅遗址。

(二)自然遗产(Natural Heritage)

1.《世界遗产公约》规定的自然遗产

(1)从美学或科学角度看,具有突出、普遍价值的由地质和生物结构或这类结构群组成的自然面貌。

(2)从科学或保护角度看,具有突出、普遍价值的地质和自然地理结构,以及明确规定的濒危动植物物种生境区。

(3)从科学、保护或自然美角度看,具有突出、普遍价值的天然名胜或明确划定的自然地带。

2. 自然遗产项目列选标准

(1)构成代表地球现代化史中重要阶段的突出例证。

(2)构成代表进行中的重要地质过程、生物演化过程,以及人类与自然环境相互关系的突出例证。

(3)独特、稀少或绝妙的自然现象、地貌或具有罕见自然美的地带。

(4)尚存的珍稀或濒危动植物种的栖息地。

(三)文化与自然双重遗产(Mixed Properties)

文化与自然双重遗产是指自然和文化价值相结合的遗产,显示了人类从改造自然、征服自然到与自然和谐相处的观念的巨大转变,因此具有深远的意义。如中国的泰山、黄山、峨眉山、武夷山及非洲马里的邦贾拉悬崖等。我国的泰山既符合文化遗产评判的全部标准,又符合自然遗产评判的其中一条标准,是名副其实的"世界遗产之尊"。

(四)**文化景观**(Culture Landscapes)

文化景观这一概念是1992年12月在美国圣菲召开的联合国教科文组织世界遗产委员会第16届会议时提出并纳入《世界遗产名录》中的。文化景观代表了《世界遗产公约》第一条所表述的"自然与人类的共同作品"。《实施保护世界文化和自然遗产公约的操作指南》对文化景观的原则作了规定:文化景观"能够说明为人类社会在其自身制约下、在自然环境提供的条件下,以及在内外社会经济文化力量的推动下发生的进化及时间的变迁。在选择时,必须同时以其突出的普遍价值和明确的地理文化区域内具有代表性为基础,使其能反映该区域本色的、独特的文化内涵。"一般来说,文化景观有以下类型:

1. **由人类有意设计和建筑的景观**

包括出于美学原因建造的园林和公园景观,它们经常(但并不总是)与宗教或其他概念性建筑物或建筑群有联系。

2. **有机进化的景观**

这类景观产生于最初始的一种社会、经济、行政以及宗教需要、并通过与周围自然环境的相联系或相适应而发展到目前的形式。它包括两种:一是残遗物(化石)景观,代表一种过去某段时间已经完结的进化过程,不管是突发的或是渐进的。它们之所以具有突出、普遍的价值,就在于显著特点依然体现在实物上。二是持续性景观,它在当地与传统生活方式相联系的社会中,保持一种积极的社会作用,而且其自身演变过程仍在进行之中,同时又展示了历史上其演变发展的物证。

3. **关联性文化景观**

这类景观的特征与自然因素、强烈的宗教、艺术或文化相联系。目前,列入《世界遗产名录》中的文化景观并不多,我国的庐山风景名胜区属于此类。

(五)**濒危世界遗产**(World Heritage in Danger)

根据《世界遗产公约》的规定,世界遗产委员会建有《濒危世界遗产名录》,凡被列入该名录的古迹遗志、自然景观一旦受到严重威胁,经世界遗产委员会调查和审议,即可列入《濒危世界遗产名录》,按需要进而采取紧急抢救措施。并根据实际情况,委员会随时公布、更新名单。如在巴西首都巴西利亚召开的第34届世界遗产大会,日前,世界遗产委员会决定将马达加斯加阿齐纳纳雨林等4处世界遗产列入《濒危世界遗产名录》,并将厄瓜多尔的加拉帕戈斯群岛从该名录中删除。

（六）人类口头和非物质遗产代表作（简称非物质文化遗产 Intangible Cultural Heritage）

“非物质文化遗产”主要包括五种类型：口头传说和表述；表演艺术；社会风俗、礼仪、节庆；有关自然界和宇宙的知识和实践；传统的手工艺技能。非物质文化遗产在旅游业中发挥重要作用。我国非物质文化遗产如有关刘三姐的民间传说，广西桂林以刘三姐歌谣及相关故事为核心打造实景表演《印象·刘三姐》，整合了实体旅游景点、故事、传说、民俗、表演、名导以及出色的舞台效果，取得了轰动性效应，改变了桂林旅游的传统格局。

综上所述，目前世界遗产的分类如图5－9所示：

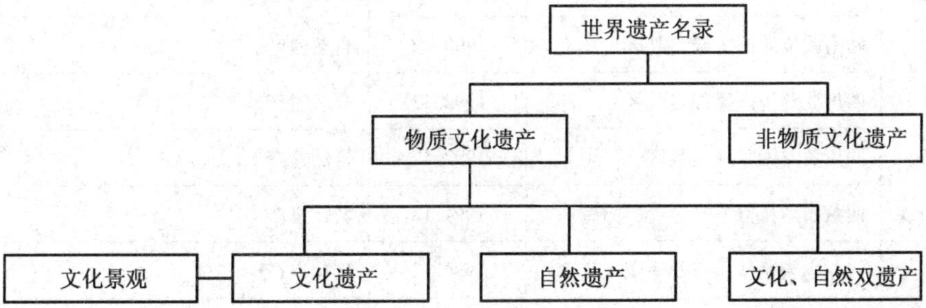

图5－9 世界遗产分类图

三、世界遗产在中国

（一）我国世界遗产的基本情况

我国于1985年12月12日成为《世界遗产公约》的缔约方，为了加强世界遗产的申报、管理和保护工作，2002年我国国家文物局设立了世界遗产处。

2010年8月，在巴西利亚第34届世界遗产委员会大会上，中国的新增两项世界遗产，分别是文化遗产项目登封“天地之中”历史建筑群（河南），自然遗产项目我国丹霞风貌（包括贵州赤水、福建泰宁、湖南崀山、广东丹霞山、江西龙虎山和浙江江郎山）。至此，我国被批准列入《世界遗产名录》的世界遗产项目已达40项，其中文化遗产26项，自然遗产8项，文化与自然双重遗产4项，文化景观遗产2项，我国世界遗产总量居世界第三位，仅次于意大利（45项）和西班牙（42项）。如表5－5所示。

表5-5　中国世界遗产名录

序号	地域名称	批准时间	遗产种类
1	长城	1987.12	文化遗产
2	北京故宫、沈阳故宫	1987.12	文化遗产
3	陕西秦始皇陵及兵马俑	1987.12	文化遗产
4	甘肃敦煌莫高窟	1987.12	文化遗产
5	北京周口店北京猿人遗址	1987.12	文化遗产
6	山东泰山	1987.12	文化与自然双重遗产
7	安徽黄山	1990.12	文化与自然双重遗产
8	湖南武陵源国家级名胜区	1992.12	自然遗产
9	四川九寨沟国家级名胜区	1992.12	自然遗产
10	四川黄龙国家级名胜区	1992.12	自然遗产
11	西藏布达拉宫	1994.12	文化遗产
12	河北承德避暑山庄及周围寺庙	1994.12	文化遗产
13	山东曲阜的孔庙、孔府及孔林	1994.12	文化遗产
14	湖北武当山古建筑群	1994.12	文化遗产
15	江西庐山风景名胜区	1996.12	文化景观
16	四川峨眉山—乐山风景名胜区	1996.12	文化与自然双重遗产
17	云南丽江古城	1997.12	文化遗产
18	山西平遥古城	1997.12	文化遗产
19	江苏苏州古典园林	1997.12	文化遗产
20	北京颐和园	1998.11	文化遗产
21	北京天坛	1998.11	文化遗产
22	重庆大足石刻	1999.12	文化遗产
23	福建武夷山	1999.12	文化与自然双重遗产
24	四川青城山和都江堰	2000.11	文化遗产
25	河南洛阳龙门石窟	2000.11	文化遗产

续表

序号	地域名称	批准时间	遗产种类
26	明清皇家陵寝:明显陵、清东陵、清西陵、盛京三陵	2000.11	文化遗产
27	安徽古村落:西递、宏村	2000.11	文化遗产
28	山西大同云冈石窟	2001.12	文化遗产
29	云南三江并流	2003.7	自然遗产
30	高句丽王城、王陵及贵族墓葬	2004.7	文化遗产
31	澳门历史城区	2005.7	文化遗产
32	四川大熊猫栖息地	2006.7	自然遗产
33	安阳殷墟	2006.7	文化遗产
34	中国南方喀斯特	2007.6	自然遗产
35	开平碉楼与村落	2007.6	文化遗产
36	福建土楼	2008.7	文化遗产
37	江西三清山	2008.7	自然遗产
38	山西五台山	2009.6	文化遗产
39	登封“天地之中”历史建筑群	2010.7	文化遗产
40	中国丹霞	2010.8	自然遗产

(二)世界遗产与中国旅游

1. 世界遗产是重要的旅游资源

中国作为东方文明古国,1978 年开始改革开放,最初我国旅游业发展所信赖的资源主要是文化旅游资源,以北京的长城、故宫、天坛、颐和园、周口店人类文化遗址,山东的泰山、甘肃的敦煌莫高窟、西安秦始皇陵兵马俑为代表。这些旅游资源也是中国最早获得认定的世界遗产的杰出代表,即使在今天也是举世闻名的旅游地。

2. 世界遗产的宣传作用

世界遗产可以享受国际援助,技术支持、免受战争或人为破坏等一系列优惠待遇。获得“世界遗产”的殊荣不仅可以提升国际认可度,还可以对其所在国家和所在地起到很好的宣传作用,能够吸引众多的旅游者,创造出可喜的经济效益和社会效益。“世界遗产”如果是一块金字招牌，作为无形资产，它的潜在价值难以估量。如黄山1990年被批准为文化与自然双重遗产后，旅游年收入也从几百万元迅速猛增至2亿元；洛阳龙门石窟“入遗”前每年门票收入1 000万元、“入遗”第二年就达到了2 700万元；福建土楼2008年7月被列入世界文化遗产，门票价格上调幅度从40%～300%不等。

3. 世界遗产为中国旅游带来了新理念

世界遗产给中国的旅游研究和开发还来了很多全新的理念，如文化线路理论对旅游开发的启示。文化线路作为一种新的文化遗产保护方法，为旅游规划提供了新思路。《实施世界遗产公约的操作指南》中提到的大尺度、多维度的文化线路不仅包括传统的物质遗产、文化古迹，而且包括非物质遗产、民族风情等。文化线路在历史上所具有的文化交流与传播的作用，特别是它与重大历史事件之间的联系使之符合今天人类文化旅游的要求。因此，这一理论被广泛采用，如被应用于京杭大运河、丝绸之路、长城、茶马古道等文化旅游开发之中。

（三）中国世界遗产旅游开发存在的问题

1. 重开发，轻保护

世界遗产地申报成功后，随着知名度的提高，吸引众多旅游者慕名而至，世界遗产地因此取得了显著的经济效益和社会效益。一些地方把世界遗产当做地方的“摇钱树”，甚至有的地方政府公然要求世界遗产地几年内要成为当地财政的“顶梁柱”，市场化炒作，商业化经营，甚至把世界遗产当做私有商品捆绑上市，这些做法导致世界遗产遭受严重破坏。

世界遗产地经常“人满为患”，这既对世界遗产地的资源和环境产生负面影响，同时，严重降低游客的满意度，对世界遗产的保护和旅游开工都非常不利。以2010年“十·一”黄金周为例，庐山接待4.01万人次，同比增长49%；曲阜三孔接待3.8万人次，同比增长31%；八达岭长城接待4.35万人次，同比增长18.1%；泰山共接待3.26万人次，同比增长6.69%等。而故宫五天便接待游客46万余人次，仅10月2日一天就达12.5万人次，远远超出其日6万人次的最大容量。

2. 严重损害世界遗产的完整性和原真性

中国的旅游开发热衷于建造古迹遗址的修复和重建，最典型的是四川世界文化遗产乐山大佛保护区内新建的仿造各地著名佛像的“东方佛都旅游景区”和新开山劈石所塑的“阿富汗巴米扬大佛”。原真性是国际公认的文化遗产评估、保护和监控的基本因素。随着中国越来越多地参与国际文化遗产保护、合作与交流中，目前的旅游开发却极大地损害了世界遗产项目的原址人性和完整性，以致受到世界遗产委员会的警告。

3. 世界遗产的内涵被忽略

世界遗产地都纷纷推出了以该地世界遗产项目为名的专项旅游产品,旅游产品前面冠有世界遗产的名头,以此来招徕游客。而世界遗产的人文价值、科学价值、美学价值和教育价值的真正内涵没有真正地发挥作用,由此,世界旅游遗产也失去了其实质性意义,沦为招徕游客的噱头。

拓展知识

谁为中国式"申遗"买单

最近,申遗像一股旋风,华丽地吹着我们。"丹霞"的一夜成名把"世界遗产"的名号推到了风口浪尖上。广东丹霞山、湖南崀山、贵州赤水等六个丹霞地貌被列入《世界遗产名录》后,一些网友提出:这六个景区为"申遗"花费的资金总额达十几亿元人民币,这些钱到底花在哪儿了?景区"申遗"成功后,当地政府为了按期归还银行贷款,景区门票是否会大幅涨价?到底由谁来为中国式申遗的巨资买单?

在相关部门、相关专家们一致认为这巨资花得值的时候,我想他们或许是没有多少时间来想这个问题的。当然,也有可能早已想好了。或者,他们比谁都知道"世界遗产"这块金字招牌的含金量,一旦拥有了这张在国际上畅通无阻的"世界名片",就意味着一登龙门,身价百倍。然而,"世界遗产"是否就这样沦为发展旅游的摇钱树?截至2010年8月1日,中国已有40处世界遗产。其中世界文化遗产26处,世界自然遗产8处,文化与自然双重遗产4处,文化景观2处。"申遗"仍未就此打住。根据住建部统计,目前中国有包括杭州西湖在内的35个项目正式备选申遗,而各地提出申遗的已经排到下个世纪。

"中国式申遗"的初衷,大抵与"名人故里之争"如出一辙,背后都贴着"文化搭台,经济唱戏"八个大字。遗产、遗产,就是要"产"——经济产出。坐拥上天留给人间的自然遗产,沾点光,赚点钱,改善一下地方财政,无可厚非。但是,"申遗是否就是经济的"兴奋剂"?我看未必!地方政府花巨资"申遗",会否挤占公共投入,减损公共福利,这是政府"申遗"之举最易激起群情的议题。医疗、住房、教育投入不尽如人意,而"申遗"不惜血本,两相比照,很容易授人以不分轻重缓急之柄。到底谁来为中国式申遗埋单?有关部门是否早有考虑和答案?

资料来源:李志起. 谁为中国式"申遗"埋单. 中国经济周刊. 2010(33).

(四)世界遗产旅游开发的中国模式

1. "轮休型"模式

1987年10月,黄山旅游者和资源保护专家受"封山育林"、"海洋休渔期"的启发,在国内首创景点“轮休型”开发模式,封闭始信峰,利用1~2年时间,通过人工辅助促进自然恢复的措施,恢复受损的林木植被,改善生态环境。

“轮休型”模式是指每年或每个旅游旺季开放一部分景区(点),让景区(点)轮流休息,以更好地保护世界遗产。这一模式比较适用于占地面积较小,景点相对独立,且生态或文化较脆弱的世界遗产地,如龙门石窟、大足石刻、苏州园林等。

2. “分区开发”模式

这一模式是将世界遗产地划分为若干地区,界定每个地区的范围、界限和活动类型,每个地区的地位、功能、价值不同,保护的重点和方式也有所不同。一个典型的自然保护区,可划分为三个区域,即核心区、缓冲区和实验区,因此,也可将世界遗产划分为核心保护区、缓冲区和边缘区。这种模式比较适用于区域比较大、包含自然景观的世界遗产地。如泰山、九寨沟等。

3. 社区模式

社区模式是把世界遗产与社区发展为开发模式,也是一种保护性的开发模式。这种开发模式将社区力量调动起来,在社区开发出各具特色的街区和文化体验活动,旅游者在遗产景区游览后,可以到社区的特色街区、特色文化体验区进行购物、娱乐、品尝小吃等休闲体验活动。这种模式适用于存在于城市之中的世界遗产,如故宫、布达拉、三孔等。当地居民已成为这些世界遗产地不可分割的一部分,世界遗产由于有居民的活动而更具活力,因而也使世界遗产更有魅力与亲和力,对世界遗产形象的树立和宣传也起到了促进作用。

案例分享

周庄:20年,从“古之幽情”到“空前繁荣”

周庄地处苏州昆山市、吴江市、上海的青浦县三县市交界之处,东面不远就是有名的淀山湖,具有九百多年的历史。它以悠远的传统,淳朴的民风,古老的建筑,清澄的河水和充满传奇色彩的人物,成为一片极有诱惑力的旅游胜地。周庄能够为大家所熟知得力于一位画家——陈逸飞。1984年他创作了《故乡的回忆》,1985年,这幅画又经他加工为当时联合国首日封的图案,深受集邮爱好者和各界人士的青睐。经新闻媒体宣传,周庄古镇声名鹊起。陈逸飞的画使默默无闻的周庄“双桥”走向了世界。而当时从上海到周庄,舟加相继需要三四天的时间。

著名画家吴冠中在《古镇的美与愁》中这样写道:我寻访过不少江浙的乡镇,但其时尚不知有周庄。及1985年我才从苏州坐小轮船到达周庄。环庄三面皆湖,周庄像个半岛,因不通公路,便类似孤岛。岛中河道交错、小桥人家、淳朴、冷落、淡泊,令我联想到陶渊明笔底的桃花源。住下作画近十日,我赞誉:“黄山集中国山川之美，周庄集中国水乡之美。”著名古建筑专家罗哲文说：“周庄不仅是江苏省的一个宝，而且是国家的一个宝。”台湾经纬杂志盛赞周庄是“中国第一水乡”。还有不少人在游览了周庄之后，这样说：“上有天堂，下有苏杭，中间还有一个周庄。”大家为周庄保存着如此众多的明清建筑而赞叹，为“小桥、流水、人家”的精美格局而眩惑，为处处可画、时时有诗的风情而陶醉，觉得周庄是无法重造的美丽水乡。

然而今天，具有九百多年历史的古镇周庄，今天却俨然成了一个嘈杂的集市。在庄里行走，特别是第一次来的人肯定吓一跳：如果天安门前的人山人海还能够因为场地的开阔被接受的话，古镇内一米来宽的窄巷人头攒动，那实在是有点儿恐怖了。周庄几乎所有的沿街房子，除了个别景点，都破门开店，仅仅0.47平方公里的小镇，却挤满了几百家商店，不少居民为了开店，不惜拆墙除瓦。有时，一晚上一幢民居楼就消失了。周庄的门窗原有一百多种风格和式样，现在，样式存世数量越来越少。八成居民都在卖黝黑的假古董、鲜亮的旅游纪念品、批量生产的印刷画，还有茶馆、饭店、酒肆、时装店……

昔日的小桥、流水、人家变成了今日的人桥、游船、商贩。昔日的梦里水乡变成了今天的商业水乡。

资料来源：根据老枪．大败笔——中国风景黑皮书．中国友谊出版公司．2006整理．

分析：

旅游资源开发要突出独特性原则、讲求经济的原则、注重保护与合理开发相结合的原则。周庄在开发中突出了讲求经济的原则，而忽视了突出独特性的原则和注重保护与合理开发相结合的原则。

案例中提到印象中的周庄犹如陶渊明笔底的世外桃花，“小桥、流水、人家”的精美格局使周庄成为无法重造的美丽水乡。周庄在开发过程中，为了经济利益，忽视它的旅游承载量，忽略它的江南水乡的特色，使周庄变成了今天拥挤的闹市，周庄雅致、安逸、清闲的气息荡然无存。商业化的经营与周庄原有的风格极不协调。同时，周庄在开发中不注意保护原有的旅游资源，它原有的明清的建筑风格独具特色，而现在不少居民为了开店，不惜拆墙除瓦。周庄的门窗原有一百多种风格和式样，现在，样式存世数量越来越少。所以说周庄的开发是失败的。

思考与练习

一、填空题

1. 根据我国2003年颁布的《旅游资源分类、调查与评价》和国家标准《旅游区(点)质量等级的划分与评定》，旅游资源指________和________中凡能对旅游者产生________，可以为旅游业开发利用，并可产生________、________和________

的各种事物和因素。

2. 根据旅游资源特点和属性的不同，把旅游资源分为不同的类型，人们常说的“二分法”是________和________。

3. 旅游资源评价的内容有________、________和________。

4. 旅游资源评价方法包括________和________两种。

5. 根据《世界遗产公约》，世界遗产主要包括________、________和________三类 。

二、选择题

1. 旅游资源的特点有(　　)。

A. 多样性　　B. 季节性　　C. 地域性

D. 变化性　　E. 易损性

2. 根据旅游资源的可再生程度分为(　　)。

A. 世界级旅游资源　　B. 不可再生旅游资源

C. 可再生旅游资源　　D. 国家级旅游资源

3. 旅游资源质量的评价包括(　　)。

A. 旅游资源的客源条件　　B. 旅游资源的价值

C. 旅游资源的特色　　D. 旅游资源的结构

4. 旅游资源开发的原则有(　　)。

A. 突出独特性原则　　B. 讲求经济的原则

C. 突出实效原则　　D. 注重保护与合理开发相结合的原则

5. 中国世界遗产旅游开发存在的问题(　　)。

A. 重开发，轻保护

B. 世界遗产不断增加

C. 世界遗产的内涵被忽略

D. 严重损害世界遗产的完整性和原真性

三、判断题

1. 旅游资源的吸引力是一成不变的，一旦具有了旅游吸引性，就永远都是旅游资源。

2. 开封清明上河园是以宋朝风俗为主题的公园，它属于自然和人文相结合的旅游资源。

3. 人文旅游资源都是不可再生旅游资源。

4. 北京师范大学的卢云亭提出“三三六”，即“三大价值”、“三大效益”、“六大条件”，是定性评价法的一种。

5. 旅游资源进入《世界遗产名录》后会永远成为世界级旅游资源，永久受益。

四、问答题

1. 旅游资源环境评价的内容有哪些?
2. 旅游资源开发的内容有哪些?
3. 简述旅游资源开发与旅游资源保护的关系?
4. 旅游资源遭受破坏的原因有哪些?如何对旅游资源进行保护?
5. 简述世界遗产开发的中国模式?

五、实训项目

向同学介绍你家乡的一处旅游资源。并注意以下几点:

1. 根据不同的旅游资源分类方法,说清楚它的类型;
2. 它在开发过程中所体现的旅游开发原则;
3. 根据“三三六”的评价法,尝试着对它进行评价;
4. 想一想,对它的开发和保护有哪些不足之处,应该如何改善。

第六章 旅游业

引 言

旅游业是旅游活动的基本要素之一，是旅游者完成旅游活动的保障，目前旅游业已成为世界第一大产业。旅游业是一个由旅行社、旅游饭店、旅游交通、旅游购物、旅游景区等诸多相关部门构成的综合性产业。其中旅行社、旅游饭店和旅游交通被称为现代旅游业的三大支柱。旅游业这些供给部门的发展程度都将对旅游业总体发展水平产生重要影响。

学习目标

- 掌握旅游业的定义、特点及构成；
- 掌握旅行社的定义、分类和产品类型，了解旅行社的作用、业务范围；
- 掌握旅游饭店的类型、等级划分，了解旅游饭店的发展历程、作用和发展趋势。
- 掌握旅游交通定义、类型，了解旅游交通的作用、我国旅游交通的现状；
- 掌握旅游购物类型、特点和旅游商品，了解旅游购物的地位和作用、我国旅游购物的现状。
- 掌握旅游景区的定义、类型和管理，了解我国旅游景区的发展现状。

第一节 旅游业

随着人们生活水平的提高，旅游活动的广泛开展，推动了旅游业在世界各地的飞速发展，进入20世纪90年代，旅游业已成为世界上最大的产业，为世界各国经济的发展作出了重要贡献。

一、旅游业的概念

旅游业是一个界限模糊而实际存在的产业，由于旅游业涉及众多的行业和部门，各国的行政体制和经济制度也存在较大差异，使人们对旅游业的认识和理解也不尽相同。我们认为：旅游业是以旅游资源为依托，以旅游者为对象，有偿为其旅游活动创造便利条件，并由为旅游活动提供所需产品和服务的行业和部门所组成的综合性产业。

本定义强调以下三点：

第一，旅游业是以旅游资源为依托。旅游资源是一个国家和地区发展旅游业的物质基础。

第二，旅游业把旅游者作为服务对象。旅游者是旅游业生存的基础，旅游业是为满足旅游者的需求而提供产品和服务的，没有旅游者就谈不上旅游业。

第三，旅游业是一项综合性产业，由多种行业和部门组成，是为了满足旅游者在旅游过程中的全部需要，并且是有偿的服务，达到便利旅游活动的目的。

二、旅游业的构成

旅游业的职能是为旅游者提供服务，满足旅游者在旅游活动中的所有需求。由于旅游者的需求多种多样，旅游业的行业范围也十分广泛，人们对旅游业的构成有不同的认识。

（一）三大支柱说

根据联合国《国际产业划分标准》，对开展旅游业务的具体部门加以分析的基础上，提出旅游业主要构成涉及三个部分，即旅行社、旅游交通运输部门和以旅游饭店为代表的旅游住宿接待部门。在我国人们习惯于将旅行社、旅游饭店业和旅游交通运输业称为旅游业的“三大支柱”。有学者针对三大支柱对旅游业整体经营所发挥的重要作用，把它们形象地比喻为拉动我国旅游业经济发展的“三驾马车”。

（二）五大部门说

有些人认为旅游业是以旅游目的地为单位来进行划分的。所以，从国家或地区的旅游发展角度来讲，旅游业通常由五大部分构成，即除了上面提到的“三大支柱”部门，还应包括游览场所的经营部门和各级旅游管理组织。这种划分是因为站在旅游目的地的角度去认识，这五个部门之间有共同的目标和紧密的联系，它们各自分工并联合起来共同促进旅游目的地的经济发展。虽然旅游目的地的各级旅游管理组织不是以营利为目的的企业，但它对其他部门的赢利却发挥着重要的支持作用。

（三）八个部分说

这是一种更为全面的划分。认为旅游业的构成涉及八个方面，一方面是直接满足旅游者旅游六大需要（食、住、行、游、购、娱）的六大企业，包括旅行社、旅游饭店业、旅游餐饮业、旅游交通运输业、旅游购物品经营业、以景区为代表的旅游观赏业和旅游娱乐行业。另一方面主要由各级旅游管理机构和各类旅游行业组织构成。把上述两个方面的要素加在一起就是八个部分，它们组合在一起构成了旅游目的地的旅游业。

我们还可以把旅游业构成的前六个基础部门或企业进行整理归类，大致分为两个方面。分别是直接旅游企业和间接旅游企业。前者主要是指直接从事旅游服务或旅游经营的部门或企业，以"三大支柱"的构成要素为代表；后者主要是间接从事旅游服务或旅游经营的企业或部门，旅游餐饮业、旅游观赏业和旅游商品经营业。

三、旅游业的特点

从旅游业的概念和构成可以看出，旅游业与其他产业相比，具有以下特点。

（一）综合性

旅游业是一个综合性产业，这是由旅游者需要的多样性决定的。旅游者在旅游过程中，有食、住、行、游、购、娱等多方面的需要，这就要求不同的企业为旅游者提供产品和服务。根据世界旅游组织的统计，旅游业的相关行业达到17个。这些企业为满足旅游者的需要，成为一个集合体，它们相互独立，又相互依存、互为补充，所以对于旅游目的地，必须重视旅游业的整体协调发展。如果交通设施不完善，就会影响旅游者的进入；如果住宿供给不足，又会影响旅游者的停留，等等。所以，任何一个行业的发展滞后，都会导致其他行业客源量的减少，只有各行业相互配合，协调发展，才能促进当地旅游业的发展。

（二）依托性

旅游活动涉及面广，所以旅游业具有高度的依托性。首先，旅游业的发展依托于旅游资源，旅游资源是旅游业发展的物质基础，一个地区旅游资源的特点与丰富程度决定了旅游业的发展水平；其次，旅游业的发展依托于国民经济的发展。国民经济的发展决定了人们的可自由支配收入和闲暇时间，从而决定了旅游者的数量和消费水平。国民经济发展水平还决定着旅游供给水平，表现为旅游资源和设施的投入能力；再次，旅游业的发展依托于各有关部门和行业的协调发展，任何一个行业的脱节都会影响旅游经营活动的正常进行。

（三）涉外性

旅游业的基本业务范围主要有三项：一是接待海外游客入境旅游；二是组织和

接待本国居民在国内进行旅游;三是组织本国居民出国旅游。其中第一项和第三项业务都是涉外性质的。由于各国的社会制度、社会文化、生活方式等方面存在较大差异,因此,发展国际旅游业的政策性很强。

（四）敏感性

旅游业的综合性强、涉及面广的特点,决定了旅游业具有高度的敏感性特点。旅游业与其他产业相比更容易受到来自外部和内部的多种因素的影响和制约。从外部因素看,自然界、政治、经济、社会、文化、法律等方面的变化都会对旅游业产生明显影响。如自然因素中的地震、气候反常,政治因素中的国际关系、战争及恐怖活动等,都不同程度地使旅游业遭遇打击。例如印尼巴厘岛爆炸案、五·一二汶川大地震等危机事件都对旅游业形成了很大的冲击。

从旅游业内部看,它是由多种部门构成,各部门是高度依赖的,任何一个部门出现问题,就会引发一系列连锁反应,最终造成旅游业供给失调,影响旅游业的整体经济效益。此外,旅游产品具有不可储存性,而旅游需求本身却具有明显的受季节性,如果无法协调好淡旺季的需求与供给的差异,则会导致该地旅游产业产生大幅度的波动。

拓展知识

2010 年上海世界博览会盛况

图 6－1　中国馆

2010 年 10 月 31 日,持续运行 184 天的 2010 年上海世界博览会正式落下帷幕。这是一届规模空前的人类盛会:246 个国家和国际组织参展,逾 7 308 万人次的海内外游客参观,单日最大客流达 103.28 万人。在组织者、参展方和广大参观者的共同努力下，上海世博会创造了世博会历史上的一个又一个纪录。

自2010年5月1日开园起，上海世博会不仅克服了梅雨、持续高温、台风潮汛等自然因素的影响，还经受住103万人超大客流的考验，园区总体运行平稳、顺利、有序。184天会期未发生重大责任事故和食品安全事故，各类场馆及配套设施运转良好，展示、活动和论坛顺利举行，参观者及媒体服务水平不断提升。

上海世博会为上海及其周边地区的旅游业带来了空前的繁荣，中外游客纷至沓来，累计参观者创历史最高纪录。截至10月31日21时的初步统计，上海世博会累计参观者达7 308.4万人次，创世博会历史最高纪录。抽样调查显示，境外参观者约占入园参观者总人次的5.8%；境内参观者中，上海本地参观者约占入园参观者总人次的27.3%，来自江苏省和浙江省的参观者分别占参观者总人次的13.2%和12.2%，来自国内其他省区市的参观者约占41.5%。园区单日最大客流出现在10月16日，为103.28万人。

资料来源：中国2010年上海世博会官方网站.

第二节　旅行社

旅行社产生于19世纪40年代，现在旅行社已发展成为旅游业的三大支柱产业之一，它是旅游活动的组织者，在旅游业中处于“龙头”地位。

一、旅行社的概念和类型

（一）旅行社的概念

2009年2月20日国务院发布了《旅行社条例》，自2009年5月1日起实施。该条例所称旅行社，是指从事招徕、组织、接待旅游者等活动，为旅游者提供相关旅游服务，开展国内旅游业务、入境旅游业务或者出境旅游业务的企业法人。

此定义具有三层含义：一是旅行社的设立要经过旅游行政管理部门审批，属于许可经营的行业；二是旅行社经营业务的范围是从事招徕、组织、接待旅游者，主要包括安排交通服务、住宿服务、餐饮服务、观光游览和休闲度假服务、导游和领队服务、旅游咨询和旅游活动设计服务。此外，旅行社还接受委托服务；三是旅行社是以营利为目的的企业法人。旅行社应当自主经营、自负盈亏，自我约束和自我发展，能以自己的名义独立承担民事责任，依法享有权利和承担相应的义务，同时其经营活动也受到法律保护。

特别提示

何谓"企业法人"

企业法人,是指具有符合国家法律、法规规定的资金数额、企业名称、组织章程、组织机构、固定住所等法定条件,能够独立承担民事责任,经主管机关核准登记取得法人资格的,以营利为目的从事经营活动的经济组织。

(二)旅行社的类型

由于各国各地区的国情不同,旅行社的发展目标和水平不同,使旅行社的经营规模、范围和方式方法各有特色,旅行社的分类也不尽相同。

1. 欧美国家旅行社的分类

欧美国家的旅行社,按经营业务范围不同,一般可分为三大类,即旅游批发商(Tour Wholesaler)、旅游零售商(Tour Retailer)旅游经营商(Tour Opertailer)。

(1)旅游批发商。组织并推销旅游产品的一种旅行社,他们预先以最低价格大量预订交通、旅馆、餐饮、娱乐设施及旅游景点等旅游企业的产品,将其组合成一系列旅游产品,通过旅游中间商销售他们的包价旅游线路和项目。他们不从事零售,一般也不从事实地旅游接待业务。这种旅行社一般经济实力雄厚,并且有广泛的社会联系。如美国运通(American Express Vacations)、日本交通公社(Japan Travel Bureau Inc)。

拓展知识

美国运通公司

美国运通公司(American Express)创立于1850年,总部设在美国纽约,是国际上最大的旅游服务及综合性财务、金融投资及信息处理的环球公司,在信用卡、旅行支票、旅游、财务计划及国际银行业占领先地位,是在反映美国经济的道琼斯工业指数30家公司中唯一的服务性公司。

美国运通公司于1891年首先发行了美国运通旅行支票,目前以10种货币发行,在全球旅行支票市场中居领先地位。运通公司是全球最大的独立信用卡公司。在该公司提供的众多金融及旅游产品及服务中,运通卡为知名度最高的产品。运通公司也是全球最大的旅游服务公司,通过在全世界120多个国家的近2 300个运通旅游办事处这一庞大网络,向运通卡会员及顾客提供统一标准及一流旅游服务。早在1918年,运通公司已在上海成立代表处,发展业务。运通公司凭借其已有的服务机构和正在发展的合作项目,在中国建立了一个最广泛的旅游和财务服务网络。该公司是最早在中国为其全球客户提供服务的公司之一。1979年运通公司在北京成立了第一个代表处,此后分别在上海、广州和厦门开设了代表处,并有中国国际旅行社办事处作为运通公司旅游代理,遍布全国各地。

资料来源:运通官方网站.

(2)旅游零售商(亦称旅游代理商)这是一种向旅游批发商及各有关旅游企业购买产品,出售给旅游者的商业组织或个人,且是联系旅游批发商与旅游者之间的纽带。旅游零售商为潜在的旅游者提供有关旅游的各方面咨询服务;为旅游者代订交通食宿及游览等票据;发售旅行票据和证件;陈列并散发旅游企业的旅游宣传品;向旅游企业反映旅游消费者意见。旅游零售商提供的服务是不向顾客收费的,旅游零售商的收入全部来自被代理企业支付的佣金。一般旅游零售商最接近旅游消费者,所以对旅游者选择旅游目的地的影响很大。

(3)旅游经营商。此类旅行社的业务同旅游批发商基本相同。所不同的是,旅游经营商一般都拥有自己经营的零售网点,除了可以通过中间代理商出售旅游经营商的包价旅游产品外,还可以通过自己经营的零售网点直接向旅游者出售产品,即"批发兼零售"。

2.我国旅行社的分类

2009年2月20日国务院颁布的《旅行社条例》取消了沿用多年的旅行社分类,统一了从事国内旅游业务和入境业务的准入条件,规定取得旅行社业务经营许可证后,既可经营国内旅游业务,也可经营入境业务。旅行社取得经营许可满两年,且未因侵害旅游者合法权益受到行政机关罚款以上处罚的,可以申请经营出境旅游业务。同时,《旅行社条例》还将经营入境旅游业务所需的注册资本最低限额由150万元降至30万元,大大降低了入境旅游市场的准入门槛。《旅行社条例》的实施意味着凡是旅行社均可经营入境旅游业务,旅游社设立分社将不再设置门槛。

《旅行社条例》规定,外商投资旅行社不得经营中国内地居民出国旅游业务,以及赴香港特别行政区、澳门特别行政区和台湾地区旅游的业务,但是国务院决定或者我国签署的自由贸易协定和内地与香港、澳门关于建立更紧密经贸关系的安排另有规定的除外。

二、旅行社的作用

旅行社是旅游业的中枢,是连接旅游客源地和旅游目的地,以及旅游者和旅游服务供应商的中介组织,旅行社促进了旅游的大规模发展。

（一）旅行社是旅游供求的中介环节

从旅游需求来看，由于旅游者需求的多样化、个性化，旅游供应商无法近距离地了解旅游客源市场的需求现状，而旅行社距离客源市场近，能够掌握客源市场的详细信息，并且能够根据旅游者的需求设计旅游线路，组织旅游产品，提供个性化的服务。

从旅游供给来看，它在空间上是不可移动的，如作为旅游供给重要组成部分的旅游资源，具有不可移动性。对于旅游者来说，要了解更多的旅游供给方面的信息，需要通过旅行社的帮助。

由于旅游需求的多样化、个性化与旅游供给空间上的不可移动性等构成了矛盾，而旅行社在旅游需求与旅游供给之间形成了一条联系紧密的纽带，从而推动了旅游需求的不断增长和旅游供给的不断扩大。

（二）旅行社是旅游活动的组织者

旅游活动涉及很多方面，不仅涉及食、住、行、游、购、娱等旅游服务供应部门和企业，还涉及海关、边检、卫生检疫、外事、侨务、公安、交通管理和旅游行政管理等政府机关。旅行社的主要任务之一就是把旅游企业的各类旅游产品和服务组合成多种多样的形式，适应不同旅游者多样化的需求。旅行社的主要工作内容就是编排日程计划，组合成线路产品的形式供旅游者选择和消费。从旅游者需求角度来看，特别是对团队旅游而言，旅行社起着旅游活动组织者的作用。人们只要选定旅游目的地，其他一切活动皆由旅行社负责组织安排。旅行社不仅为旅游者组织旅游活动，而且起着协调旅游业各有关部门和其他相关行业的作用，保障旅游者在旅游活动各环节的衔接与落实。

（三）旅行社是旅游产品的销售者

由于旅游活动的异地性，旅游目的地产品很难直接对旅游者销售。虽然旅游业中的交通运输部门、住宿部门等也直接向旅游者出售自己的产品，但相当数量的产品都是通过旅行社销售的。旅行社以低于市场价格从饭店、交通、景点及其他旅游企业和旅游服务供应部门购买旅游者所需要的各种服务项目，形成旅行社产品的生产要素，再对这些要素进行不同的设计组合，最后加上旅行社提供的旅游服务内容（如特色导游），形成系列化的特色产品。旅行社把旅游者所需要的产品和服务集中起来，一次性地销售给旅游者，旅游者不需要耗费精力和体力去逐个解决旅游活动的基本需要，有效地为旅游者解决了出行的许多麻烦和困难，为他们节省了大量时间，且提供了许多便利。

（四）旅行社是推动旅游业发展的重要因素

旅行社的存在和发展，极大地推动了旅游市场的活跃和发展，使旅游业更加兴旺发达。因为旅行社可以通过利用多种手段向旅游者提供旅游信息，帮助旅游者作出合理的选择，旅行社可以为旅游者提供各种便利条件，全方位满足旅游者的安全、方便、舒适等各种旅游服务要求。这些有利因素促使更多的人加入旅游者队伍，进一步推动了旅游业的发展。

三、旅行社的基本业务

（一）按经营范围划分

旅行社的业务按照经营范围，可以划分为入境旅游业务、出境旅游业务和国内旅游业务三种。国家旅游局2009年4月颁布的《旅行社条例实施细则》对这三种业务的规定如下。

1. 入境旅游业务

此项业务是指旅行社招徕、组织、接待外国旅游者来我国旅游，香港特别行政区、澳门特别行政区旅游者来内地旅游，台湾地区居民来内地旅游，以及招徕、组织、接待在中国内地的外国人，在内地的香港特别行政区、澳门特别行政区居民和在内地的台湾地区居民在境内旅游的业务。

2. 出境旅游业务

此项业务是指旅行社招徕、组织、接待中国内地居民出国旅游，赴香港特别行政区、澳门特别行政区和台湾地区旅游，以及招徕、组织、接待在中国内地的外国人，在内地的香港特别行政区、澳门特别行政区居民和在内地的台湾地区居民出境旅游的业务。我国公民的出境游由港台游、出国游、边境游三部分组成。

3. 国内旅游业务

此项业务是指旅行社招徕、组织、接待中国内地居民在境内旅游的业务。

（二）按服务流程划分

1. 产品开发业务

旅行社产品开发与设计是基础性业务。旅行社主要针对旅游者的需求，整合旅游资源，开发设计出具有特色的旅游产品，以最大限度地满足旅游者的需求。

2. 旅游服务采购业务

此项业务是指旅行社为了生产旅游产品而以一定的价格向有关旅游服务供应部门或企业购买各种旅游服务要素的一种业务活动。旅行社的采购业务主要涉及交通、住宿、餐饮、景点游览、娱乐和保险等部门。这项业务直接关系到旅行社产品的成本和质量。

3. 旅行社产品销售业务

产品销售业务是指旅行社采取各种策略，有效地促进旅游产品在其目标市场销售的活动。这项业务是旅行社的关键性业务，特别在旅游市场竞争日趋激烈的条件下，采取有效的促销手段，引导旅游者购买行为，显得越发重要。

4. *旅游接待业务*

旅游接待工作是对已经预订旅行社产品或服务的旅游者，在他们到达本地后按受这些产品或服务的提供，使旅游者圆满地实现此次出游的目的。这是旅行社日常业务的主要内容。

四、旅行社产品的类型

旅行社产品不同于一般的物质产品，它是一种以无形服务为主体内容的特殊产品。包含旅游住宿、旅游餐饮、旅游交通、旅游景点、旅游线路、旅游购物、旅游娱乐和旅游服务等诸多要素的“组合产品”。以上各种要素的有机结合，构成了旅行社产品的重要内容。旅行社产品的形态是多种多样的，主要包括以下类型：

（一）包价旅游

包价旅游，是指旅游者将全部或部分旅游费用预付给旅行社，由旅行社根据同旅游者签订的合同相应地为旅游者安排旅游途中的食、住、行、游、购、娱等活动。包价旅游又分为团体包价旅游、散客包价旅游、半包价旅游、小包价旅游和零包价旅游。

1. *团体包价旅游*

这是指10人以上的旅游者组成旅游团采取一次性预付旅费的方式，将各种相关旅游服务全部委托一家旅行社办理。

这种类型在第二次世界大战后逐渐形成，20世纪60年代后广泛流行。团体包价旅游采取全包形式，包括往返交通，旅行中住宿、饮食、旅游点游览及保险等。这对旅游者来说，一是省心，二是省钱。对旅行社而言，好处是客房、机票预订期长，操作管理方便，人均收入和创利比较高。缺点是旅游者不自由，个性化需求得不到满足。

2. *散客包价旅游*

这是指10人以下的包价旅游项目。参加散客包价旅游的多为自愿结伴而行的亲朋好友，采取一次性预付费的方式将各种有关旅游服务全部委托旅行社办理。散客包价旅游不能享受团体包价旅游的优惠，但其他内容与团体包价旅游相同。散客包价旅游的特点是自由灵活，缺点是散客旅游者拿不到较低的房价和机票折扣、单人车费高。

表6-1　团体旅游和散客旅游的划分标准

	团体旅游	散客旅游
国际划分标准	15人以上	14人以下
中国划分标准	10人以上	9人以下

3. 半包价旅游

这是一种在全包价旅游基础上扣除午餐和晚餐费用的一种包价旅游形式。旅行社设计半包价旅游可以降低产品的直观价格,提高竞争力,还可方便旅游者能够自由地选择品尝地方风味。团体包价和散客包价都可采用这种包价形式。

4. 小包价旅游(亦称可选择性旅游)

这种旅游形式由可选择和非选择两部分构成。可选择部分包括导游、风味餐、节目欣赏和参观游览等,旅游者可根据自己的实际需要进行自由选择,费用支付既可采取预付或是现付的形式。非选择部分一般包括接送、住房和早餐,旅游费用事先预付。小包价旅游具有经济实惠和灵活方便的特点。

5. 零包价旅游

这是一种独特的旅游包价形式,多见于旅游发达国家。旅游者参加这种形式的旅游时,必须随团前往和离开旅游地,但在旅游目的地的活动则是完全自由的,就像散客一样。零包价旅游的特点是,旅游者可以获得团体机票价格的优惠,且可由旅行社统一代办旅游签证。

(二)组合旅游

组合旅游是指旅游者在指定的日期到达旅游目的地,由目的地旅行社将他们集中起来组团旅游,每团人数不限。旅游者既可随团活动,也可自由活动。旅游活动结束后,旅游团在旅游活动结束的地点解散,旅游者各自返回居住地。这种旅游的特点是组团时间短、无领队、选择性强,而且有较多的自由时间。

(三)单项委托服务(又称零星代办业务或委托代办业务)

这是旅行社根据旅游者的具体要求而提供的各种有偿服务。其主要对象是散客,但包价旅游团中个别旅游者的特殊要求也视为单项委托服务。单项委托服务所包含的内容十分广泛,其中常规性的旅游服务项目有导游服务、代办签证、代订饭店客房、交通集散地接送服务、代客联系参观游览项目等。

五、我国旅行社的发展

2009 年,《国务院关于加快发展旅游业的意见》提出要“把旅游业培育成国民经济的战略性支柱产业和人民群众更加满意的现代服务业”,旅游业的发展即将迎来大的发展机遇期。而为旅游业发展的核心主体旅行社业的发展虽然取得了一定的成绩,但目前发展的状况远不能支撑旅游业未来的发展,对旅行社业发展模式的改革势在必行。

(一)我国旅行社的发展现状

自 1998 年以来,我国的旅行社业进入了产权多样化和市场竞争化的发展阶段。1998 年,国家旅游局率先与直属企业脱钩,标志着旅行社独立面对市场,开始自主经营。同时,旅行社进行了产权制度改革和资产重组,涌现了越来越多的股份制旅行社,目前我国已有国旅、中旅、青旅、招商、康辉、铁路六大集团,以及北京神州、上海春秋、广州广之旅等新兴集团,它们已成为旅行社业中的骨干。这些企业化集团是以资产为纽带,打破了以往以行政业务为纽带的局面。

拓展知识

我国主要的旅行社

根据有关数据显示,到2007年11月,我国共有旅行社11 615个,其中国际旅行社1 358个,国内旅行社10 257个。主要旅行社有中国国际旅行社、中国旅行社、中国青年旅行社、中国康辉旅行社、上海扬子国际旅行社、上海外航国际旅行社等。

中国国际旅行社总社成立于1954年,是目前国内规模最大、实力最强的旅行社企业集团,荣列国家统计局公布的"中国企业500强",是其中唯一的旅游企业。国旅总社在海外10多个国家和地区设有14家分社,在全国122个城市拥有20多家控股子公司和122家国旅集团理事会成员社,总资产50亿元。

中国旅行社总社的前身是1949年11月成立的厦门华侨服务社。2007年,港中旅集团与中国中旅集团完成了"航母型"合并重组,双方旗下的核心产业——中国旅行社总社(CTS)、港中旅国际(CTI)、招商国旅(CMIT)、香港中旅社和海外分社,经过整合重组,组成了中国旅行社总社有限公司,成为港中旅集团旗下负责旅行社业务的全资子公司。整合后的中旅总社坚持以业务流程的再造、商业模式的创新、组织架构的重建、实体布局的推进和天地联网的实施来推动企业的发展,提升企业品牌影响力,在2010年实现在全球及国内建立8个区域公司、150家分子公司、500家直营门市,最终实现旅游业务"中国第一、亚洲前茅、世界一流"的品牌目标。2008年,中国旅行社总社被国家旅游局评定为国际旅行社第一名。

资料来源:百度百科.

我国实行改革开放30年来,旅行社业的管理和经营方式变化最小,有些甚至还保留着计划经济的运行模式,存在的主要问题如下:

1. 大型旅行社没有实现规模经济,规模优势得不到发挥

大型旅行社没有能在旅游市场中发挥应有的作用,未能平抑市场的过度竞争,起到引导和稳定市场的作用,致使市场的混乱无序成为困扰我国旅行社业发展和造成旅行社资源浪费的顽症。大社自身也未能避免这种市场混乱所引起的负面效应。在旅行社内部管理方面,一个突出现象是某些大社内部普遍实行部门承包或变相部门承包，强化部门权益，使得部分大型旅行社实际上成为一些业务上相对独立的小旅行社的集合体。在这种格局下，大旅行社当然发挥不了应有的优势，难以形成规模经济。

2. 中、小型旅行社缺乏明确的市场定位，发展举步维艰

就目前我国中、小型旅行社的总体情况而言，其特点集中表现为有限的接待数量和低下的利润水平。在接待数量方面，近年来我国许多小旅行社的年接待量不足，处于发展无望却还能勉强支撑的境地。有限的接待量和低利润率之间存在一定的内在联系，这两个方面的并存说明了当前中、小型旅行社经营的艰难局面。浅层次的产品开发直接影响其对旅游者的吸引力，促销的乏力使很多国内游客对旅行社的服务缺乏了解，对利用旅行社能获得的价格实惠及其他便利半信半疑，最终使国内旅游者对旅行社的利用率偏低，旅行社的市场范围狭小。接待不周更是造成或强化了社会公众对旅行社的不良印象，减少了回头客和其他顾客来源。旅行社在这种恶性循环中求生存，必然举步维艰。

3. 旅行社业恶性价格竞争盛行，市场秩序混乱

旅行社市场混乱的一个突出表现，是以削价竞争为主的旅行社之间的恶性价格竞争。削价竞争是行业市场机制不成熟、同时行业内缺乏有效的规范准则的集中反映。它使参与者大伤元气，非参与者经营更加困难。竞争的结果不会刺激产品质量的改进，而是导致质量被忽视，无意保证或无力保证，使旅行社卷入另一种形式的恶性循环。

（二）我国旅行社的发展趋势

1. 对旅行社产业分工体系进行有效调整

目前，我国旅行社的行业特点是以国内旅行社为主体的小规模旅行社占绝对多数，但我们并没有否定少数大规模旅行社的存在。事实上，正是为数有限的大规模旅行社在一定程度上带动了行业平均利润水平的上升，但它们却不能改变行业利润率逐年下降和我国旅行社业正逐渐成为一个低利润行业的事实。此外，我国旅行社行业的另一突出特点，是我国旅行社业基本合理的地理分布。因此，我国旅行社行业分工体系的调整已是势在必行。

2. 大型旅行社集团化

规模较大的旅行社通过合并、兼并或其他方式重新组合，形成一定数量人、财、物一体化的紧密型旅行社集团。旅行社集团的构架，也可以承袭现行一些大社采用的总社和各热点地区分支社的形式，但总社和各分支社在人、财、物等资源上应是一体的，组织管理采用集团企业的管理方式。从微观角度讲，这种旅行社集团有利于真正发挥其在采购、预订、营销、资金、人才等方面的优势，有利于实现规模经营，获得规模经济；从宏观角度讲，这些有限的大型集团企业的存在，可以引

导和稳定市场，克服旅行社市场因过度分散和混乱造成的问题。

3. 中型旅行社专业化

中型旅行社专业化主要体现在所经营的产品上。与旅行社集团凭借自己的实力，通过经营标准化产品，达到规模经济的指导思想不同，中型旅行社应针对某些细分市场，对某些产品进行深度开发，形成特色产品或特色服务。需要指出的是，分布在不同地区的专业化旅行社，可以采用连锁经营的方式实现联合。连锁经营是把这些中小规模旅行社的力量集中起来，使其可以像旅行社集团那样拥有在产品开发、采购和促销等方面的优势。这实际上是另一种形式的规模经营，符合利用规模经营提高低利润行业经济效益的原则。当然，由于受单体旅行社规模的限制，连锁社所经营的产品类型不可能太多，而只能是专业化和特色化的旅游产品。

4. 小型旅行社通过代理实现网络化

小旅行社的调整，是通过内部改造或增设的方式，在全国范围内实现网络化，成为旅行社业面向旅游者的窗口。旅行社的网络化实际上是由旅游需求的特点所决定的，因为随着社会经济的发展和人们所受教育水平的提高，旅游需求在我国也将日益普及，其结果是旅游需求可能在任何一个地方产生，为了便于消费者的需求和购买，旅行社营业的场所必须广泛设立于消费者便于购买的地方，即所谓的网络化布局。

第三节　旅游饭店

作为旅游业三大支柱之一的饭店业，是旅游供给的基本构成要素，是一个国家或地区发展旅游业必不可少的物质基础，是获得旅游经济收入的重要来源。没有发达的饭店业，就不可能有发达的旅游业。

一、饭店的发展

我国是世界上最早出现旅馆的国家之一，远在3000多年前的殷商就出现了官办的驿站，它是我国历史上最古老的官办住宿设施。现代饭店的雏形是中世纪流行的欧洲客栈，1760年出现在伦敦，30年后出现在美国。旅游饭店的发展进程大体上可以分四个阶段。

（一）古代客栈期（18世纪前）

商业性接待最早可能出现在中东两河流域。农业生产有了剩余之后，出现了粮食和其他产品的贸易活动，旅店业的出现以方便为商人提供餐饮和住宿。在中国古代，由政府或私人提供的驿站或客栈分别被称作客舍（周代）、群郗（汉代）、邸店（南北朝）、同文馆或大同馆（宋）。在西方，客栈作为一种住宿设施真正流行还是15～18世纪。18世纪世界许多地方的客栈不仅是过路人寄宿的地方，还是当地的社会、政治与商业活动的中心。一般来说，客栈等简单的住宿设施还不是完整意义上的饭店，只是饭店的雏形。

（二）权贵饭店期（18世纪末～19世纪中叶）

18世纪后期，专为上层统治阶级服务的豪华酒店出现，在欧洲大陆上出现了许多以“hotel”命名的住宿设施。饭店成了为上层人士提供奢侈享受的场所，欧洲第一个真正可称为饭店的住宿设施被认为是德国的巴登—巴登建立的巴典国别墅。20世纪初，美国也出现了一些豪华饭店，其中瑞士籍饭店主恺撒·里兹开办的饭店是豪华饭店时期最具代表性的，其著名的经营格言“客人永远不会错”，一直传诵至今。

（三）商业饭店期（19世纪末～20世纪50年代）

“现代连锁饭店之父”美国人斯塔特勒凭借自己多年从事饭店业的经验和对市场的敏锐观察，于1908年建造了“在一般公众能负担的价格之内提供必要的舒适与方便、优质的服务与清洁卫生”的饭店，从而开创了现代连锁饭店的先河。商业饭店期使饭店业最终成为以一般平民为服务对象的产业，从各个方面奠定了现代饭店业的基础。20世纪30年代，中西式饭店将输入中国的欧美饭店业经营观念和方法与中国饭店经营环境的实际结合，成为中国近代饭店业中重要的组成部分，为中国饭店业进入现代饭店时期奠定了良好的基础。

拓展知识

上海中西式饭店的代表——和平饭店

上海和平饭店建于1929年，原名华懋饭店，属芝加哥学派哥特式建筑，楼高77米，共12层。华懋饭店是由当时富甲一方的英籍犹太人爱利斯·维克多·沙逊建造的，外墙采用花岗岩石块砌成，由旋转厅门而入，大堂地面用乳白色意大利大理石铺成，顶端古铜镂花吊灯，豪华典雅，有“远东第一楼”的美誉。

饭店落成以后，名噪上海，以豪华著称，主要接待金融界，商贸界和各国社会名流。如美国的马歇尔将军、司徒雷登校长，剧作家Noel Coward的名著《私人生活》就是在和平饭店写成的。三四十年代，鲁迅、宋庆龄曾来饭店会见外国友人卓别林、萧伯纳等。

解放后，饭店于1956年重新开业，起名和平饭店。近年来，和平饭店对客房、餐厅等进行了更新改造，焕然一新，而建筑风格仍保持了当年的面貌，使下榻于此的宾客仿佛置身于时间隧道，在现代与传统、新潮与复古的融合、交错中浮想万千。

资料来源：百度百科.

（四）现代饭店期（20世纪50年代以后）

第二次世界大战以后，出现了国际性的大众化旅游，这种社会需求的变化促使饭店业进入现代饭店时期。亚洲地区的饭店业从20世纪60年代起步发展至今，其规模、等级、服务水准、管理水平等毫不逊色于欧美的饭店业。每年评选出的世界十大最佳饭店中，亚洲地区的饭店往往占有半数以上，并名列前茅。由香港文华东方饭店集团管理的泰国曼谷东方大酒店，十多年来一直居世界十大最佳饭店排行榜之首。中国的现代饭店业发展历史不长，但发展速度惊人，其经营理念、管理水平都得到了迅速的提高。

二、饭店在旅游业中的地位和作用

旅游饭店是旅游者外出进行旅游活动的“生活基地”，常被称作旅游者的“家外之家”，旅游者的基本生活需要在这里得到满足。旅游饭店的发展程度直接影响到旅游业的进一步发展，旅游饭店在旅游业中的地位和作用主要体现在以下几方面。

（一）饭店是发展旅游业的重要物质基础

旅游业的综合性特点，决定了一个旅游地（国家或地区）要想发展旅游业、进一步做大做强这个产业，就必须依赖于同旅游业相关的诸多行业，尤其是旅游业的三大支柱。旅游饭店是旅游地旅游综合接待能力的重要构成要素，旅游饭店的规模大小、数量多少，直接反映了发展旅游业的物质基础条件，是衡量旅游地旅游接待能力的重要标志之一。具有特色和良好市场竞争力的知名饭店，不仅能吸引众多旅游者前来光顾，而且可以被整合进入旅游产品，对旅游者的吸引力强度就更为突出。一般来说，凡是旅游业发达的国家，其饭店业也必将是较为发达的。

（二）饭店是旅游业创收的重要部门

旅游饭店多功能、多元化的发展方向和趋势决定了旅游饭店是增加旅游业收入的重要部门。旅游者在旅游饭店消费期间，不仅基础的饮食、住宿的旅游生活需要能得到很好满足，而且能享受到文娱、购物、康体健身、订票等多种服务，提供的这些服务项目增加了旅游饭店的收入，提高了整体经济效益。更使得旅游饭店业的收入在整个旅游业收入中所占的比重越来越大，据有关统计资料显示，在世界旅游业收入中，旅游饭店业收入通常占一半左右。旅游饭店经营的涉外性明显，通过直接向海外旅游者提供高档次的产品和服务，成为赚取外汇的重要场所和手段。

（三）饭店是解决劳动就业的重要部门

相对于第一产业、第二产业来讲，第三产业本身就具有解决就业的优势，而旅游饭店是典型的劳动密集型企业，尤其是岗位多、功能全的综合性旅游饭店，本身就能吸纳不少社会劳动力，而且旅游饭店的发展，又会带动和促进与其经营相关的许多行业的发展，间接为社会创造更多的劳动就业机会。一般来说，旅游饭店每增加一间客房，就可以为社会提供1～3个直接就业岗位和3～5个间接就业机会。

三、饭店的类型

对旅游饭店进行分类有利于其市场定位，也有利于旅游饭店产品的推销和同类旅游饭店之间的比较。饭店分类是识别饭店经营特性的方法之一，由于旅游饭店的类型不一，需求不同，旅游饭店的服务项目、内部设施、营销策略也不尽相同。通常根据接待设施及其提供服务的覆盖面，将饭店分为无限服务型饭店、有限服务型饭店和辅助饭店业三类。

（一）无限服务型饭店

无限服务型饭店一般设施齐全，提供服务范围十分广泛，也是传统饭店中类型较为丰富的一类饭店。

1.根据饭店的客源市场，分为城市型商务饭店和度假型饭店

城市型商务饭店分布非常广泛，为从事商业活动或公务活动的旅游人士提供所需设施及服务。商务客人在饭店的客源结构中应占有主导的份额，这是衡量商务饭店的一个基本标准。根据行业经验，一般会达到70%以上的比例。商务饭店多建于人口流动较大的大、中城市的中心地区，具有地理位置优越、设施完备、功能齐全、通信手段先进、服务项目全面、服务质量较高的特点。

度假型饭店也叫胜地饭店，大多位于自然环境优美、气候宜人的地区，多在海边、湖畔、山林或温泉疗养地，远离繁华的城市中心和大都市，如夏威夷、加勒比海地区、泰国的巴蒂亚、我国的青岛、三亚等。这类饭店通常开辟各种娱乐体育活动来吸引旅游者。有些饭店采用单元房，除设有卧室和卫生间以外，还设有厨房。这种类型饭店又分为疗养型饭店和观光型饭店。

近年来，许多饭店业发达的国家出现了度假型与商务型相结合的饭店，即所谓的休闲商务饭店，这类饭店也是当代饭店发展方向之一。

2.根据特定细分市场，分为公寓饭店、汽车旅馆、青年旅舍

公寓饭店面向家庭，软硬件配套是按照饭店的标准来配置的，而且纳入了饭店的行业管理范畴。

汽车旅馆的客源主要是驾车旅游者，主要分布在公路沿线、汽车出租率较高的地方或者交通中心，其设施简单但是设计规范，消费水平较低。

青年旅舍主要面对青年旅游者，以安全、经济、卫生、隐私、环保为特点。1912年，世界上第一个青年旅舍在德国诞生，一经推出就受到年轻人的欢迎。现在青年旅舍已经成为世界上最大的住宿连锁组织，世界上有1000万青年旅游者在使用青年旅舍。

3. 根据饭店的规模和经营方式,分为集团经营饭店、独立经营饭店、联合经营饭店

集团经营饭店是指由旅游饭店集团以较为统一的管理方式经营的饭店。

独立经营饭店一般是由投资者独立经营的单个饭店,目前我国多数中小型饭店都属于这种类型。

联合经营饭店一般是由多家单个饭店联合而成的饭店企业,借联合的力量来对抗集团经营饭店的竞争,形成规模经济。

特别提示

何谓饭店集团

饭店集团又称连锁饭店或饭店联号,是指饭店集团在本国或世界各地拥有或控制两家或两家以上的饭店。这些饭店采用统一的店名、店标,统一的经营管理方式,统一的管理规范和服务标准、联合经营形成的系统。

拓展知识

世界主要国际饭店集团

目前,世界规模最大的饭店集团是黑石集团,该集团创建于1985年,是一个世界性私人投资和咨询公司。自成立以来,共筹集资金约590亿美元,用于另类资产投资,其中约270亿美元已用于私人股权投资。黑石集团除了饭店业务,还经营私人房地产投资、企业债务投资、共同基金管理等业务。该集团在饭店行业的发展以收购饭店为主,在2005~2006年两年内,在法国和美国收购了2 800家饭店、48万间客房。2007年7月,在完成了对希尔顿饭店集团的收购后,一跃成为世界最大的饭店集团。

洲际酒店集团成立于1946年,1981年被大都会兼并。1989年,英国巴斯有限公司对假日集团和洲际集团进行收购兼并。马斯集团经过重组,更名为六洲集团,后改名为洲际集团,并在2003年收购兼并了美国的蜡木酒店式公寓集团。洲际集团拥有洲际、皇冠假日、假日酒店等多个国际知名酒店品牌和超过55年国际酒店管理经验。其酒店分布在世界将近100个国家,并且是在中国接管酒店最多的国际酒店集团。

表6-2 世界十大饭店集团排名

排名	集团名称	酒店数量	房间数量
1	黑石集团	5 701	600 000
2	洲际集团	3 741	556 246
3	温德姆集团	6 473	543 237
4	万豪集团	3 741	556 246
5	雅高集团	4 121	486 512
6	精品酒店国际集团	5 316	429 401
7	最佳西方集团	4 164	315 401
8	喜达屋集团	871	265 598
9	卡尔森集团	945	145 933
10	凯悦国际酒店集团	733	141 011

资料来源：吴必虎，宋子千. 旅游学概论. 北京：中国人民大学出版社，2009.

（二）有限服务型饭店

有限服务型饭店也称为经济型饭店，是相对于传统的无限服务型饭店而言的，提供有限服务的饭店，一般是指投资不大、规模不大、功能简单、租金低廉但具备一定服务质量水平的较低档次的饭店。注重品牌和连锁是有限服务型饭店经营的重要特点。

国际有限服务型饭店集团主要采取三种典型的连锁经营方式，即特许经营系统模式、品牌延伸网络模式和兼并收购经营模式。

特许经营系统模式，是特许权拥有者授予特许权经营者某种获得许可的特权以从事经营行为，这种获得许可的特权可以包括品牌、操作系统和管理服务等；品牌延伸网络模式，是借助原有品牌已建立起来的质量或形象声誉，将原有品牌名称用于产品线或新推出的产品类别上，从而期望减少新产品进入市场的风险，以更少的营销成本获得更大的市场回报；兼并收购经营模式，是通过兼并收购扩大饭店规模，为满足兼并收购的资金需要，一般会进行上市融资。

拓展知识

我国的有限服务型饭店

1997年，我国第一家有限服务型饭店锦江之星开业。此后，众多国际有限服务型饭店品牌竞相在中国发展,反过来又促进了本土有限服务型饭店的发展。2006 年,成立仅仅四年的如家快捷酒店在纳斯达克成功上市,锦江之星母公司上海融洽国际酒店集团在香港上市。我国有限服务型饭店在资本特别是国际资本的支持下急速扩张。据初步统计,目前我国有限服务型饭店连锁品牌超过 100 个,开业店面超过 1000 家。2007 年,我国规模最大的两家有限服务型酒店品牌锦江之星和如家连锁酒店的数量均已超过 100 家。有限服务型饭店是目前国内饭店业的热点投资方向,随着消费市场的成熟,市场竞争将会更加激烈,市场将进一步细分,企业的规模优势、品牌优势将进一步显现。

表 6-3　2007 年全国有限服务型连锁饭店品牌排行

品牌	开业酒店数(个)	客房数
上海莫泰连锁酒店	107	22 390
如家	201	23 977
上海锦江之星	148	21 189
7 天连锁酒店	71	7 303
汉庭酒店	57	6 454
速 8 酒店	51	5 328
格林豪泰	34	4 038
七斗星商旅酒店	23	3 853
中州快捷	16	2 192
中江之旅	16	2 045

资料来源:商业部商业改革发展司与中国饭店协会:《2007 中国经济型饭店调查报告》.

(三)辅助饭店业

辅助饭店设施除具备接待食宿服务外,其迅速发展的原因是这些设施设备本身还具备一些吸引活动、参与娱乐的吸引力。世界上许多国家针对旅游者开设的博彩活动主要设立在赌场饭店中,这时饭店的住宿功能并非主要吸引力所在了。其他一些辅助型饭店设施包括露营地、产权饭店、农家乐等。

露营地一般设在交通便利、环境宜人的游览度假区,主要接待以汽车为主要交通工具的家庭旅游者。旅游者在露宿营地住帐篷、汽车住宅或其他能够移动的临时住宿设施,目前已经逐渐成为当代比较流行的一种旅游住宅形式。产权饭店是将饭店每间客房分割成独立产权出售给投资者,投资者一般不在饭店居住,而是将客房委托给饭店经营获取投资回报,同时还可以获得饭店赠送的一定期限的免费入住权。

拓展知识

大、中、小型饭店的界定

按饭店规模的不同,可以划分为大、中、小型饭店。规模划分的主要指标是饭店拥有的能够出租的客房数量。国际上采用的客房数量标准是:客房数量大于600间,属于大型饭店;拥有1000间客房以上的饭店,属于超大型饭店;客房数量介于300~600间之间,属于中型饭店;客房数量300间以下,属于小型饭店。我国的标准是在国际标准的基础上三种类型各减少100间,来区分大、中、小型饭店。即500间以上、200~500间、200间以下。

四、饭店的等级划分

饭店等级评定是世界上旅游发达国家通行的一项制度。我国于1988年颁布了《中华人民共和国旅游涉外饭店星级评定规定和标准》。实行饭店星级评定制度,是我国饭店业与国际接轨的重要里程碑,它标志着我国饭店业已经走向全面成熟,跨入了国际现代化管理的新阶段。

(一)国外饭店等级评定的制度

从世界范围来看,各国等级评定的机构是不同的,有的是由饭店业协会主持的,如美国、澳大利亚、瑞士、奥地利等国家;有的是由国家旅游管理部门主持评定工作的,如西班牙、日本、韩国等国家。还有一些国家是两者的结合。

世界各国各地区对饭店级别进行划分时,也采用不同的分级制度,而且表示级别的标志也有所不同。有的采用星级制;也有部分使用钻石级和皇冠级;有的使用字母级别制;还有采用数字级别制的。

拓展知识

全球最豪华的七星级饭店

迪拜的阿拉伯塔酒店是世界唯一一座七星级的酒店。由英国设计师W.S. Atkins设计,建在海滨的一个人工岛上,外观如同一张鼓满了风的帆,一共有56层、321米高,是全球最高的饭店,比法国埃菲尔铁塔还高上一截。这里的豪华程度令人叹为观止,202套复式客房、200米高的可以俯瞰迪拜全城的餐厅以及世界上最高的中庭。到过这里之后,你才能真正体会到什么叫做金碧辉煌。它的中庭是金灿灿的，它的最豪华的780平方米的总统套房也是金灿灿的。客房面积从170平方米到780平方米不等，最低房价也要900美元，最高的总统套房则要18 000美元。总统套房在第25层，家具是镀金的，设有一个电影院，两间卧室，两间起居室，一个餐厅，出入有专用电梯。

这家酒店因其优良设施和高档服务而号称“七星级酒店”。住店旅客可以坐豪华的劳斯莱斯汽车直接往返于机场，也可从旅馆28层专设的机场坐直升机，花15分钟空中俯瞰迪拜美景。客人如果想在海鲜餐厅中就餐的话，他们被潜水艇送到餐厅，这样他们就餐前可以欣赏到海底奇观。

资料来源：百度百科。

（二）我国饭店等级评定的制度

我国采用的饭店分级制度是欧美地区流行的“五星制”。即把旅游饭店划分为五个等级，由低到高依次为一星级、二星级、三星级、四星级、五星级。五个等级相应以不同数量的★符号表示。依据国家2003年新修改的星级评定规定和标准，其中五星级中还含有白金五星级表示最高档次。一般来讲，五星级饭店是超豪华级饭店，是最高级别的饭店。四星级饭店是豪华饭店。三星级饭店是中档饭店。二星级、一星级饭店属于低档次饭店或经济型饭店。

拓展知识

我国的白金五星级饭店

2003年，国家旅游局根据旅游饭店市场新形势，对星级标准进行了修订，其中一个重要内容就是在五星级之上增设更高档次的“白金五星级”，使之成为我国“星评”体系中的“至尊级别”。

那么什么样的酒店才能成为“中国最顶级的酒店”呢？白金五星级的评选标准非常苛刻，首先，要具有两年以上的五星级饭店资格，且有多次接待全球500强企业和省部级以上政府部门的经验。其次，白金五星级在“硬件”设施和“软件”服务上，比五星级饭店有更高的要求。如饭店要位于城市中心商务区或繁华地带，交通极其便利；要有提供正规西餐厅和宴会的高级西餐厅；其主要区域应无立柱，现代化会议设备设施齐全；普通客房有效使用面积不小于36平方米（不含走道和卫生间）；要有净高度不少于5米、至少容纳500人的宴会厅；对于行政楼层提供24小时管家式服务；经营业绩连续三年居所在地五星级饭店前三名；在满意度方面，既强调宾客满意度，也强调员工满意度等。

2007年8月，北京中国大饭店、上海波特曼丽嘉酒店、广州花园酒店正式挂牌白金五星级饭店。“白金五星级”并非“终身制”，也需过“年审”关，如果有某一项达不到既定标准，都要被“降级”甚至“摘星”。

资料来源：中国经济网.

（三）我国旅游饭店星级评定的范围、组织及权限

我国接待海外旅游者以及国内客人的任何饭店、度假村都属于评定范围。凡属于准备开业或正式开业不满一年的饭店，给予预备星级，正式开业一年以上的正式评定星级。

我国国家旅游局设立旅游饭店星级评定机构，负责全国旅游饭店评定的领导工作，并具体负责全国五星级（含预备五星级）饭店的评定与复核工作。省自治区、直辖市旅游局设饭店星级评定机构，具体负责本地区四星级（含预备四星级）以下饭店的评定与复核工作，并负责向国家旅游局推荐五星级（含预备五星级）饭店。计划单列市、副省级城市旅游局和地（市）级优秀旅游城市旅游局在各省、自治区旅游局的指导下，具体负责本地区三星级（含预备三星级）以下饭店的评定与复核工作，并向所在省、自治区旅游局推荐四星级（含预备四星级）饭店。非优秀旅游城市的地（市）级旅游局和县级优秀旅游城市旅游局在上级旅游局的指导下，具体负责本地区二星级（含预备二星级）以下饭店的评定与复核工作，并向上级旅游局推荐三星级（含预备三星级）饭店。

（四）我国旅游饭店星级评定的标准

依据星级饭店评定规定和标准，我国的饭店星级评定标准围绕饭店设施设备、服务和管理水平三方面进行综合评价，主要涉及六个具体项目，即饭店建筑、设备、设施和服务项目的必备条件要符合分数标准；饭店设施、设备检查评分表；饭店维修保养状况检查评分表；饭店清洁卫生检查评分表；饭店服务质量检查评分表；饭店宾客意见检查评分表。

五、饭店业的发展趋势

旅游饭店的发展经历了漫长的历史过程，至今已初具规模。目前，人们的可自由支配收入和闲暇时间不断增加，对旅游的需求也日益增长，世界各国和地区的旅游业都在迅速发展壮大。作为旅游业三大支柱之一的饭店业，也必然要适应旅游业的发展不断变革，饭店业的竞争日益激烈，呈现出新的发展态势。

（一）饭店服务产品向功能化发展

饭店产品功能化是客人的需求，是质量的保证，也是饭店创收的渠道。营造饭店功能化产品，是未来最明显、最突出的一个发展趋势。不同客人有不同的需求，满足客人的需要必须具备多种功能。如休闲客人对客房内健康设施、洗浴设备

要求较高；爱好音乐的客人还喜欢听中国的古典音乐、西方名曲，客房内就需要有听音乐的设备。同时住店客人对每日账单、航空时刻表、电话留言功能需求很大。所有这一切都需要饭店完善客房设备功能。

（二）管理手段向智能化、现代化发展

在知识经济时代，科技成为饭店生存和发展的资本。饭店管理将会更多地应用新科技、新知识，强化饭店管理的智能性。首先，饭店管理借助计算机，在前台和客房管理、员工系统、后勤物资库房管理系统等都采用计算机管理，大大提高了工作效率，节约了人力资源。其次，饭店可利用新科技加强信息管理。饭店通过互联网拓展饭店形象信息，收集来自全球的各类所需信息，以满足旅游者尤其是商务旅游者对信息的强烈渴求。再次，饭店可利用新科技加强服务能力。饭店可将电视与电脑连为一体，实现前台和后台的多项传播，如有客人在前台办理好登记入住手续，客人一进房间，电视上即显示“欢迎某某先生（小姐、太太）”字样。客人外出归来，电视屏幕能自动显示留言、到访、天气等信息。未来饭店借助于新技术，可大大改善各种设施设备，营造出一种无所不在的人性关怀，在提高客人舒适程度的基础上提高客人的满意度。

（三）饭店服务向定制化发展

跨入21世纪，饭店业将进入一个“消费者至上”时代。一个客人将有十个不同的声音，个性化、多样化的消费潮流使每个客人都希望通过购买、消费不同的产品或服务来表现出自己独特的个性、品位和格调。因而，对于饭店而言，在提供各类服务时，就不能再将理想的服务模式定在规范化服务这一起点上，而应通过“量体裁衣”的方式为每一位消费者提供最能满足其个性需求的产品或服务，即定制化的服务。

特别提示

什么是定制化服务模式

所谓定制化服务模式，就是饭店为迎合消费者日益变化的消费需求，营造出一种“特别的爱给特别的你”的“高尚”境界，以针对性、差异化、个性化、人性化的产品和服务来感动企业的诸多“上帝”的服务模式。这种服务模式的基本特征是：第一，饭店充分理解客人的需求，即以客人的需求作为服务的起点和终点，既要掌握客人共性的、基本的需求，又要分析研究不同客人的个性需求；既要注意客人的静态需求，又要在服务过程中随时注意观察客人的动态需求；既要把握客人的显性需求，又要努力发现客人的隐性需求；既要满足客人的当前需求，又要挖掘客人的潜在需求；第二，个性化，即饭店要强调一对一的针对性服务；第三，人性化，即强调用心服务，真正体现一种真诚的人文关怀精神；第四，极致化，即在服务结果上追求尽善尽美，要求做到尽心和精心。

（四）饭店营销向网络化发展

随着知识经济时代的到来，电子技术、计算机技术、网络技术开始介入饭店的各项活动，尤其是在营销领域，互联网的出现将给饭店业的营销活动注入更新的活力，出现了网络关系营销。所谓“网络关系营销”，是指饭店企业借助联机网络、电脑通信和数字交互式媒体来实现营销目标。它是一种以消费者为导向、强调个性化的营销方式，适应了定制化时代的要求；它具有极强的互动性，是实现饭店全程营销的理想工具。它还能极大地简化客人的购买程序，节约客人的交易成本，提高购物效率。并且，网络化营销更多地强调饭店应借助于电子信息网络，在全球范围内拓展客源，为饭店走向世界提供基础。

（五）饭店产业组织向集团化发展

随着饭店业竞争激烈，单体饭店已经不能满足市场的需要，所以饭店业的集团化成为趋势，并且在不断发展。目前，国外知名饭店集团以“联合舰队”的态势直逼中国饭店市场。这些饭店集团打破地域和行业限制，实行联号、联合、联网和客源合作，形成网络和规模。并且，饭店集团还与旅行社、旅游经销商、航空公司等实行一体化系统经营，形成超大旅游集团。

拓展知识

中国旅游饭店业集团化发展进程

1982 年中国第一家中外合资饭店——建国饭店开业并首家引进了境外饭店管理公司管理（香港半岛管理集团），标志着中国饭店集团化管理的开始。随后，假日、喜来登等其他国际知名饭店管理公司纷纷在中国抢滩登陆。境外饭店管理公司在为中国饭店业带来规范的管理方式的同时，也为我们培养造就了一大批饭店管理人才，一些开业较早的饭店也由此积累了完整的管理经验和制度，这为创造中国自己的饭店管理公司打下了良好基础。在国家旅游局的大力支持下，我国于 1993 年开始先后批准成立了 40 家饭店管理公司。如广州花园酒店管理公司、南京金陵酒店管理公司、上海锦江酒店管理公司、北京建国酒店管理公司等。统计显示：截止到 2002 年底，全国共有 110 余家饭店管理公司，管理饭店 700 余家，星级饭店集团化程度达 7.2%。中国饭店行业的集团化进程在不断发展和变化。

资料来源：百度百科.

（六）饭店环境向绿色、低碳方向发展

可持续发展观念的出现，使饭店业带上了浓厚的社会责任色彩。可以预见，21世纪将会出现大量的绿色饭店。节约能源，减少消耗，保护环境，倡导绿色消费，提供绿色服务，将成为我国饭店业发展的重要战略。绿色客房、绿色餐厅、绿色食品等将会成为饭店的主要服务产品。饭店业还会有意识地在客人中进行绿色教育，引导客人成为资源的节约者、环境的保护者。在可持续发展观念的支配下，饭店业将持“竞争双赢”理念，即饭店企业在竞争中不是以打败对手为最终目的，而是在和平共处的背景下相互促进，共同合理高质地利用社会资源。

第四节　旅游交通

旅游交通的发达与否直接影响到旅游业的发展。旅游活动的异地性使交通成为人们外出旅游的前提条件。它为旅游者顺利往返于出发地和旅游目的地，以及旅游景点之间提供了条件和手段。因此，旅游与交通有着十分密切的联系，旅游之所以能成为现代人的一种生活方式并在全球范围内广泛开展，是现代化交通运输发展的结果。

一、旅游交通的概念

（一）旅游交通的概念

旅游交通是指旅游者为了进行旅游活动，借助某种交通工具，实现从一个地点到另一个地点之间的空间转移过程。为人们旅游提供交通运输服务的各个部门、多种设施与服务，形成了旅游交通产业。

根据旅游者空间转移的地理范围和旅游过程，可以将旅游交通分为三种空间尺度，即客源地和旅游目的地之间的往返过程，旅游目的地之间和同一旅游目的地内各旅游景点之间的移动过程。

1. 客源地到目的地间移动

旅游活动的实现须以旅游者从客源地至目的地之间的空间转移为前提条件，这种移动也被称作旅游外部交通，是指旅游者从客源地到达旅游目的地所依托的中心城市之间的交通。一般来说，其空间尺度是跨国、跨区域或者跨省市，其交通方式主要是航空、铁路和高速公路。如中国广东省的旅游者去黑龙江省哈尔滨旅游，要从广东乘飞机到哈尔滨。

2. 目的地内移动

旅游目的地内的移动是指旅游者到达旅游目的地所在的或者所依托的旅游中心城市后，搭乘当地交通工具所进行的中小尺度移动。在此过程中，独立旅游景区

内的移动以外的一切交通活动,都可以称作旅游目的地交通,如从当地火车站到住宿点的交通,从住宿点出发,前往各大游览景点的交通等。其交通方式主要是公路交通、城市公交系统和水上交通。

3. 旅游景区中移动

旅游景区中的移动是指旅游者到达旅游景区之后,在不同景点内或景点间进行的空间转移。具体交通方式有景点内的步行区交通、索道、各种游览车(船)、飞行器(直升机、滑翔机、热气球)等。景点间的交通可以有专门的旅游交通,也可借助连接不同景区间的公共交通方式。

特别提示

旅游交通和公共交通的关系

虽然旅游交通的服务对象是旅游者,然而在实际的旅游活动过程中,旅游者使用最多的、最广泛的依然是社会公共交通。诸如,民航客机、普通列车、客轮、市内公共交通等。因此,不难理解,旅游交通是和整个交通运输体系联系在一起的,旅游交通是整个社会交通运输网络中的一部分。

(二)旅游交通的硬件构成

旅游交通线路、旅游交通运载工具、旅游交通的始终点站是旅游交通设施构成的三个基本要素。它们的发展状况都直接影响旅游交通、旅游功能的发挥。旅游交通线路有自然形成的和人工铺设的两大类;旅游交通运载工具主要可分为现代的、传统的、特殊的三大类;旅游交通始终点站则是旅游交通运输的集散地。

(三)旅游交通的特点

由于旅游交通是社会公共交通运输体系的组成部分,所以旅游交通具有和一般公共交通运输相同的特性。因为旅游活动的特殊性和旅游主客体的特殊性,决定了旅游交通必须具备与旅游活动相适应的一些特点。

1. 游览性

旅游交通要有游览性。旅游交通在线路设计、工具设施以及站点建设等方面都应考虑游览观赏的需要。旅游交通线路,特别是公路、铁路和水运线路一般连接若干旅游景点,或者经过风景、民族风情特别浓郁的地区,旅游者在旅行中就可以集中参观游览景点,领略沿途美景;旅游交通工具富有特色,有代表高科技水准的磁悬浮列车、有传奇色彩的东方列车、有浓郁民族特色的羊皮筏,等等,这些旅游交通工具本身对旅游者就具有巨大的吸引力。

2. 舒适性

现代旅游是一种享受、娱乐活动。旅游的食、住、行、游、购、娱各个环节都应注意满足旅游者追求享受、舒适的要求。旅游交通和社会交通相比较，既要快速、安全、正点，更应注重舒适性。因而旅游交通工具更加注重运输工具的豪华性，服务水平的全面优质性。旅游专列无论在车厢设施、服务质量和项目、乘客定员、列车速度等各方面都优于一般旅客列车。旅游车船公司提供的交通工具，也是尽可能带空调、音响、电视的豪华型车船。最为豪华舒适的旅游交通当属巨型远洋游轮，它们拥有星级客房、各式风味餐厅、购物中心和各种娱乐、健身设施，被旅游者称赞为"海上浮动的旅游胜地"。

3. 季节性

旅游活动的季节性决定了旅游交通带有明显的季节性特征。往往在旅游旺季或双休日的交通客运量要比平时增加数倍。我国国内的旅游旺季主要集中在三个旅游黄金周和暑期，在平时，外出旅游的时间主要是在双休日里。旅游交通的季节性变化，导致旅游旺季和旅游高峰时间内旅游交通的运力紧张，旅游淡季和低谷时间则出现旅游交通运力浪费。在国际上，实行季节性差价是保持旅游交通客运量相对稳定的常用措施之一。旺季和高峰期间提高交通票价，限制客流量，淡季和低谷期间适当降低票价，刺激客流量的增加，从而保持旅游交通客流量在全年各季节相对均衡性。

4. 区域性

因为受旅游者的流向（流动方向）、流量（游客数量）、流时（旅行时间）和流程（旅行距离）等因素的影响，旅游交通线集中分布在旅游客源地与旅游目的地之间，以及旅游目的地内各旅游集散、居留、餐饮、游览、购物、娱乐等场所之间，具有明显的区域性。

二、旅游交通在旅游业中的地位和作用

旅游交通是旅游业发展的重要标志之一，现代化旅游的大发展必须依赖现代化的交通运输业。旅游交通在旅游业中的重要作用表现在以下几方面：

（一）旅游交通是实现旅游活动必不可少的条件

旅游者要实现旅游的目的，完成旅游活动过程中的空间转移，就必须借助于交通工具。毕竟，现代旅游者用于旅游活动的时间是有限的，因此选择不同的外出旅游交通方式就显得尤为重要。从人类的旅游发展史来看，不管是古代、近代还是现代旅游，交通的发展始终是旅游活动的先导。各个历史时期交通的发展状况直接影响到旅游的发展规模、旅游形式和内容。现代大众旅游活动的出现，正是得益于第二次世界大战后交通运输业的迅速发展。

(二)旅游交通是发展旅游业的先决条件

现代旅游业发展必须凭借发达的现代交通运输业。旅游业是依赖旅游者的来访而生存和发展的产业。只有旅游者能够光临,旅游业的各类设施和服务才能真正发挥作用,才能真正产生综合效益,旅游交通决定着旅游地的可进入性,旅游交通不发达,就不可能有发达的旅游业。例如,一个国家航空交通运输系统的发展直接制约着国际旅游业的发展,我们国家在向世界旅游强国迈进的过程中,一个需要解决的突出问题就是完善民航交通业的发展。旅游交通是制约旅游业发展的"瓶颈",只有交通发达、运力充足的旅游地对旅游者才更具吸引力,旅游业的综合竞争实力才更强。

(三)旅游交通可以促进旅游目的地的兴起和发展

要开辟旅游景点、发展旅游业,发展旅游交通是关键。我国地域辽阔,旅游资源十分丰富,但有些地区由于交通闭塞,尽管风景优美,但难以吸引大批旅游者前往。如我国的九寨沟、张家界等许多景区都曾因交通落后而鲜为人知,而在改善了旅游交通条件之后,才吸引了大量旅游者前来旅游,逐渐发展成为国内外知名的旅游胜地。现在我国还有相当一部分旅游景区,仍受制于旅游交通条件的困扰而没有得到更好的发展。

(四)旅游交通是旅游业收入的重要来源

在旅游者外出旅游的各种花费构成中,"食、住、行"三方面的花费是必需的部分,旅游交通收入成为旅游业创收的重要组成部分。旅游交通费用在旅游消费中究竟占多大比重,这取决于旅游的距离和旅游档次。旅游者外出行期越长、路程越远,交通运输费的支出也就越多,国家和地区因此而创收的外汇收入也就更多。据调查,在来华的国际旅游者消费结构中,交通费用约占全部费用的一半。在国外,旅游者的支出中有30% ~40% 用于交通。而国内旅游收入构成中的比例也是较大的。

(五)旅游交通是旅游活动的重要形式

现代旅行方式越来越强调交通过程中的舒适和享受,旅游交通不仅是旅游者到达旅游目的地的重要手段,而且乘坐交通工具本身也是一种旅游活动方式。如颇具地域文化和民族风情特色的乌篷船、羊皮筏、滑竿、狗拉雪橇等,乘坐本身就是一种旅游体验。另外,有些旅游活动必须借助交通工具才能实现,如乘船游览江河湖海,乘车游览野生动物园等旅游活动。

三、现代旅游交通方式

随着现代旅游的发展,旅游者对旅游交通的要求也越来越高,但其基本的要求依然是快速、安全、方便、舒适和经济。根据交通工具、线路和地理环境的不同,常用的旅游交通方式可分为航空交通、水上交通和陆上交通(公路、铁路)三种。这三种方式各有特点,在具体运作过程中有机结合,优势互补,协调发展。除了这三种常用工具以外,不同的地区和民族还有自身独特的交通方式,这些成为旅游交通的重要补充。在旅游活动中,旅游者往往结合使用几种交通运输方式,互相衔接,完成旅游活动的全过程。

(一)航空交通

航空旅行是现代远程国际旅游最主要的大众旅行方式,多用于洲际、国际、大中城市间等物理距离较大的旅游活动中,是国际长途旅游者的首选。根据世界旅游组织的统计,到发展中国家的入境旅游者 90% 以上都是通过航空旅行方式实现国际旅游。组织方式主要有定期航班、非定期航班(临时航班、专线旅游航班、包机)和其他空中服务三种。

航空旅行的优势在于快捷、舒适、安全、灵活,航线的开辟不受沿地面的各种天然或人为障碍的限制,但是票价高,空港占地面积大,用地条件高,飞机起落噪声污染严重,易受天气条件制约,时有班机延误、取消等现象发生,影响旅游者的行程安排。

航空旅行的搭乘工具是航空器,主要有飞机、热气球等。20 世界 40 年代以后,飞机成为航空器的主角,目前飞机使用数量已占各类航空器总数的 97% 以上。飞机作为航空器的绝对主体,除了速度和安全性以外,旅游者越来越关注其舱内设施的舒适、安静和便利。目前,世界上主流航空公司都把头等舱和公务舱设施建设作为提高竞争力的重点。中国航空公司也在引进空客 380、波音 787 超大豪华客机,让商务旅游者也能享受国际一流的乘机服务。

拓展知识

空中客车 A380

空中客车 A380(Airbus A380)是欧洲空中客车工业公司研制生产的四发 550 座级超大型远程宽体客机,空中客车 A380 投产时也是全球载客量最大的客机,空中客车 A380 有“空中巨无霸”之称。2010 年 8 月 1 日,中国首条 A380 定期航线正式启用。

空中客车 A380 全机身长度双层客舱与四台发动机成为最易辨认的独特外形。空中客车 A380 在单机旅客运力上有无可匹敌的优势。在典型三舱等(头等舱—商务舱—经济舱)布局下可承载 525 名乘客。空中客车 A380 飞机被空中客车公司视为其 21 世纪的“旗舰”产品。A380 在投入服务后,打破波音 747 在远程超大型宽体客机领域统领 35 年的纪录,结束了波音 747 在市场上 30 年的垄断地位,成为载客量最大的民用客机(不过载重量最大的民用飞机仍是安东诺夫的An－225梦想式运输机)。

空中客车A380采用了更多的复合材料,改进了气动性能,使用新一代的发动机、先进的机翼、起落架。减轻了飞机的重量,减少了油耗和排放,油耗及二氧化碳排放更低。降低了营运成本,A380飞机机舱内的环境更接近自然。客机起飞时的噪声较可达当前噪声控制标准(ICAO)规定的标准要低得多。A380是首架每乘客(座)/百公里油耗不到3公升的远程飞机(这一比例相当于一辆经济型家用汽车的油耗)。

资料来源:百度百科.

(二)陆上交通

陆上交通包括铁路、长途公共汽车、城市公共汽车与其他公路交通,私家车,租赁汽车,以及其他陆上交通方式 。

1.铁路旅行

铁路旅行是旅游业的重要组成部分,具有客运量大、票价低、行驶速度快、连续性强及受气候变化影响小、安全可靠、环境污染小等优点,但也具有灵活性较飞机和汽车差,造价高、修筑工期长、受地区经济和地理条件限制等缺点。

地铁交通即是地下铁路交通,是比较特殊的铁路旅行方式,属于城市的地下轨道交通系统。还有一种修建地上或高架桥上的城市轨道交通系统,被称作城铁或轻轨,往往和地铁线路实现对接,构成城市内的快速交通系统。这是旅游者尤其是散客在市内休闲旅游活动时喜爱选择的旅行方式之一。

图6－2　北京地铁一号线

铁路旅行的运载工具是火车,或称列车。按照列车运行速度,我国旅客列车主要可分为5个类别。特快旅客列车是等级最高,运行速度最快的旅客列车,一般在首都与各大城市及国际间开行,有国际特快和国内特快,国内特快又分为直通特快和管内特快。快速旅客列车是仅次于特快列车的第二等级,又分为直通快速列车和管内快速列车,一般在提速区段内开行。普通旅客列车是第三等级,分为普通旅客快车和普通旅客慢车,一般在大中城市间开行。临时旅游列车是名胜古迹、旅游胜地所在站和大中城市间开行的旅客列车,分为直通旅游列车和管内旅游列车。随着铁路旅行的发展,近年来我国在特快列车的基础上,开通了动车级和高铁列车,更为快捷和舒适。

拓展知识

最快的火车——动车组

动车组,中国铁路现在最流行的词语,在2007年中国铁路第六次大提速中广泛运用于中国各铁路干线。和普通火车机车相比,动车组具有双向运行能力。2007年2月,动车组以160公里的时速投入春运。2007年4月18日,动车组全面上线投入运营。2008年8月1日,动车组投入运营的京津线是中国首条高速铁路客运专线,是中国进入高铁时代的标志。

动车组是城际和市郊铁路实现小编组、大密度的高效运输工具,以其编组灵活、方便、快捷、安全、可靠、舒适为特点,备受世界各国铁路运输和城市轨道交通运输的青睐。使用动车的比重以日本为最大,占87%;荷兰、英国次之,分别占83%和61%;法国、德国又次之,分别占22%和12%。动车组称得上是铁路旅客运输的生力军。常见的动车组有日本新干线,德国ICE,法国TGV,欧洲之星,西班牙AVE,瑞典X2000,美国ACELA,中国CRH、和谐号、蓝箭、中原之星、中华之星、新曙光、先锋号、长白山号、春城号等。

国外主要动车组:

日本:1964年10月,日本先于其他国家开通了世界第一条高速铁路——东海道新干线(东京——新大阪的高速客运专线),最高运行时速为210公里。20世纪80年代运行于东京——博多线路上的列车由0系换成100系电动车组。100系电动车组由12辆动车和4辆拖车(其中双层客车两辆)组成,拖车加装了涡流制动,最高时速为230公里。1992年,东日本公司开始开发超高速电动车组,取名为STAR21型电动车组,创意为21世纪用的时速350公里高级豪华列车。

法国:法国高速铁路线上采用的是动力集中式,只在列车两端的头车(或与头车相邻的客车的一端)装有牵引动力装置。法国第一条铁路线(巴黎东南新干线)于1972年动工,1983年投入运用。运用TGV-PSE电动车组,最高运行时速为270公里。在巴黎东南新干线通车后,法国继续扩大高速铁路线,1990年大西洋新干线(巴黎——勒芒、图尔)正式通车,采用TGV-A电动车组,最高运行时速为300公里。

德国:1962年德国研制的“莱茵金子”号客车的构造时速已达160公里,1974年ET403型电动车组的最高运行时速为160公里,1977年提高到时速200公里。1985年制造出ICE型高速列车,并在1988年时速达406.9公里的试验速度。1989年,德国开始正式制造第一代ICE高速列车,并于1990年投入使用。在2010年8月1日,德国第三代动力分散型高速列车ICE3,正式投入法兰克福——科隆新型高速铁路线的商业运营,最高时速达到300公里。

俄罗斯:俄罗斯采用在既有线路上逐步提高旅客列车速度,使线路改造与机车车辆更新同步进行的方法。1984年3月,高速列车正式投入运用,采用了快速电动车组,平均运行时速为140公里,有两个区间时速达200公里。

我国现投入使用的“和谐号”新一代高速动车组是目前世界上运营速度最快、科技含量最高的高速列车,最高运营时速为380公里,持续运营时速350公里,达到了世界领先水平。

资料来源:百度百科.

2. 公路旅行

公路旅行是旅游交通中一种最普遍、最重要的中短途旅行方式,这一方式所占比重高达66%~69%。目前,各个国家都广泛修筑了高速公路,大大便利了旅游活动的开展,提高了旅游的效率,也使得公路旅行活动更加广泛。

公路旅行的特点是灵活、方便,能深入到旅游点内部,短途旅行速度快,公路建设投资少、工期短、见效快,但运载量小,受气候变化影响较大,安全性能较差,排出的尾气对大气有污染。

公路旅行的运载工具种类较多,可以分为客运汽车、出租汽车、旅游汽车和家用汽车等。在各国的旅行社经营的团队旅行方式中,多为豪华旅游大巴。家用汽车是一般自驾车旅游者常用的交通工具,主要是轿车、商务车和越野车。我国自驾车旅行已经逐渐成为出游的新趋势,在美国、日本和西欧一些国家,自驾车旅游已占90%左右。

(三)水路交通

水路交通一般包括船运航线和轮渡、游轮和其他水路交通服务。它们具有运量大、耗能低、投资少、占地少等特点,但速度慢,准时性、连续性和灵活性都不如其他交通工具,受季节、气候、水深等自然条件影响较大。

水路旅行的运载工具包括普通轮船和游轮两种。普通轮船通常作为陆地和岛屿之间的通勤工具,或者作为河流、湖泊及港口之间的轮渡工具,中远距离的轮船交通已经日渐稀少。但由于轮船旅行具有悠闲、安全、能欣赏沿岸风光等优点，受到旅游者的广泛欢迎。根据船舶的驱动系统的不同，可将旅游功能的船体分为人工操纵的划艇、游船和机器推进的汽艇、游船、游艇、游轮等多种类型。

游轮是一种排水量较大、旅客承载数量较多的机动轮船，又可分为内河游轮和海上游轮。目前世界上最大的游轮公司是美国嘉年华、英国皇家加勒比海和新加坡丽星游轮，它们占据全球游轮市场80%的份额。

拓展知识

世界最大游轮“海洋绿洲”号

由皇家加勒比游轮公司斥资约14亿美元建造的“海洋绿洲”号成为世界上最大的豪华游轮，这艘巨轮长约360米，宽接近50米，拥有16层甲板，体积约为“泰坦尼克”号的5倍。它历时3年建成，可容纳2 000多名船员和6 000多名乘客，像“一座远洋航行的城邦”，除客房、餐饮和购物场所及各类运动场馆外，还配备绿地公园、儿童游乐场、赌场和攀岩壁等，设施之完备堪比一座陆上城市。

与其他轮船根据甲板分区的做法不同，“海洋绿洲”号以类似城市街区的形式划分各个区域。酒吧所在区域名为“皇家步行区”，拥有多家风格迥异的餐馆、酒吧和商场，类似城市中的步行街。乘客在这里可以品尝到来自世界各地的美酒和种类繁多的美味佳肴，还可以流连于各种商店，享受不同的购物体验。

除餐饮和购物外，“海洋绿洲”号还可满足乘客诸多需求。船上的露天游乐场配备有手工雕制的旋转木马，可供孩子们嬉戏。赌场内成排的老虎机吸引着人们前去一博。户外甲板上的泳池边设有海滩风格的休闲场地，泳池内则由造浪机掀起波浪，供人们模拟冲浪。甲板上设有露天攀岩壁，还有专业教练为攀岩爱好者提供指导和帮助。船上还提供SPA按摩服务，甚至包括肉毒杆菌注射等美容项目。

资料来源：百度百科.

（四）其他交通方式

人们在旅行过程中，可以根据自身偏好和所处环境采用其他多种个性化旅行工具。从休闲运动性的自行车、各种畜力拉动的骑乘工具、人工服务的轿子、登高的索道，到水上承载的竹筏、独木舟等，各有情趣。

1. 自行车

在一些西欧国家，自行车旅游占有重要一席。自行车具有便宜、方便、环保的特点，受到一些旅游者的喜欢。瑞士建立了自行车公路网，并对自行车的路线难易程度进行分组。素有“千湖之国”美称的芬兰，由于地形限制和环境保护的要求，建立了全国性的自行车线路网络。在英国、新西兰等国家,自行车旅游有较大发展,在那里,专门为自行车旅游者开辟了自行车游憩道和配套设施。在中国,自行车旅游刚刚兴起,正逐步由代步工具变成休闲运动器具,成为新的旅游方式。

2. 马车

现代旅游中使用马车作为交通工具主要是体现其乡土气息和复古风情,满足旅游者求新、求异的心情。马车多用于景区内的旅游活动,一般会在外观上采用比较华丽的装饰,内部布置舒服的坐椅,除了作为交通工具,更重要的是一种新奇的旅游体验。

3. 索道

索道主要应用于具有一定的高差、旅游者攀登难度较大、费时费力较多的地方,通常建于山地旅游区、或是跨越河道、湖泊水面的旅游区。索道对自然地形适应性强,爬坡能力大,缩短运输距离;受气候条件的影响较小;基建费用省、能耗低,污染少。旅游者乘坐索道能够在空中一览景区风光,受到旅游者的青睐。自1983年我国第一条客运索道在泰山开通以来,各地旅游区共有客运索道400多条。

除上述交通工具外,还有一些特色旅行工具,如轿子、电瓶车、三轮车、滑杆、溜索、骑马等,这些交通工具的活动范围小,与景区自然条件及当地民俗风情紧密结合,构成了具有地方特色的旅游项目。

四、我国旅游交通的发展

从整体上看,改革开放尤其是20世纪90年代以来,我国的交通运输业发展速度惊人,各地加大了对交通运输业的资金投入,尤其是一些相对发达的地区,如北京、广东、山东、浙江等省市的交通可以说是四通八达,方便快捷。但是,旅游交通却一直是我国旅游业发展的薄弱环节:旅游交通基础设施落后,旅游区缺乏全盘统一的交通规划,导致可进入性差,影响了旅游目的地的旅游开发和发展。在国家大规模投资铁路、公路建设的基础上,近几年来各省市为解决辖区内风景区旅游人数剧增而带来的旅游交通瓶颈问题,纷纷加大力度新建或改建旅游交通线路,这极大地改善了我国旅游交通紧张落后的尴尬局面,也为提升我国旅游业在国际上的形象增加了砝码。然而,随着我国旅游业进入壁垒的逐渐取消,旅游业的发展必将迎来前所未有的机遇和挑战,而旅游交通作为旅游业的"门户"将最先面临着这些机遇和挑战。我国旅游交通的发展主要存在下述几个问题:

第一,从旅游交通的硬件条件和软件投入来看,当前我国旅游交通发展状况不平衡,发达地区的旅游交通发展较快、基础设施条件较好,而相对落后的地区旅游交通发展缓慢、落后,这在一定程度上对当地旅游业的进一步发展形成制约。

第二,我国对交通运输业长期的垄断经营影响其运作效率,虽然国家多次对我国铁路进行提速改造,高速公路的新建和改建力度很大,但是对交通运输业的运作效率和服务质量仍然不够重视,与国际市场的质量和服务水准相比仍存在较大差距,损害着我国旅游业的整体形象。

第三,由于长期以来我国道路规划设计不尽合理,路况不佳,道路拥挤,以及交通安全教育不足,造成我国旅游交通道路安全状况较差。总体而言,我国是世界上交通安全记录较差的国家之一,这些因素直接影响到我国旅游业的整体形象和可持续发展。

第四,对于景区内的旅游交通,长期以来由于缺乏科学规划,其旅游交通状况不尽理想。当前国内许多景区内的旅游交通建设容易趋向两个极端:要么没有进行科学规划,不重视景区内的交通,景区内交通建设处于停滞状态,造成游客对景区的人为破坏;要么没有经过科学论证,没有充分考虑景区内的生态环境和原始风貌,在景区内修建宽广的公路或者到处修建索道、电梯等交通设施,不仅破坏了景区的生态环境,而且将景区的原始风貌彻底改变,其结果恰恰影响到景区旅游业的可持续发展。

第五,旅游交通安全状况令人担忧。近年来,随着旅游业和交通运输业的快速发展,乘坐汽车旅游观光的人数迅速增加,旅游交通安全承受的压力明显增大。

第五节　旅游购物

旅游业是一个由“吃、住、行、游、购、娱”等多种要素组成的综合性产业,其中旅游购物是整个旅游产业链中十分重要的环节,旅游购物是否发达,是旅游业从发展走向成熟的重要标志。通常旅游购物属于旅游消费中的弹性消费,而弹性消费具有广阔的发展空间,因此,旅游购物消费占旅游者总消费的比重,就成为旅游业是否发达的重要指标。旅游业发达国家购物的比重能占总收入的40%以上,目前我国的旅游购物在相当长一段时间一直徘徊在30%左右,一方面说明我国的旅游购物已有相当的发展,另一方面也说明我国的旅游购物还不够发达。所以研究旅游购物,发展旅游购物是我国从旅游大国迈向旅游强国的重要内容。

一、旅游购物的类型

旅游企业为了针对客源市场进行有差别的市场营销活动,更好地组织和规划旅游商品的生产经营,需要对旅游购物进行细分。

(一)按税种,可划分为不免税购物、免(关)税购物及购物退税

1. 不免税购物

不免税购物,是外国旅游者在旅游目的地国购买的商品价格中包含在该国生

产和流通过程中已经交纳的间接税(在我国主要是增值税和消费税)。

2. 免(关)税购物(Duty - free)

免(关)税购物,指购物者在国家有关部门特别批准的场所购买免交关税的商品。这一做法主要针对特定人群(如短期入境者),采取特定支付方式(如使用指定外国货币付款)。此类购物场所多设在出入境口岸或国际交通运载工具上,个别的也有设在中心城市。

3. 购物退税(Tax - free)

购物退税,主要是指将外国旅游者在旅游目的地国购买的商品价格中所含在该国生产和流通过程中已经交纳的间接税(在我国主要是增值税和消费税)予以退还给旅游者的政府行为。一般来说,游客在授权商店购买商品携带出境时,凭有关凭证在出入境口岸或其他指定地点办理退税。

拓展知识

海南试点退税

2011 年 1 月 1 日,海南开始进行境外旅客购物离境退税政策试点。在"国际旅游岛"尚未正式拉开帷幕前,试点退税已经抢先起跑。境外旅客购物离境退税政策试点实施一个月以来,海口海关共验核 129 票退税申请业务,退税货物总值 46.23万元,退税额 5.08 万元。退税物品主要为服装、皮革制品、饰品等,其中服装占 76%。目前退税率统一为 11%,申请退税的一般为海外华侨华人,真正的外国人并不多。

资料来源:中国网,2011 - 02 - 09.

(二)按有无目的性,划分为休闲购物和专门购物

1. 休闲购物

休闲购物,是指旅游者主要追求商品的享受功能,寻求某种刺激、寻求欢乐或讨价还价,以及喜欢把四处游览当做一种休闲活动,产品的美学价值和购物环境会引起购买冲动。一般而言,大部分旅游者属于休闲购物者,愿意购买那些有特殊纪念意义的纪念品、土特产品。对他们而言,购买过程中获得的人生体验比得到某种商品更为重要。

2. 专门购物

这种购物又称为购物旅游,指旅游者有明确的购物目的,主要追求商品的实际功能,看重其所要购买商品的质量,以及其购物活动在时间和金钱上的效率。对旅游者而言,购物是主要目的和活动,参观游览等活动反而是一种附带性活动。对这类旅游者来说购物经历的实效价值尤其重要,他们一般手持购物清单,所购买的商品主要集中在那些有产地优势、价格优势、名牌优势的优势产品上,如游客到香港购买名牌化妆品、皮鞋、服装,到日本购买电器,到韩国购买人参等。

拓展知识

全球十大购物天堂

如果你有出境购物的打算,以下这10个地方要关注一下了,这是全球有名的10个购物街区,在临行前做些准备,看看到底去哪儿才合适。

1. 纽约第五大道

美国纽约第五大道的实质在于物质与奢靡。第五大道位于纽约曼哈顿的中轴线,它汇集了曼哈顿的精华。在这个历史悠久、以时尚大气闻名世界的街道上,几乎拥有全球所有顶级的品牌店。这里的货品以齐全、更新速度快著称,即使是同一个品牌,若是在世界其他地方找不到的产品也可以在这里买到。

2. 伦敦牛津街

牛津街是到英国伦敦首选的购物街道,在这条不到两公里的街道上,云集着超过300家的大型商场。其中,老牌百货店 SeIfridges 集合了众多的顶级名牌,这里的英式周到服务能让你体验五星级的待遇。牛津街上名牌店的最大特色并不在于品牌的种类有多少,而在于款式非常齐全,某些意大利顶级品牌的货品在伦敦竟然比来源地的店铺还多。每年7月是英国商品最集中的打折季节,这其中包括世界各地的名牌服装,折扣达5折,甚至更低。

3. 香港铜锣湾

铜锣湾就像香港的一个缩影,市井而高档。大众化的商铺满街都是,来自世界各地的新鲜事物触手可及;世界知名的顶级百货公司也遍布其间,凸显出香港强大的消费力。集巴黎的奢华,米兰的典雅,伦敦的经典和纽约的简约风格于一身,这便是赫赫有名的香港铜锣湾了。铜锣湾是香港最著名的流行服饰采购天堂,作为全世界租金第三贵的地段,仅次于美国纽约的第五大道及法国巴黎的香榭丽舍大街。

4. 巴黎香榭丽舍大街

毫无疑问,香榭丽舍大街是巴黎中心的女王。它被誉为巴黎最美丽的街道。它笔直的街道让我们可以看到很远的地方:卢浮宫和它里面的金字塔、卡鲁索凯旋门、杜伊勒里花园、方尖碑、凯旋门,以及在西边更远处,巴黎城外的拉德芳斯大凯旋门。在这里,你一面清晰地看到历史的影子,一面可以感受世界最知名购物街的奢华旖旎。由于很多来到这条街道上的观光客主要目的并不是购物,所以香榭丽舍大道的观光味比其商业氛围更加浓厚，不过，身处街道风景中的名牌店铺也成为观光者相机镜头争相捕捉的巴黎一景。

5. 维也纳克恩顿商街

维也纳克恩顿商街，由于它的形状很特殊，像个U字，在维也纳又拥有独一无二的地理位置，所以也被称为金色的U字。拥有53 400平方米购物面积的该步行区，是奥地利经济增长最大的商业区。而拥有年销售额40亿美元的这条商业街，也是奥地利其他城市所没有的。在这条街上国际名牌与典型的维也纳家庭企业融洽地共同存在着，所有国际的、国家的以及地区的知名品牌都可以在这里找到，所以这条街不仅是维也纳人最爱去的地方，而且是奥地利人甚至所有旅游者购物的必到之处。

6. 首尔明洞商业街

韩国首尔明洞商业街的常住人口只有5 000人，一天的流动人口超过200万，每年400万以上的外国观光客来到此地。明洞商业街很好地保存着中国大使馆、明洞圣堂等韩国文物级建筑物，同时也是拥有超现代化的大型购物广场和商场、观光酒店、100多家金融机构、数千家服装及各种服饰专卖店、饮食、娱乐、休闲等多种多样的观光资源和便利设施，这里是引领最新潮流的时尚之街，充满年轻与生动感的活力之街，受到韩国人喜爱的韩国最好的商业街。

7. 悉尼皮特街

悉尼皮特街的购物中心在全球的知名度并不是太高，不过却是南半球少有的几条名店会聚的街道之一。它的店铺之华丽、商品之名贵、人气之旺盛丝毫不亚于其他著名商业街。这里云集了名流贵族、品位人士出席大小社交场合的顶尖名牌，新款设计摆上橱窗的速度几乎与这些品牌的原创地同步。这里也集中了最多的澳洲一线名牌及130多家精品专卖店，为人们提供全世界最高档的商品及最优质的服务。

8. 柏林库达姆大街

这里也是后来德国威廉姆大帝纪念堂的所在地，人们把这条大街昵称为“库达姆”。库弗斯坦达姆大街发展成了一个重要的购物大道，是高级时装和时尚商店汇集的地区，并且伴随着很多的艺术咖啡屋、剧场、戏院和电影院。

9. 东京银座商业区

银座是日本东京中央区的一个主要商业区，以高级购物商店闻名，是东京具有代表性地区，同时也是日本有代表性的最大最繁华的街道。象征日本自然、历史、现代的三大景点（富士山、京都、银座）之一的银座，与巴黎的香榭丽舍大街，纽约的第五街齐名，是世界三大繁华中心之一。

10. 新加坡乌节路

如果说新加坡这座城市是一件五彩斑斓的华服，那么乌节路便是这座城市最妩媚的裙裾。它像所有热带花朵一样忘记花期地尽情开放。乌节路有很多树,热带树木总是不用特别地呵护就能长得格外健硕。树冠上被荧荧绕绕地缠着很多柠檬色的彩灯。这是有绿色荷叶边的裙裾,在微微的暖风里带着薄雾般的撩人的欲望。

资料来源:根据北方新报整理.

(三)按消费人群,划分为国内旅游购物和国际旅游购物

1. 国内旅游购物

国内旅游购物,是指国内旅游者在本国境内的旅游过程中进行的购物活动。他们旅游购物的选择范围更为宽广,其购物侧重点更多的不是纪念性商品,而是日用消费品,如玻璃搪瓷陶瓷制品、针棉纺织品、丝绸及丝绸复制品,以及名酒名点、土特食品、名贵药材等都可以成为国内游客购物的对象。购物范围远超出旅游商品专营市场和专营商店,旅游目的地的消费品市场几乎都可以成为国内旅游者的购物目标。

2. 国际旅游购物

国际旅游购物,是海外游客在本国境外的旅游市场中进行的购物活动。国际旅游者主要来自经济发达地区,有较强的消费能力,其购物侧重点更多的是纪念性商品。国际旅游者在语言、民俗及习惯上存在一定障碍,容易受团队旅游形式的局限。

拓展知识

中国游客10亿英镑购买奢侈品"震惊"伦敦

2010年12月26日,在随处可闻的"圣诞快乐"欢歌中,英国伦敦迎来了一批又一批中国游客。他们出手阔绰,青睐奢侈品,引爆了英国奢侈品市场的消费狂潮。据当地《每日邮报》报道,截至12月27日,这些中国游客已花去约10亿英镑。这一现象引起了英国媒体及各界的关注,英国当地人称这些中国游客为"北京重磅炸弹"或是"古驰(Gucci)一族"。据称,这批"古驰一族"热衷的奢侈品品牌主要集中在巴宝丽、玛百莉、路易威登和古驰。

为了配合这次购物潮,包括奢华伦敦在内的伦敦西区的许多商铺都有会讲普通话的销售助理来帮忙。英国塞尔弗里奇百货公司为了方便中国游客购物,还在店中专门设置了能刷中国银联卡的设备。圣诞节后,该公司平均1个小时的交易量就达到1万笔,比2009年同期增长了40%。围观的当地英国人戏称,当时结账排的长队,就像是"万里长城"。

当地的零售分析员乔纳森·梅洛说,在英国,中国消费者已经成为奢侈品的最

大买家，购买力度几乎占总量的1/3。“中国快速增长的经济催生了奢侈品消费的市场。但是高关税使得这些奢侈品在英国的价格比在中国便宜20% ~30%，而且中国游客也很喜欢从原产国购买奢侈品所加盖的印章。”

资料来源：中国旅游报.2010年12月31日.

二、旅游购物的特点

旅游购物不同于日常生活中的一般购物，了解二者之间的差别，掌握旅游购物特有的发展规律，对发展旅游购物具有重要意义。

（一）旅游购物具有明显的波动性

旅游购物的主体是旅游者，而不是当地居民。旅游者是一个流动的群体，不像当地居民那样具有长期性和稳定性的特点，对同一种旅游商品重复购买的几率较小。旅游活动的季节性特点直接影响旅游购物，因此，旅游者数量在不同时间和地点表现出来的差异，使旅游购物具有较大的波动性。

（二）旅游购物追求旅游商品的抽象价值

一般商品的购买者是以日常生活为目的，注重实用性和经济性。旅游者购物时则更注重商品的纪念性、艺术性、礼品性，对实用性方面则相对要求低一些。此外，旅游者对包装、造型也有独到的要求。

（三）旅游购物风险较大

旅游购物的风险大于一般购物活动，主要原因有两个方面，一是旅游者难以全面掌握旅游商品质量、价格等方面全面真实的信息，冲动购买和从众购买行为较多，购买决策未必理智；二是如果旅游商品出现问题，也难以像一般商品那样进行退换。

（四）销售网点的布局不同

旅游商品的销售网点必须根据旅游者活动的特点，因此其网点主要设置在旅游城市的商业繁华地带、旅游景点、名胜古迹附近和宾馆饭店及购物中心等地。

三、旅游购物的地位与作用

旅游购物的发展与旅游业及国民经济总体发展水平密切联系。一般来说，商品经济发展水平较高、旅游资源相对丰富和地理位置相对优越的地区，旅游购物发展较快。同时，旅游购物的发展又可以推动旅游业和国民经济的进一步发展。

（一）旅游购物成为旅游业的一个组成要素

随着旅游业的发展、旅游的范围和消费形态的变化，旅游购物成为旅游活动中不可或缺的内容，并且成为旅游经济中新划分出来的独立领域。从旅游目的地的角度来看,旅游购物是旅游经济的重要构成要素,而不是可有可无的附属品。在很多地方,旅游购物已成为振兴旅游经济的新的增长点。从旅游者的角度来看,认识的变化也是日趋明显的。过去说到旅游就会想到参观游览、住宿等,而近年来除了游玩以外,人们开始关心能否购买物美价廉的商品,旅游购物已成为人们的重要旅游项目。

(二)旅游购物是旅游业创汇、创收的重要来源

旅游经济效益和创汇能力主要体现在旅游收入多少,而旅游收入即游客消费支出总额,其规模主要取决于两个因素:接待人数和旅游消费水平。前者受旅游接待能力、旅游环境容量及客源的制约,属于速度发展型。后者则要以最大限度满足游客消费需求为条件,旅游消费水平提高程度取决于能够满足其消费需求的程度,属于效益发展型。而旅游消费构成中,旅游购物的花费是"活消费",需求弹性大,范围也相当广泛,其旅游经济收入具有相对的无限性。为此,许多国家都在购物旅游上大做文章,旅游购物创汇率已成为衡量旅游业发达程度的标志。

(三)旅游购物是提高旅游业整体竞争力的要素之一

旅游业的发展一方面通过开发旅游新产品增加供给来满足不断增长的旅游消费需求,扩大市场规模,这是一种外延式扩张;另一方面通过对旅游购物、餐饮、娱乐市场的管理和整合,提高产品和服务质量,刺激旅游者的购物、娱乐和餐饮需求,这是内涵式扩张。内涵式扩张的一个重要途径就是大力发展旅游购物,提高旅游购物支出占旅游总支出的比例。旅游购物发展的力度在一定程度上决定着旅游业进一步发展的深度,衡量一国旅游业发达水平的一个重要标准就是旅游收入中购物及娱乐所占比重的大小,旅游目的地的竞争优势也越来越取决于购物经历的增值和集约促销宣传活动的效果。

四、旅游商品

旅游商品作为旅游购物的对象,它是旅游购物的核心层次,任何一种旅游购物都离不开旅游商品。因此,发展旅游购物首先要开发有特色的、有吸引力的旅游商品,这是发展旅游购物的关键。

(一)基本概念

旅游商品也叫旅游购物品,是指旅游者在旅游目的地国家或地区的旅游过程中所购买的各种物品。而旅游购物品经营业,就是指主要从事旅游购物品的设计、生产、经营、销售的企业,是满足旅游者在旅游活动中购物需求的企业。

(二)旅游商品类型

旅游商品是一种特殊商品,其特殊性主要在于它的购买者是旅游者,根据旅游者的需求可以分为四种类型:旅游纪念品、旅游日用消费品、旅游专用品和其他

商品。

1. 旅游纪念品

旅游纪念品是旅游商品中品种最多、数量最大、销量最好的商品，也是最受旅游者喜欢的物品。对一般旅游大众来说，旅游纪念品真正的意义并不在于这件物品的价值，重要的是它可以证明旅游者曾经到过什么地方，曾经有过什么经历。一般旅游纪念品要标上产地名称，或用产地的人、地、事物特征作商标。

(1)旅游景点型：它是以文物古迹、自然风光为题材，为特定旅游景点开发制作的，古文物复制、仿制品等属于这类纪念品，如兵马俑复制仿制品、彩陶复制品等。此外，介绍风土人情、景点特色、历史沿革、名人诗文、土特产品的专著、游记等书刊、导游图、风光图片、明信片等也属于这一类型。

(2)事件依托型：它是一种专门为特定事件或活动(如运动会、风筝节)开发的旅游纪念品，如2008年北京奥运会期间推出的带有福娃标志的书包、玩具、T恤衫、纪念币等商品，向游客出售。

拓展知识

2010年上海世博会的纪念品——“世博护照”

世博护照最早起源于1967年蒙特利尔世博会，在早期兼具门票功能。自1967年加拿大蒙特利尔世博会第一次发行“世博护照”后，每届世博会上各国展馆的印章设计都各具特色，收集印戳也由此成为世博会上参观者最热衷的活动之一，很多场馆甚至出现排队盖章的现象。

“世博护照”是用于收集世博会各参展展馆纪念印章的指定载体，大小样式类似普通出国护照。按世博会惯例，每个国家馆内都备有象征各自国家的图章，参观者持世博护照每到一“国”，就可盖一个章，由此将单向参观游览变为双向互动体验。世博会结束后，该护照将成为独具特色的世博纪念品。

2010年3月亮相的上海世博护照，同历届世博护照一样，也特设了个人信息栏页，用以填写参观者的个人信息，粘贴照片，用以保存独特的个人世博记忆。持此“护照”的参观者在世博会开园后，可前往各国场馆盖章留念，享受“环游世界”的乐趣。

资料来源：百度百科.

(3)名优特产品：这类产品种类很多，可分为工艺品、土特产品、旅游食品等。工艺品是观赏性、陈设性较强、艺术价值较高的旅游商品，包括雕塑工艺品、织绣工艺品、金属工艺品、漆器工艺品等。

(4)名牌产品:在一国或世界上被消费者普遍认可的商品,它们已成为一个国家或一个城市非常有代表性的商品。如法国化妆品、日本电子产品、中国茶叶、韩国人参等。

2. 旅游日用消费品

旅游日用消费品是旅游者在旅游活动中所必备的生活日用品,主要满足旅游者在旅游活动中的日常需要,是旅游者外出的必需品。它包括穿着和日用品两大类,如各种旅游服装、鞋、器械、洗涤用品、化妆用品、娱乐用品等。它不同于一般日用品,要求实用品艺术化,有纪念意义,带有礼品性质。

3. 旅游专用品

旅游专用品,是指满足旅游者从事旅游活动专门需要效用的旅游商品,最显著的特点是具有专用性,如旅游专用鞋、服装、望远镜、照相器材、风雨衣、电筒、指南针、游泳用品、各种应急品,等等。

4. 其他商品

许多旅游目的地国或地区在出入口岸、码头、火车站内向国际游客供应旅游商品。如机场免税商店里出售来自世界各国,特别是工业发达国家的特色商品,包括美国和德国的高级轿车,法国的名酒、香水,意大利的皮革制品,澳大利亚的毛织品,南非的钻石,南美洲的咖啡,等等,这类商品具有明显的名牌优势和价格优势,受到旅游者的欢迎。随着免税业的发展,这类商品在旅游购物中的比重逐渐上升。

(三)旅游商品的特点

1. 特色

特色是旅游商品的生命,独特性和比较优势为旅游商品生存的根本。旅游商品的特色指的源于不同景点、不同区域、不同文化和不同习俗的工艺性、纪念性差异,即具有地域特征、传统和民族风格,它能够反映旅游者特定的旅游体验。随着旅游者的需求及人们生活方式的变化,艺术性与实用性的结合越来越成为旅游商品的一个重要特色与发展趋势。

2. 高品质

旅游商品一般具有回忆、纪念性意义,它有保存价值,或者作为礼物赠送给自己的亲朋好友。因此,旅游商品的质量要上乘,最忌讳粗制滥造。但要注意,质量上乘并不完全意味着原料稀缺、价格昂贵,而是与它的纪念意义相一致。

3. 便携性

旅游者不同于一般购买者,他们总在流动中,因此其商品应便于携带,在体积、重量、包装等方面能满足旅游者这一特殊要求。当然,对于一些特殊的商品,由于现代服务方式的改进,托运便捷,也可以有例外。

五、我国旅游购物发展的现状

经过近20多年的发展,我国旅游商品的产销已具备一定的产业规模,旅游商品的花色、品种、规格越来越丰富,不仅有传统产品,还涌现出许多具有民俗风情和地方特色的旅游商品。旅游商品的经销网络和场所也有了极大的改善,由单一的国营友谊商店发展到大型综合商场、免税店、定点旅游购物商店和集贸市场等。旅游购物服务质量不断提高,海外旅游者对购物服务质量的评价列旅游六大要素的第三位,近50%的旅游者对购物服务质量表示满意。但我国的旅游购物还存在许多问题,主要表现如下:

(一)旅游购物市场机制不完善

目前我国旅游购物市场缺少研、产、供、销的良好机制,发育不完善、不规范,导致产供销脱节,旅游商品生产、销售企业与客源市场脱节,往往旅游商品找不到市场,而游客又找不到旅游商品,旅游供需双方互不满意。旅游商品专业化、特色化、小批量的特点与市场化、低成本、大批量的需求存在一定的差距,客观上阻碍人们研发、生产旅游商品的积极性。我国旅游商品生产企业普遍规模小、融资能力差,难以及时掌握市场需求动态、及时调整生产,因此生产出来的产品往往不能适销对路。

(二)旅游购物吸引力下降

旅游购物作为旅游活动的重要内容,必须对旅游者有强大的吸引力,促使他们购买。但是,目前我国在旅游商品、旅游购物设施等方面均存在严重的问题,导致旅游购物吸引力的下降。我国长期以来重传统旅游商品而轻开发创新,结果市场上旅游商品种类少、单调而没有特色与新意,与现代旅游者的需求多层次、且不断更新的发展趋势不相符。同时,旅游商品雷同情况普遍,呈现出“全国大多相同,一地十年不变”的局面。

(三)旅游购物市场失序

缺乏规范的市场管理,旅游购物市场秩序混乱。在景点内或景点周围到处都可以看到旅游商品的销售摊点,布局比较散乱,不仅打乱了景点布局,而且对于旅游者来讲,到零星分布的购物品商店购物也会感到没有保障。同时,小商小贩过滥,随意兜售、以假乱真、强拉强卖、暴力宰客的现象也较严重。有些导游为了索取回扣随意增加购物次数等,这些都使旅游者产生抵触情绪,降低了购物欲望。

第六节 旅游景区

旅游景区是旅游中游览环节的主体,旅游消费活动的最终载体,是旅游业发展的基础。旅游景区在旅游的发展过程中占有重要地位,也是旅游业总体形象的代表。

一、旅游景区的概念

旅游景区是旅游目的地的吸引力因素。国家旅游局颁布的《旅游区(点)质量等级的划分与评定》中对旅游景区的界定:“旅游景区是以旅游及其活动为主要功能或主要功能之一的空间地域,具有参观游览、度假、康乐健身等功能,具备相应旅游服务的独立管理区。”该管理区应有统一的经营管理机构和明确的地域范围。包括风景区、文博院馆、寺庙观堂、旅游度假区、自然保护区、主题公园、森林公园、地质公园、游乐园、动物园、植物园及工业、农业、经贸、科教、军事、体育、文化艺术等各类旅游景区。

二、旅游景区的类型

旅游景区的类别很多,人们对旅游景区类型的划分方法也存在差异,一般来讲,旅游景区的类型可以划分为下列四种。

(一)自然类的旅游景区

以名山大川、江河湖海为代表,这样的自然类旅游景区,在我国占了比较大的比重,大体上可以占到旅游景区的3/5,这种类型也是现在旅游者旅游的一个热点,因为现在提倡生态旅游,回归大自然,这类景区就受到旅游者的追捧,这几年升温很快。

(二)人文类的旅游景区

以人类在长期的历史演进过程中留下的遗迹、遗址为代表,如北京的故宫、颐和园、八达岭等人文类的旅游景区。

(三)主题公园类的旅游景区

此类旅游景区是人类现代科学技术和劳动的结晶,以深圳华侨城集团下属的锦绣中华、民俗文化村、世界之窗、欢乐谷等为代表。

(四)社会类的旅游景区

传统的旅游景区首先要有一个围墙把它围起来,其次要有相应的传统资源,社会类的旅游景区基本上是一个综合性的,具有相应独特性的,超越了传统概念的旅游景区。其中比较典型的就是工业旅游、观光农业、采摘林业、观赏林业、休闲渔业,等等,如以北京大学为代表的高校旅游,海尔集团、青岛啤酒等工业集团为代表开发的工业旅游景区,是利用社会资源来开发旅游,而且形成了一定的规模。

三、我国旅游景区的管理

为了规范旅游景区的管理和服务,提高其基本素质,维护旅游者的合法权益,加强旅游资源保护，国家旅游局按照旅游业标准化工作规划，组织制定了《旅游区（点）质量等级的划分与评定》标准，作为国家标准经国家质量技术监督局正式批准发布，并于1999年10月1日起实施。根据这一标准，旅游区（点）划分为四级，从高到低依次为AAAA、AAA、AA、A级旅游区（点）。

国家旅游局继而于2003年10月制定了《旅游区（点）质量等级的划分与评定》（修订）（GB/T 17775—2003），代替《旅游区（点）质量等级的划分与评定》（GB/T 17775—1999），在划分等级中增加了AAAAA级旅游区（点），即旅游区（点）质量等级划分为五级，从高到低依次为AAAAA、AAAA、AAA、AA、A级旅游区（点）。旅游区（点）质量等级标志、标牌、证书由国家旅游行政主管部门统一规定并颁发。新标准中对新增的5A级旅游景区从细节方面、景区的文化性和特色性等方面提出了更高要求。

我国自2005年8月5日起实施《旅游区（点）质量等级评定管理办法》，该办法第四条规定：凡在中华人民共和国境内，正式开业从事旅游经营业务一年以上的旅游景区，均可申请参加质量等级评定。2007年8月17日，经过全国旅游景区质量等级评定委员会组织评定，有66家试点景区获得国家AAAAA级旅游景区称号。见表6－4。

表6－4　我国的AAAAA级景区

省（直辖市）	景　区
北京	故宫博物院、天坛公园、颐和园、八达岭长城
天津	天津古文化街旅游区（津门故里）、天津盘山风景名胜区
河北	秦皇岛市山海关景区、保定市安新白洋淀景区、承德避暑山庄及周围寺庙景区
山西	大同市云冈石窟景区、忻州市五台山风景名胜区
辽宁	沈阳市植物园、大连老虎滩海洋公园、海洋极地馆
吉林	长春市伪满皇宫博物院、长白山景区
黑龙江	哈尔滨市太阳岛公园
上海	上海东方明珠广播电视塔、上海野生动物园
江苏	南京市钟山风景名胜区—中山陵园风景区、中央电视台无锡影视基地三国水浒景区、苏州市拙政园、苏州市周庄古镇景区
浙江	杭州市西湖风景名胜区、温州市雁荡山风景名胜区、舟山市普陀山风景名胜区
安徽	黄山市黄山风景区、池州市九华山风景区

续表

省(直辖市)	景区
福建	厦门市鼓浪屿风景名胜区、南平市武夷山风景名胜区
江西	九江市庐山风景旅游区、吉安市井冈山风景旅游区
山东	烟台市蓬莱阁旅游区、济宁市曲阜明故城(三孔)旅游区、泰安市泰山景区
河南	登封市嵩山少林景区、洛阳市龙门石窟景区、焦作市云台山风景名胜区
湖南	衡阳市南岳衡山旅游区、张家界武陵源旅游区
湖北	武汉市黄鹤楼公园、宜昌市三峡大坝旅游区
广东	广州市长隆旅游度假区、深圳华侨城旅游度假区
广西	桂林市漓江景区、桂林市乐满地度假世界
海南	三亚市南山文化旅游区、三亚市南山大小洞天旅游区
重庆	重庆大足石刻景区、重庆巫山小三峡—小小三峡
四川	成都市青城山—都江堰旅游景区、乐山市峨眉山景区、阿坝藏族羌族自治州九寨沟旅游景区
贵州	安顺市黄果树大瀑布景区、安顺市龙宫景区
云南	昆明市石林风景区、丽江市玉龙雪山景区
陕西	西安市秦始皇兵马俑博物馆、西安市华清池景区、西安市黄帝陵景区
甘肃	嘉峪关市嘉峪关文物景区、平凉市崆峒山风景名胜区
宁夏	石嘴山市沙湖旅游景区、中卫市沙坡头旅游景区
新疆	乌鲁木齐市天山天池风景名胜区、吐鲁番市葡萄沟风景区、阿勒泰地区

(一)等级划分的依据

旅游景区等级划分的依据是《服务质量与环境质量评价细则》、《景观质量评价细则》的评价得分,并结合《游客意见评价细则》的得分综合进行。其中《服务质量与环境质量评价细则》包括旅游交通、游览、旅游安全、卫生、通信、旅游购物、综合管理、旅游资源与环境保护 8 个评价项目。《景观质量评价细则》包括资源要素与景观市场价值两大评价项目。每一评价项目继续分为若干评价子项目。对各子项目赋分值,各旅游区(点)按各评价项目及子项目的相应得分确定等级。《游客意见评价细则》是旅游区(点)质量等级评定的重要参考依据,包括总体印象、可进入性、游路设置、旅游安排、观景设施、路标提示、景物介绍牌、宣传资料、讲解服务、安全保障、环境卫生、旅游厕所、邮电服务、购物、餐饮、旅游秩序、景物保护等评价项目。第一评价项目为很满意、满意、一般、不满意四个档次,并依次计算游客满意率。

(二)五级旅游区(点)的审批权限

旅游区(点)质量等级评定按国家和地方两级进行。由国家旅游局负责全国旅游区(点)质量等级评定工作。国家旅游局设立旅游区(点)质量等级评定委员会,负责全国旅游区(点)评定的组织、领导工作。各省、自治区、直辖市旅游设立地方旅游区(点)质量等级评定机构,负责本地区旅游区(点)质量等级评定工作。

AAA级、AA级、A级旅游景区由全国旅游景区质量等级评定委员会委托各省级旅游景区质量等级评定委员会负责评定。省级旅游景区质量等级评定委员会可以向条件成熟的地市级旅游景区质量等级评定机构再行委托。

AAAA级旅游景区由省级旅游景区质量等级评定委员会推荐,全国旅游景区质量等级评定委员会组织评定。

AAAAA级旅游景区从AAAA级旅游景区中产生。被公告为AAAA级旅游景区一年以上的方可申报AAAAA级旅游景区。AAAAA级旅游景区由省级旅游景区质量等级评定委员会推荐,全国旅游景区质量等级评定委员会组织评定。

特别提示

创建AAAAA级旅游景区的标准

创建AAAAA级旅游景区必须达到十个方面标准:

1.旅游交通。交通设施完善,进出便捷;停车场布局合理,管理完善;景区内游览线路布局合理、顺畅。

2.游览。游客中心设施齐全,功能充分;各类标识设置合理,制作规范,特色突出;公众信息资料品种齐全,内容丰富;导游服务满足游客个性化需求;游客休息设施充足。

3.旅游安全。安全制度完善,工作全面落实;安全设施完全,完好;建立紧急救援机制。

4.卫生。环境整洁;旅游厕所布局合理,数量充足,标志醒目,建筑造型景观化;垃圾箱布局合理,分类收集;食品卫生。

5.邮电服务。提供邮政、公用电话、移动电话服务;通信方便,服务亲切。

6.旅游购物。购物场所布局合理,建筑协调;旅游购物环境整洁,管理规范;旅游商品种类丰富,特色突出。

7.经营管理。管理体制机制健全,贯彻有力;管理人员配备合理;企业形象良好;规划科学;投诉处理及时、妥善;业务培训全面、效果良好。

8. 环境和资源的保护。空气、噪声、水环境质量达标;景观保护有效;景区景观协调。

9. 旅游资源吸引力。具有世界级旅游资源;观赏游憩价值极高;旅游资源保护完好。

10. 市场吸引力。主题鲜明、特色突出、世界知名、美誉度极高;市场辐射力很强。

资料来源:http://www.njfzm.net/chinese/shownews.asp? id=192.

(三)旅游区(点)质量等级评定的范围和方法

凡在中华人民共和国境内,正式开业接待旅游者一年以上的旅游区(点),包括旅游景区的景点、主题公园、游乐园、度假区、自然保护区、风景名胜区、森林公园、动物园、植物园、文博院馆、美术馆等,均可以申请参加评定。由于旅游区(点)质量等级是旅游区(点)的景物质量、环境质量和服务质量的综合反映,因此,原则上只对具有独立管理和服务机构的旅游区(点)进行等级评定,对园中园、景中景等内部旅游地,不进行单独评定。

各级旅游景区的质量等级评定工作按照"创建、申请、评定、公告"的程序进行。参加创建质量等级的旅游景区要按照国家标准和评定细则的要求,制订创建计划,明确责任目标,落实各项创建措施。旅游景区在创建计划完成后,进行自检。自检结果达到相应等级标准和细则规定的旅游景区,填写《旅游景区质量等级评定报告书》,并向当地旅游景区质量等级评定机构提出评定申请。经当地旅游景区质量等级评定机构审核同意,向上一级旅游景区质量等级评定机构推荐参加相应质量等级的正式评定。现场评定工作由负责评定的旅游景区质量等级评定机构委派评定小组承担。评定小组采取现场检查、资料审核、抽样调查等方式进行现场评定工作。现场评定符合标准的旅游景区,由负责评定的旅游景区质量等级评定机构批准其质量等级,并向社会公告。

四、我国旅游景区的发展现状

旅游景区因提供了可供游客观光、娱乐、健身、休闲的旅游产品,成为旅游市场产生吸引力的核心内容。从一定角度来说,旅游景区的发展状况是决定旅游业能否真正保持不断发展的关键环节。

(一)我国旅游景区发展的成绩

截至2007年底,我国共有景区2 492个,其中:A级景区130个,AA级景区927个,AAA级景区511个,AAAA级景区858个,AAAAA级景区66个。此外,我国还有国家重点风景名胜区 187 个,国家自然保护区 2 395 个,国家森林公园 627 个(我国共建立各类森林公园 1 928 处,其中国家级森林公园 627 处),国家地质公园 138 个,工农业旅游示范点 500 多家,列入《世界遗产名录》的文化遗产 35 个。我国旅游景区在步入产业化道路的 20 余年间,发生了翻天覆地的变化。其成果可从四个方面来概括:

1. 产业的核心地位更加巩固

旅游景区在旅游产业"吃、住、行、游、购、娱"六大要素中处于核心地位。旅游景区是旅游吸引力的根本来源,是旅游活动的直接动因和旅游消费的吸引力中心。当人们选择旅游目的地,安排旅游行程时,首先考虑的是旅游景区吸引力程度,其次才考虑交通及其他配套设施的完善程度。旅游景区这种核心地位在旅游经济发展的实践中得到日趋广泛的认可和重视。20 世纪 80 年代初,当时我国旅游产业刚刚起步,各种旅游接待设施都相对比较缺乏,于是,人们对交通、饭店等旅游接待设施的建设倾注了更多的关注和投入。当旅游接待设施得到很大改善后,旅游景区的核心地位逐渐提升,对其他资源配置的牵动作用也日渐明显。

2. 旅游景区总量规模不断扩大

在旅游产业发展过程中,作为旅游吸引力根本来源和旅游消费原动力的旅游景区,其开发建设成为各级政府大力支持的工作重点。为了加快旅游资源开发,加强旅游景区建设,国家设立了"旅游资源开发与保护基金",对景区开发进行大力支持,并积极利用国家长期国债资金,对景区建设进行重点支持。可以预见,各地在大力进行旅游资源开发之际,一大批新兴旅游景区正以崭新的面貌出现在我们面前,而这些新兴旅游景区势必会对传统景区构成竞争的威胁。

3. 景区类型日益多样化

随着旅游方式的多样化、旅游质量的提高,旅游景区的种类也日益丰富。适宜观光游的旅游景区包括风景区、文博院馆、寺庙观堂、自然保护区、森林公园、地质公园、动物园、植物园等继续增多,而适宜休闲度假游的度假村、游乐园、娱乐城等也竞相落成。而为了满足不同层次、不同需求、依托相关行业资源的旅游景区,如工、农、商、科、教、军、体、文、艺等各类型旅游景区(点)也如雨后春笋蓬勃发展。这种趋势极大地延伸了旅游产业链,拓展了旅游产业的雄厚基础,更有效地发挥了旅游业对相关产业的带动作用。

4. 旅游景区质量不断提升

随着旅游者的消费观念越来越成熟,他们对旅游景区的选择需求也越来越高,客观上要求景区的产品质量不断提升和进步。在发展过程中已经产生一批旅游精品,这批精品在市场上形成了品牌形象。主题公园类旅游区的典型是深圳华侨城的四个主题旅游区;文物类旅游区的代表是北京、西安;自然类旅游区的突出体现是黄山、峨眉山等。这批品牌企业在发展过程中,在质量提升方面起了良好的带动作用。

5. 旅游景区的市场适应性不断增强

我国旅游景区的体制现状比较复杂,涉及各类各级主管部门。大多数景区体制仍是事业单位,他们承担着多种功能,如保护、科研等,旅游休闲功能只不过是其中的一种。

首先,旅游景区加强了营销的适应性。旅游景区总量的增加使得竞争不断加剧,使旅游景区不再是“皇帝的女儿不愁嫁”,“酒香也要勤吃喝”。在市场化的冲击下,旅游景区营销的概念开始形成。许多单位都建立了自己的网站,而且信息在不断更新。大牌景点如黄山、九寨沟等也是频频出击,宣传促销的举措不断。

其次,旅游景区通过产业组织结构不断优化以适应市场的变化。产业组织结构的优化主要体现在两种方式,其一是综合性集团的组建。一个大型的旅游景区可以进行产业多元化,成立自己的旅行社、车队、饭店等,形成顺畅的产业链条,使现有资源在更高层面上得以充分整合。其二是旅游景区同相关企业之间的联合与结盟,与旅行社、旅游酒店、旅游交通等旅游产业供应链下游旅游企业,与其他周边旅游景区,甚至同其他产业合作与联盟,使资源、产品和市场直接连在一起,整合多方资源,提高景区的核心竞争力。

(二)我国旅游景区发展存在的问题

1. 管理体制不顺,隶属混乱、政企不分

目前,我国对旅游景区的管理,涉及的部门较多,管理体制多种多样。这些景区(点)从隶属关系上涉及建设、林业、环保、地质、文物、宗教、科技、教育、农业、水利、体育等多个部门。比如,“风景名胜区”归口建设部门,“国家森林公园”归口林业部门,等等。由于政出多门,体制混乱,在同一景区内,往往建设、文物、林业、水利等多个部门均可插手管理,真正的产权主体缺位,不同部门的管理理念和方向各异,直接导致旅游景区发展出现无序状态。

目前,绝大部分属事业单位编制,为了加强管理,逐步形成了设立政府行政部门管理的方式,结果是以政代企。政企不分,势必不利于产业组织结构的提升和优化,更不利于旅游景区的可持续发展。

2. 运营机制陈旧,经营管理理念落后

目前,许多旅游景区从机构设置、服务方式、分配制度等方面仍带有计划经济模式的浓重印迹,僵化而陈旧。比如景区经营权转让问题,在全国 31 个省、市、自治区中,目前只有 20 个省份 300 家景区大胆实施了所有权和经营权的分离,打破所有制的界限,将经营权转让给有能力经营好的企业或个人。总体而言,我国旅游景区运营机制陈旧,市场化程度不高,将难以适应新的市场发展的需要。

3. 景区管理法律法规不健全

目前,现行管理体系主要以国务院条例(政令)、国家旅游局令和行业标准及一些相关的行政法规为主,中国旅游业的"旅游法"和专门的"旅游风景区法"等正式法律文件还处于缺位状态,而有关民法、商法由于实施机制方面的原因也还存在不配套,针对性弱,执行力度小等方面的问题。不能对景区内违规事件实行强有力的执法,不能对影响和破坏景区形象的建设项目依法整改或拆除,也不能依法根治环境污染。

4. 产品品种单一,盲目重复建设时有发生

在旅游产业成长期,市场发育不完备。各地多依托当地的自然和人文资源来打造观光型产品,当特别是周边、相邻区域由于先天条件趋同,往往旅游开发项目也相近,盲目重复建设现象屡有发生。从产品总量上看,休闲度假型、特种旅游型、专项旅游型产品所占比例小,旅游景区品种单一。

5. 景区人才缺乏,管理水平欠佳

目前,旅游景区对在职人员的培训工作普遍不够,比起饭店业、餐饮业、娱乐业都有相当差距。在旅游景区的开发建设中,尤其是依托当地自然景观开发的景区,不仅一般工作人员,就是高层管理人员也多半是"就地取材"。由于种种原因,很少从外地、更很少从国外引进高水准的人才。由于缺少行业上的顶级专家,加上自身眼界不开阔,势必影响旅游景区整体水平的提升。

除了以上问题之外,我国的旅游景区还存在着景区营销不力,缺乏品牌意识,景区建设中开发和保护关系的处理不当等问题,都有待解决。

案例分享

韩国直航六日游行程

2011 年河南康辉国际旅行社推出的最新旅游线路,郑州——韩国直航六日游。行程安排如下:

第一天,从郑州乘飞机赴韩国仁川机场,抵达后转乘国内航班赴济州岛,入住酒店休息。

第二天,早餐后乘船前往济州岛的离岛—"牛岛",该岛位于济州东端,是一个岛中岛,这里鱼类资源丰富,自然环境优美,可以看到海女、石墙路等济州特有传统文化,特别安排骑自行车环岛游。后游览城邑民俗村、了解济州的民族风情,午餐后前往天地渊瀑布,火山喷发而成的将军石,继而前往神秘之路——怪坡,体验汽车倒行的奥秘。

第三天,乘国内航班返回首尔,前往韩国故宫——景福宫、国立民俗博物馆、韩国总统官邸——青瓦台总统府,参观土特产高丽参专卖店及韩国国宝级加工厂——紫水晶加工厂，电器店。之后前往清溪川广场，此处耗资3900亿韩元的净水工程，将原有的污流变成生态溪流，清水溪流供人休息，后前往韩国代表性的购物街东大门市场自由购物。

第四天，前往湖光山色美轮美奂的岛屿——南怡岛，参观韩剧“蓝色生死恋”、“冬季恋歌”的拍摄场景，这里还有松树、水杉、栗子树等树林，受到恋人们的钟爱，之后游览MBC大长今主题公园。可自费参观韩国最大的室内游乐园乐天世界。

第五天，早餐后，可自费前往韩国与朝鲜的军事分界线“三八线”，参观统一展望台，第三隧道+展望台+临津阁，临津阁是韩国公民可进入的最北端，登上统一展望台可远眺朝鲜，祈求韩国与朝鲜的离散家庭早日团聚。午餐后参观泡菜学校，亲手体验韩国国粹——泡菜的全部制作过程，深刻体会韩国传统文化，这是每个韩国少女结婚前都要学习的课程，并赠送穿韩服拍照，之后前往化妆品店，晚餐后前往华克山庄，可自费欣赏华克山庄表演，也可在赌场一试你的运气，后入住酒店。

第六天，早餐后，经韩国土产店自由购物，后前往仁川国际机场乘飞返回郑州。

分析：

旅游活动包括食、住、行、游、购、娱六大要素，旅游业是综合性产业。旅游业的依托性非常强，一方面它的发展依托交通、餐饮、住宿、娱乐等多个相关行业的协调发展，另一方面旅游业的发展又会带动这些部门的发展。旅行社在旅游业中起着重要的作用，它将旅游的各个要素交通、住宿、餐饮、游览、购物、娱乐等项目有效地组合起来，编排成一条完整的、有特色的旅游线路，出售给旅游者，同时它还负责旅游活动的组织与协调，使旅游者能够无后顾之忧地旅游。这也是团体包价旅游的优势所在。

思考与练习

一、填空题

1. 旅游业的三大支柱产业是________、________和________。

2. 欧美国家的旅行社，按经营业务范围不同，一般可分为________、________和________。

3. 通常根据接待设施及其提供服务的覆盖面，将饭店分为________、________和________。

4. 旅游交通具有舒适性、________、________和________。

5. 根据旅游者的需求，旅游商品可以分为________、旅游日用消费品、________、________。

二、选择题

1. 在我国涉外饭店星级评定工作中,三星级饭店的评定是由(　　)

A. 各省、自治区和直辖市旅游局评定

B. 国家旅游局星级评定机构评定

C. 计划单列市、副省级城市旅游局和地(市)级优秀旅游城市旅游局

D. 由省市旅游局初评后,报国家旅游局确定

2. 观光农业属于(　　)

A. 自然类旅游景区　　B. 人文类旅游景区

C. 社会类旅游景区　　D. 主题公园类旅游景区

3. “世博护照”属于(　　)的旅游商品。

A. 旅游景点型　　B. 事件依托型　　C. 旅游专用品　　D. 名牌产品

4. 早在商代就已经出现,古代中国最早的住宿设施是(　　)

A. 馆　　B. 驿站　　C. 亭　　D. 邮

5. 据接待设施及其提供服务的覆盖面,可将饭店分为(　　)。

A. 无限服务型饭店　　B. 商务型饭店

C. 有限服务型饭店　　D. 辅助性接待设施

三、判断题

1. 旅游业是劳动密集型的行业。(　　)

2. 在欧美地区,只从事旅游零售业务的是旅游经营商。(　　)

3. 我国《旅行社条例》规定,外商投资旅行社不得经营任何出境旅游业务。(　　)

4. 散客包价旅游是指 10 人以下(包括 10 人)的包价旅游项目。(　　)

5. 在全包价旅游基础上扣除午餐和晚餐费用的一种包价形式是小包价旅游。(　　)

6. 我国饭店采用的是五星级制,最高级别是白金五星级。(　　)

四、问答题

1. 旅游社产品包括哪些类型?

2. 旅游饭店分为哪些类型? 我国旅游饭店的发展趋势是什么?

3. 比较各旅游交通方式的优缺点。

4. 简述旅游购物的地位和作用。

5. 我国旅游景区是如何进行管理的?

五、实训项目

根据本章所学知识,对当地的旅游饭店搞调查,并进行分类,了解这些饭店的客源构成。

第七章 旅游市场

引 言

旅游业是以旅游市场为对象,为旅游活动创造便利条件并提供旅游活动所需商品和服务的综合性产业。旅游市场既是旅游企业营销活动的主体和开发对象,也构成各种营销活动的运作平台。因此,研究旅游市场的特点、旅游市场的细分,掌握我国旅游市场概况等,对于有效地进行旅游产品开发及市场营销活动具有重要意义。

学习目标

- 掌握旅游市场的概念、特点,掌握旅游市场细分的概念和标准;
- 了解全球旅游市场和我国旅游市场概况;
- 理解旅游市场营销的含义、特点及新理念;
- 理解旅游产品的特征、分类,了解旅游产品开发与设计的相关知识。

第一节 旅游市场概述

一、旅游市场的概念

(一)市场的概念

市场是生产力发展到一定阶段的产物,属商品经济的范畴,也可以说哪里有商品生产和商品交换,哪里就有市场。市场随着商品经济的发展而发展,因此市场的概念在不同时期就有不同的内容。其概念很多,概括起来主要有以下几种表述:

(1)市场是买卖双方进行交换的场所。

(2)市场是在一定时间、地点条件下商品交换关系的总和。

(3)市场由一切有特定的欲望和需求且愿意和能够以交换来满足此欲望和需

求的潜在顾客所组成。(菲利普·科特勒)

(4)市场指某一特定产品的经常购买者或潜在购买者。

上述定义中,第一种定义突出了“场所”的概念;第二种定义突出了“交换”的概念;第三种和第四种定义突出了“顾客”的概念。几个市场概念的差异在于:经济学家视野中的“市场”概念包含买卖双方——市场是由买卖双方构成的;营销学家则是站在企业的角度(卖方市场)看待市场——市场就是买方,而卖方构成行业。

(二)旅游市场的概念

旅游市场是整个商品市场的一个组成部分,它是随着旅游活动的发展而形成和发展起来的。旅游市场是在商品生产和商品交换充分发展的基础上,实现旅游产品需求者与旅游产品供给者之间经济联系的重要场所。

旅游市场有广义与狭义之分。广义的旅游市场是指旅游交换过程中各种经济活动和经济关系的总和。它反映出旅游者和旅游经营者之间的一切供求关系。狭义的旅游市场是指旅游产品交换的场所。从市场学角度来看,旅游市场指在特定的时间、地点与条件下具有购买欲望与支付能力的旅游者群体,即某种旅游产品的现实购买者和潜在购买者。这种意义上的旅游市场即旅游需求市场,通常称为旅游客源市场。

在旅游业中,人们通常狭义理解旅游市场为买方市场,仅把服务对象作为市场来进行研究,即旅游客源市场,它是由不同地域、不同国度、不同阶层、不同年龄层次的游客构成的。

二、旅游市场的特点

旅游市场不同于一般的市场,它具有自身的特点。

(一)全球性

旅游市场的全球性是针对国际旅游而言的。随着科技的发展,旅游者选择旅游目的地受时空限制的越来越少。在国际政治条件许可的情况下,旅游者的活动不受地区和国界的束缚,旅游接待对象表现出明显的无民族、无国别之分。

(二)整体性

人们外出旅游,通过旅行、食宿、游览、购物、消遣、娱乐等各方面的活动获得物质和精神上的享受,要求提供综合性服务,其内容和质量是统一的,是一种整体性的需求。

(三)指向性

旅游市场指向与一般商品市场的指向情况相反,一般商品市场的供给是专对需求而言的,有什么样的商品需求就会吸引来什么样的商品供给,从而引起商品从产地向需求地的运动。旅游市场的这一特点要求旅游经营者必须认真研究和采取有效的经营战略与策略，形成适应市场需求的旅游供给，促使旅游者向特定的旅游供给地（旅游目的地）流动。

（四）波动性

旅游市场受自然条件、旅游者闲暇时间及人们外出旅游的传统习惯的影响，季节性十分明显，有淡旺季之分。这就影响到旅游供求之间的比例，造成旺季供不应求，淡季设施和人员闲置现象。因此，旅游经营者应努力掌握旅游供求的规律，保持旅游供求的相对稳定性。

拓展知识

群雄并起争相做旺“淡季”

我国每年11月至次年4月，由于气候寒冷干燥，往往被视为旅游业的淡季。但是，近年来，东北三省、新疆等地的冰雪旅游，海南、云南等地的避寒休闲游，都成为利用当地的气候环境资源打响的冬季旅游品牌，并受到欢迎。比如新疆喀纳斯是一个冬季长达半年之久的风景名胜地，冬季旅游资源非常丰富。

依靠当地的冰雪资源、自然美景和人文景观，喀纳斯举办从元旦到春节长达一个多月的“冰雪风情摄影节”来吸引游客。再比如在西北高寒之地的青海，在2007年10月份进入旅游淡季时，青海湖旅游发展公司大力开展青海湖旅游品牌推介宣传活动，10月至12月共接待冬季游客达21万人次，较2006年同期增长了近1万人次，门票及其他营业收入达107万元。而在这些冬季旅游的后起之秀里，身为旅游大省的四川是做得比较成功的一例。

四川峨眉山从1998年冬天开始，率先推出以冰雪为主题的10个冬游项目，逐渐形成阳光、冰雪、温泉三种冬游元素集合成熟冬旅产品。通过产品的不断开发，服务的不断提升，峨眉山开发冬游以来，每年11月至次年3月，游山人数从当初不足10万人次到突破50万人次，成功完成淡季不淡的转型。

资料来源：王琦. 新编旅游概论. 北京：清华大学出版社，2009.

第二节 旅游市场的细分

任何一种旅游产品的供给者都无法满足整个旅游市场的需求，因此有必要对旅游市场进行细分。

一、旅游市场细分的概念和意义

（一）旅游市场细分的概念

旅游市场细分是从旅游消费者的需求差异出发，将整个的旅游市场划分为不同的消费群体，从而作为旅游业发展的目标市场的过程。

拓展知识

旅游市场偏好模式

根据旅游整体市场旅游者对产品各种属性的需求反应，可以得出以下三种基本偏好模式。

同质偏好型：所有旅游者对服务质量和价格水平的偏好都是一致居中的，即在此旅游市场中不存在市场细分的客观基础。

分散偏好型：每一位旅游者对服务质量和价格水平的偏好各异，在理论上将每一位旅游者都作为一个细分市场，但在实践中分别针对每一位旅游者制定旅游产品及营销组合往往不现实，所以这类旅游市场一般不存在市场细分。

集群偏好型：各旅游群体对服务质量和价格水平的偏好具有显著差别，而在每个群体内部其成员的偏好又是大致相同，因而此旅游市场可明显地划分为若干细分市场。

资料来源：任昕竺. 旅游市场营销与管理. 北京：人民邮电出版社，2006.

（二）旅游市场细分的意义

随着旅游市场竞争的日益激烈，新的旅游企业不断涌现，旅游市场细分，为满足旅游者差异性的旅游需求提供可能。旅游市场细分既有利于选定目标市场。旅游企业在旅游市场细分中，根据对各细分市场的需要特点和自身实力，有效地选定适合自己经营和目标市场。旅游市场细分又有利于制定竞争策略。通过旅游市场细分，旅游企业根据自身的条件扬长避短，根据竞争者的情况避强就弱，根据市场能力就大舍小，选定某细分市场作为目标，集中人、财、物等资源条件加以开发，提高旅游企业的竞争力。

二、旅游市场细分的标准

旅游市场细分，从本质上看是把旅游者需求按照特定标准加以分类的过程。差异性是旅游市场细分的前提，引起差异性的原因十分复杂，通常根据地理环境、人口特征、心理因素和行为因素进行细分。

（一）按地理环境细分

按地理环境细分，是指按照旅游者的地理位置和自然环境的差异细分旅游市场。世界旅游组织根据世界各国旅游发展的情况和世界旅游客源的集中程度，将世界旅游市场划分为六大旅游区：东亚及太平洋旅游区、南亚旅游区、中东旅游区、非洲旅游区、欧洲旅游区、美洲旅游区。这六大旅游细分市场的基本情况如表7－1所示。

表7－1　六大旅游区市场基本特征

旅游区	旅游市场基本状况
东亚及太平洋旅游区	1. 地跨南北半球，沿经线延伸的旅游市场 2. 在地理环境、人文景观等方面的内部差异较大 3. 是当今世界上旅游业发展速度最快的旅游市场 4. 将成为未来崛起的世界著名海滨胜地
南亚旅游区	1. 包括部分喜马拉雅山脉、中部印度河、恒河平原、南部德干高原 2. 典型的热带气候与热带季风林景观 3. 属印度文化区，人口稠密，宗教以婆罗门教和佛教为主 4. 以旅游输入国居多，国际旅游市场开发较晚，是新兴的旅游市场 5. 旅游市场资源丰富、市场潜力大 6. 在国际旅游市场上占有率低，正处于成长期
中东旅游区	1. 联系三大洲和沟通两大洋的世界海陆空交通要冲，地理位置重要 2. 以高原地形为主，气候炎热、干燥，属于荒漠、半荒漠景观 3. 属伊斯兰文化区，民族构成复杂
非洲旅游区	1. 地形是以高原为主的热带干燥大陆，自然景观以赤道为中轴南北对称地分布 2. 属非洲文化区，居民的种族构成复杂 3. 语言复杂，宗教也呈多样化 4. 旅游资源大部分处于原始待开发状态
欧洲旅游区	1. 从白令海滨向西一直延伸到大西洋沿岸 2. 纬度位置高，自然景观丰富多彩，拥有发达的海滨旅游地 3. 属西方文化区，宗教以天主教和基督教为主，人文旅游资源非常丰富 4. 欧洲旅游者在本洲内旅游以个体旅游和家庭旅游为主
美洲旅游区	1. 从北冰洋沿岸向南一直延伸到德雷克海峡，跨南北两半球 2. 气候类型齐全，自然景观多样，拥有新兴的海滨旅游地 3. 属西方文化区，民族构成复杂，宗教以天主教和基督教为主 4. 世界上发达的旅游客源输出地区和旅游接待地区

资料来源：马勇，毕斗斗. 旅游市场营销. 汕头：汕头大学出版社，2003.

(二)按人口特征细分

该方法是市场细分中最流行的方法,它既直接又十分有效。其分析变量非常明确,主要包括年龄、家庭结构、性别、受教育程度、职业和收入等因素,旅游者的需求与爱好往往同这些因素有十分密切的关系。

1. 年龄

不同年龄段的人对旅游内容、旅游价格、旅游时间和旅游方式等有明显的不同需求。根据游客的年龄结构将旅游市场细分为以下四种:

(1)老年旅游市场:随着人类平均年龄的增长,老年旅游市场日益扩大,并越来越受到旅游经营者的关注。老年旅游者一般都有一定储蓄,闲暇时间也较多,旅游活动相对频繁。他们的旅游目的主要是游览风景名胜,瞻仰历史古迹,品尝特色风味,重视食宿条件和交通条件,旅游停留时间长,且文化意识和健康意识较强。因此,优质高价政策比较容易被这个市场所接受。

(2)中年旅游市场:中年旅游市场是旅游市场的主力。这一年龄段的旅游者人数最多,购买力最强。中年旅游市场又以会议、商务旅游者居多,他们注重食宿与娱乐条件,看重与自己身份、年龄相符的游览项目,消费水平较高,在外停留时间长,是最有经济效益的旅游市场。

(3)青年旅游市场:青年旅游者喜欢选择刺激性、探险性的旅游项目。可以将其进一步细分为已婚青年旅游市场、新婚蜜月旅游市场、单身青年旅游市场等。这个市场的潜力很大,但整体消费水平不高,经济效益较差。

(4)儿童旅游市场:儿童旅游一般由学校组织或家长带领,一般选择教育性强、娱乐性强、安全性强的旅游活动项目。他们注重食宿的卫生与安全,对美食、旅游纪念品也有浓厚的兴趣。

特别提示

小孩子的旅游活动可以决定一个家庭的旅游决策,所以市场潜力也很大。如,“合家欢”家庭旅游项目的成功开发。

H饭店是位于某海滨度假区的别墅式饭店,开业后,面临各家饭店对商务团、旅行团等的激烈竞争,H饭店决定采取“合家欢”营销形式,面对家族旅游市场进行营销。饭店为了开发市场,通过各种途径从记录在案的客户中寻找潜在的家庭旅游者,为他们作下一年的预订;饭店推出家庭价并免费为不同年龄的儿童提供体育活动、游戏、艺术雕刻、短途户外活动等,同时为13~17岁的少年免费提供冲浪、航行、高尔夫球、潜水、网球等培训课程;此外,还组织主题比赛、填字游戏和与快餐店共同搞活动来吸引儿童;饭店给下一季度的早期预订或淡季预订的携带孩子的家庭予以大幅度优惠。通过上述活动,使该饭店在当地激烈的市场竞争中达到了年均75%以上的出租率,比其他同行高出10多个百分点。

资料来源:李任芷.旅游饭店经营管理服务案例.北京:中华工商联合出版社,2000.

2.家庭结构及家庭生命周期

家庭是社会的细胞,也是旅游消费的基本单位。一般来说,没有小孩的家庭进行旅游活动的可能性更大,旅游费用也较高,有子女的家庭在选择旅游目的地、活动内容和旅游时间上多考虑子女的条件。旅游企业可以根据各种家庭对旅游的不同需求来细分市场。例如,在海南岛等地开辟海滩度假旅游以吸引青年夫妇旅游者;游乐场所常设法吸引有子女的家庭等。

家庭生命周期对旅游市场的需求也会产生一定的影响,可以分为以下六个阶段:第一阶段是单身青年,他们没有家庭负担,有好玩的倾向,也有空闲时间,他们喜好运动、旅游,但经济条件不甚富裕;第二阶段是没有小孩的年轻夫妇,他们新婚不久,有较高的购买力,有空闲时间外出旅游,一般进行度假旅游,是一个很有潜力的旅游市场;第三阶段是有小孩的年轻夫妇,他们的孩子小,家庭有负担,很少空闲时间,难以外出旅游;第四阶段是成年夫妇,他们有七八岁的小孩,如果家庭收入好,则常以小包价的方式旅游;第五阶段是中年夫妇,他们的小孩已长大自立,家庭收入状况尚好,往往选择观光旅游、游船旅游的方式;第六阶段是老年夫妇,他们有相当的储蓄,对健康型旅游产品很感兴趣。

3.性别

不同性别的旅游者对旅游产品的需求有一定的差异。男性游客独立性较强,更倾向于知识性、运动性、刺激性较强的旅游活动,公务旅游较多,喜欢康乐消费等;而女性游客更注重旅游目的地的选择,喜欢结伴出游,观光旅游、购物旅游的较多。

4.受教育程度、职业和收入

由于旅游是具有审美性质的高层次消费活动,因此,消费者受教育程度与职业特征直接影响到旅游需求的程度、层次、类型与内容。一般情况下,消费者受教育程度越高,旅游需求层次越高,品位也越高。职业特征对旅游需求的时机、类型影响较大,教师、学生一般只能利用寒暑假旅游,而管理人员、技术人员和商务人员多为公务旅游和商务旅游。

收入、职业与受教育程度往往是相互关联的;尤其是在发达国家。管理人员大多受过高等教育,收入也较高,喜欢旅游,且具有较多公务旅游的机会,其旅游开支较大,要求也较高。综合收入、职业与受教育程度三方面因素,往往形成社会地位的差异,产生社会阶层的概念。社会阶层的划分,多以收入为基础,职业为代表,受教育程度作参考。每一阶层的成员具有相似的价值观、兴趣爱好和行为方式，因此，他们在旅游产品需求上有很多相似之处。

（三）按心理因素细分

按心理因素进行细分，主要是指按旅游者的生活方式、个性特征等方面进行细分。由于人们生活方式的不同必然带来需求的差异，把生活方式相同的旅游者作为一个市场群体，有计划地为其提供符合该市场需求的产品和服务，这对于有针对性地满足顾客需要、扩大企业的市场占有率非常重要。如向“经济型细分市场”的旅游者提供经济实惠的旅游产品会更受欢迎；向对追求时髦的旅游者提供新产品时会有较大的感召力；向追求体现自我价值的旅游者提供体现其成就和价值的旅游产品会使他们更易接受。

个性不同的旅游者需求差异也较明显。例如，个性孤僻的内向型旅游者不太喜欢探险旅游，更偏爱熟悉的旅游景点；活泼的外向型旅游者更喜欢热闹、参与性强的旅游项目。根据个性细分旅游市场，旅游企业可提供个性化的产品和服务。

（四）按行为因素细分

按行为因素细分，主要是按旅游者的旅游目的、旅游时间和方式、旅游次数和频率等行为来细分市场。

1. 按旅游目的细分，主要可分为以下几类细分市场

观光旅游市场。主要以观光、游览为目的，到本国或异国观赏自然风光、奇峰异景、名胜古迹，了解各地风俗习惯、民族风情，以陶冶性情和增长知识。观光旅游市场是传统的旅游市场。

会议、商务旅游市场。会议旅游是国际旅游市场中一种新兴的旅游活动方式。这种旅游市场的特点是游客身份地位较高、购买力强、停留时间长、旅游收益大。其目的是为参加学术交流或某些业务往来，他们对住宿、饮食条件要求高。商务旅游市场游客需要豪华的住宿条件和优质的服务，消费水平也高。会议、商务旅游者往往在工作之余会参与观光旅游活动。

度假旅游市场。度假旅游是当今旅游市场中的主流旅游活动方式。其主要目的是休养生息。旅游者喜欢到海滨、山林等地享受清新空气与幽静环境。度假旅游者的最大需求是健康与娱乐。这一市场的旅游者停留时间长且重复旅游者所占比例较大。

奖励旅游市场。奖励性旅游者的旅游费用开支多是大公司、企业、协会对员工的奖励资助，它为社会收入较低的阶层提供旅游机会，故发展潜力很大。加强奖励旅游市场的开发尤其在旅游淡季更具有意义。

探亲访友旅游市场。这一市场旅游者的目的是探亲访友或寻根问祖，只是为了旧地重游、探访亲友、追根求源、寻求文化渊源。探亲访友旅游者并不在意住宿条件和美味佳肴，一般停留时间较长，对价格较敏感。

体育旅游市场。这一市场旅游者的目的是希望通过旅游增强自己的身体素质。无论是传统的还是现代的体育旅游都在吸引大量的旅游者。体育旅游的形式多样，可以根据旅游地的自然条件和气候条件开展以强身健体、锻炼意志为主要目的的各种活动，如登山旅游、森林旅游、水上运动、驱车运动、骑马旅游、举办各种运动会等。

拓展知识

“修学+旅游”的组合打动父母和孩子的心

“修学旅游”是国际上比较流行的一种旅游形式，主要是组织青少年学生利用假期进行旅游、观光和特定知识的学习，是学生接触世界、增长见识、加强人际交往的途径，中国国际旅行总社每年都要接待数十万这样的外国学生。以往简单的夏令营模式已不能满足学生和家长的期望，所以修学旅游一经推出，尽管其价格不菲，还是受到了许多父母和孩子的欢迎。某旅行社推出的“澳大利亚19日修学游”吸引了许多父母和孩子的注意力，见表7-2。

表7-2　某旅行社澳洲19日修学游行程

天数	活动安排	天数	活动安排
第1天	由北京首都机场出发，前往澳大利亚	第11天	全天到Darrigo热带雨林去爬山
第2天	到华纳影城，参观电影片厂及电影特殊效果制作	第12天	上午上课，下午运动课
第3天	浏览黄金海岸的主题公园——海洋世界	第13天	上午上课，下午到图书馆阅读
第4天	入住寄宿家庭	第14天	上午上课，下午进行体育活动
第5天	到学校分班上课	第15天	举行毕业典礼，发证书，合影留念
第6天	上午上课，下午进行体育活动	第16天	浏览美丽的斯芬港
第7天	上午上课，下午到动物园观看各种有趣的动物	第17天	前往悉尼，浏览海港大桥
第8天	上午上课，下午和寄宿家庭到海滩游戏	第18天	参观悉尼歌剧院，乘豪华游船，畅游悉尼港
第9天	与寄宿家庭成员共度周末	第19天	返回北京
第10天	上午上课，下午到马场骑马		

资料来源：沈小君，吴繁. 旅游业务操作师. 北京：中国劳动社会保障出版社，2009.

2. 按旅游时间和方式细分

按旅游时间和方式细分，是根据旅游者出游的时间、购买旅游产品的渠道及旅游方式来划分旅游市场。由于旅游活动的时间性、季节性非常突出，按购买时间可以划分为旺季、淡季及平季的旅游市场，还可以分为寒暑假市场以及节假日市场。

旅游方式，是指旅游者购买旅游产品过程的组织形式和所通过的渠道形式，依此可分为团体旅游市场和散客旅游市场。

3. 按旅游次数和频率细分

按旅游次数和频率细分，是指按旅游者购买旅游产品的数量和频率特征来细分，可以分为较少旅游者、多次旅游者和经常旅游者。这种市场细分有利于深入描述探析不同购买者数量特征的旅游群体在人口属性与心理特征、媒介习惯方面差异的深层原因。通过关注特定服务产品的使用频率，旅游企业可以增进与经常使用者的关系或是通过多样化策略使小量使用者变成大量使用者。例如，航空公司除了向经常旅行的商务人士提供基本的旅行服务外还提供各种减免政策，就是应用了这种方法，这一变量因素也反映出旅游者对某一旅游产品的忠诚度。

第三节　世界旅游市场概况

一、世界旅游业发展概况

第二次世界大战以来，全世界的旅游客流总量逐年增长，呈现持续上升的趋势。其中，国际旅游客流总量的发展除了个别年份以外，也呈现上升的趋势。2008年，国际游客人数达92 400万，同比增长1.76%。受世界经济极度不稳定的影响（经济危机、商品和石油价格的上涨、汇率的波动），全年的旅游需求量明显下降。尤其是2008年下半年，趋势上显示出巨大转变，国际旅游接待人次数持平或是负增长。总的来说，上半年增长的5%屈服于下半年下降的1%，使全年仅呈现出2%的增长。

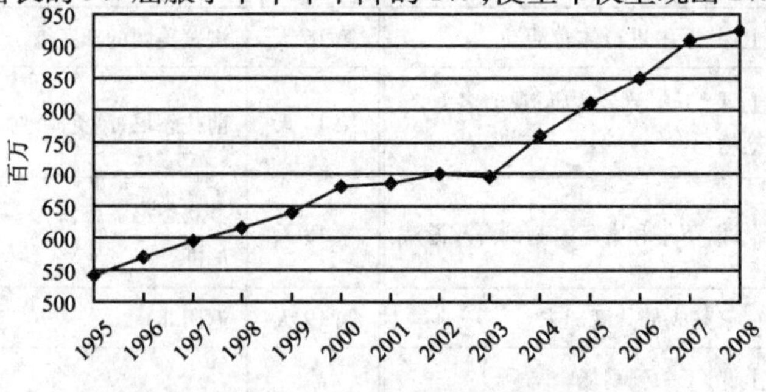

图7－1　1995—2008年国际旅游接待人数

资料来源：世界旅游组织（UNWTO）.

从全年来看,所有地区除了欧洲旅游接待人次是停滞的之外,其他地区都是增长的,情况最好的是中东增长11%,非洲5%,美国4%。尽管全球旅游业增长速度缓慢,有些旅游目的地2008年旅游业业绩仍然是良好的,其中比较显著的是:洪都拉斯、尼加拉瓜、巴拿马、乌拉圭、韩国、中国澳门、印度尼西亚、印度、埃及、黎巴嫩、约旦、摩洛哥和土耳其。

表7-3　2007~2008年世界各地区旅游接待人次

单位:百万人次,%

	入境总人数				同比增长	
	2000	2005	2007	2008	2007	2008
世界	682.0	805.0	908.0	924.0	6.9	1.8
欧洲	392.4	441.6	488.0	488.5	5.2	0.1
北欧	43.7	52.8	58.0	56.8	2.7	-2.1
西欧	139.7	142.6	154.9	153.1	3.5	-1.2
中东欧	69.2	87.5	96.8	99.4	6.2	2.6
中南欧	139.8	158.7	178.2	179.2	7.0	0.6
亚太地区	109.3	154.7	185.4	188.3	10.5	1.6
东北亚	58.3	87.5	104.3	104.7	10.6	0.4
东南亚	35.6	48.5	59.6	61.8	12.3	3.6
大洋洲	9.2	10.5	10.7	10.6	1.7	-1.5
南亚	6.1	8.1	10.8	11.3	9.8	4.3
美洲	128.2	133.4	142.5	147.6	4.9	3.6
北美	91.5	89.9	95.3	98.4	5.2	3.2
加勒比地区	17.1	18.8	19.5	19.7	0.1	1.2
中美洲	4.3	6.4	7.8	8.4	10.5	7.9
南美洲	15.3	18.2	19.9	21.1	6.4	5.9
非洲	27.9	37.3	44.9	46.9	8.5	4.6
北非	10.2	13.9	16.3	17.1	7.9	5.3
撒哈拉以南非洲	17.7	23.3	28.6	29.8	8.8	4.1
中东地区	24.4	37.8	47.5	52.9	15.3	11.3

资料来源:世界旅游组织(UNWTO).

二、国际旅游客流的地理分布规律

国际旅游客流分布，是指在一定时期内旅游者根据自己的旅游动机与经济能力及其他客观条件等因素所选择的目的地，即从出发地到目的地的流向。

国际旅游客流主要分布在三大地区，即欧洲、美洲和东亚太。欧洲不但是世界上国际旅游的中心接待地区，而且是最重要的国际旅游客源地。其次，东亚太和美洲地区也是世界上国际旅游的重要客源地。中东各国虽然在经济上较富，但由于人口基数小，加之居民的旅游传统问题，所以在客源市场中占有的比例不大。旅游最发达的国家是美国、西班牙、法国、意大利、德国、英国、日本、沙特阿拉伯、奥地利、荷兰、挪威、加拿大、瑞典、瑞士、科威特、澳大利亚、委内瑞拉、丹麦、比利时、墨西哥等国家。这些国家的国际旅游支出约占世界国际旅游支出总额的78%。

目前世界有160多个国家和地区经营国际旅游业，其中18个经济发达国家（美国、法国、英国、加拿大、比利时、荷兰、日本、意大利、德国、奥地利、西班牙、瑞士、瑞典、澳大利亚、挪威、丹麦、爱尔兰、芬兰）不仅产生了国际旅游客源总数的90%，而且其中80%的国际旅游客源也主要流向这18个国家。尽管从20世纪60年代以来国际旅游客流开始从发达国家向发展中国家扩展，使国际旅游客流的地理分布发生了一定的变化，但并没有从根本上改变国际旅游客流的总体发展趋势，目前及今后国际旅游客流的主流仍然相对集中于发达国家。

三、国际旅游客流的空间移动规律

国际旅游客流既呈现变化的一面，主要表现在各种因素包括战争、经济、政治形势、气候，以及重大事件都会使国际旅游客流的流量、流向发生变化，同时，国际旅游客流的空间移动又具有相对稳定的特征，呈现一定的规律性。

第一，在全世界国际旅游中，近距离的出国旅游，特别是前往邻国的国际旅游，一直占较大比重。以旅游人次计算，这种近距离出国旅游约占全世界国际旅游人次总计的80%。以20世纪80年代上半期全世界国际旅游人次的分布情况为例，美洲出国旅游者中有70%是在美洲地区各旅游目的地旅游，前往区外目的地的只有30%。在东亚和太平洋地区（包括东南亚国家在内），出国旅游人次总计的75%是在本地区内的旅游目的国游览，去区外目的地旅游的人次仅占25%。在欧洲的比例则分别为79%和21%。

第二，在流动态势上，特别是就远程国际旅游而言，从20世纪50年代起，欧美一直是世界上最重要的国际旅游客源地和目的地，并且这两个地区彼此互为重要客源地和目的地。无论是在旅游人次上，还是在消费额上，这两个地区一直都占据着统治地位。随着亚太地区社会经济的不断发展,该地区成为世界旅游业发展最快的地区。近年,国际旅游已经形成欧、美和亚太地区三足鼎立的基本格局。

虽然,国际旅游业的发展已经由快速发展走向缓慢增长,但是世界旅游市场仍拥有相当大的发展潜力和广阔空间。在未来几年里国际旅游业将保持良好的发展势头,欧洲将继续保持世界最大的旅游目的地的地位,东亚太地区成为世界第二大国际旅游目的地,中国将成为最大的国际旅游目的地国家。

第四节　我国旅游市场概况

我国的旅游市场主要包括入境旅游市场、国内旅游市场和出境旅游市场三部分。

一、入境旅游市场

我国入境旅游客源市场由三部分构成,即外国人(包括外籍华人在内)、海外华侨和港、澳、台同胞。

(一)入境旅游市场的基本状况

1. 入境旅游市场的规模和速度

1978 年以后,在改革开放政策的推动下,中国入境旅游迅猛发展。从图 7-2 可以看出,自 2003 年"非典"过后的 2004~2007 年四年间,发展更为迅速,2008 年是特殊的一年,尽管遭遇了金融危机,入境旅游人次较 2007 年有所减少,但依然取得了增长。

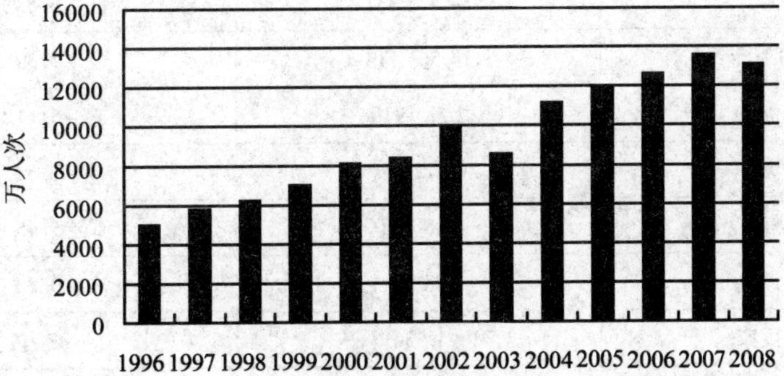

图 7-2　1996~2008 年入境旅游人数及增长状况

资料来源:国家旅游局.

2. 我国入境旅游市场的客源分布

从国家旅游局公布的数据来看，由于金融危机的影响，2008 年入境旅游人次较 2007 年有所减少，全年入境人数为13 002.74万人次。其中香港同胞与上年同期相比，有一定的增长，外国人、澳门同胞和台湾同胞则同比有所下降，具体数据为：香港同胞为 7 835.01 万人次，同比增长 0.51%；澳门同胞为 2 296.63 万人次，同比下降 0.95%；台湾同胞为 438.6 万人次，同比下降 5.24%；外国人为 2 432.53 万人次，同比下降 6.83%。

从入境旅游的各大洲情况来看，2008 年入境各大目标市场均有较大幅度的减少，其中亚洲入境旅游人次依然占据最重要的位置，全年入境人次为 1 456.2 万人次，较 2007 年减少 9.39%；美洲入境旅游人次为 258.2 万人次，较 2007 年减少 5.11%；欧洲市场入境旅游人次为 611.2 万人次，较 2007 年减少 1.52%；大洋洲市场入境旅游人次为 68.9 万人次，较 2007 年减少 5.45%；非洲市场入境旅游人次为 37.8 万人次，较 2007 年下降 0.2%，降幅较小；其余国家入境旅游人次为 1 936 人次，较 2007 年减少 43.46%。见表 7－4。

表 7－4　2008 年入境旅客源地区分布情况

	入境人次	同比增长(%)
总计	130 027 393	−1.40
香港同胞	78 350 129	0.51
澳门同胞	22 966 336	−0.95
台湾同胞	4 385 591	−5.24
外国人	24 325 337	−6.83
其中：亚洲	14 561 714	−9.39
美洲	2 581 910	−5.11
欧洲	6 112 653	−1.52
大洋洲	688 723	−5.45
非洲	378 401	−0.20
其他国家	1 936	−43.46

资料来源：国家旅游局.

（二）我国的主要海外客源市场

我国内陆旅游业的主要海外客源市场可以划分为近程市场和远程市场两大部分，近程市场中包括中国港澳台地区、日本、韩国、俄罗斯、东盟各国、澳大利亚等。远程市场则主要包括北美和西欧。

1. 我国近程市场状况

(1)中国港澳台市场。在我国入境旅游市场中,港澳台市场占据绝对地位,这一市场的稳定性支撑着我国入境旅游业的发展,它们不仅为我国直接提供入境客源,而且是其他国际客源的中转站,间接地为我国提供入境客源,因而港澳台市场在我国入境市场中的绝对地位不可动摇。

①中国香港市场。2005 年以来,来自香港的入境游客增速放缓,极大地影响着中国入境游客人次的增长。2009 年香港同胞入境人次约为 7 733.60 万,比 2008 年下降 1.29%,香港同胞出境赴内地的市场变化特点,一是受全球金融危机和甲型流感影响明显,1 ~3 月、5 ~7 月呈下降态势;二是假期出游已是香港居民必要的内容,4 月复活节、8 月暑假、12 月圣诞节等来内地的人次增长较明显;三是经济的复苏,就业形势见好,令香港同胞来内地的整体跌幅趋势收窄。

②中国澳门市场。澳门尽管人口只有 40 多万,但到中国内地旅游的人数却在四大客源市场中列第二位,其最大特征在于其来内地旅游频率极高,人均达 40 多次。需要提出的是,相对于香港而言,澳门人口只有香港的 1/15,部分居民高频率的入境行为,可以将人均出游次数这一指标推到一个很高的水平。由于澳门地域狭小,与内地之间出入境手续非常方便,其经济生活同内地非常紧密地联系在了一起,加之这几年澳门经济运行良好,促进了澳门居民更频繁地进入中国内地。

③中国台湾市场。连战、宋楚瑜 2005 年 5 月的内地之行进一步推动了两岸的人员往来,这也给我国台湾居民赴内地进行观光、商务旅游开辟了更为广阔的空间。在他们访问的当月,台湾同胞来内地旅游的人数增长幅度就达到了 35.8%。此后增速虽然有所放缓,但是 1 ~9 月的增长仍然比所有入境游客人次数的平均增速高出 3 个百分点。

2008 年 6 月 17 日,海峡两岸旅游交流协会向社会公布了第一批指定经营内地居民赴台湾旅游业务旅行社名单,共计 33 家旅行社。该批旅行社分布于 13 个省、自治区和直辖市。

2009 年 1 月 16 日,海峡两岸旅游交流协会授权发布公告称,依据《内地居民赴台湾地区旅游管理办法》和《旅行社管理条例》的有关规定,北京恺撒国际旅行社有限责任公司等 113 家国际旅行社为第二批指定经营内地居民赴台湾旅游业务旅行社,并自公布之日起执行。该批旅行社分布于 25 个省、自治区和直辖市。

(2)日本、韩国市场。日本是我国一衣带水的邻邦,有地理交通之便;在文化上,日本同我国的交往存在悠久的历史渊源,这些都是日本作为重要客源国的基础。自 1978 年以来,无论是在来华旅游的人次还是在旅游消费总额上,日本人在来华旅游的外国人中历年都居于前列。更为重要的是,随着日本经济的发展和对外贸易顺差的扩大,日本政府自 20 世纪 80 年代中期开始,一直鼓励国民出国旅游,出国旅游已在日本国民中形成风气和传统。

特别提示

日本过去多年一直是中国入境旅游最大的客源市场,尽管在2005年被韩国反超,但是由于中国的自然文化旅游资源对日本民众一直有很强的吸引力,加之两国间经贸往来不断扩大,因此,日本客源市场的恢复势在必行。

2006年9月,自安倍晋三出任日本新首相起,中日关系明显转暖,推动了日本市场的快速增长。2006年,日本游客达374.59万人次,同比增长10.5%,2007年游客达397.7万人,同比增长6.8%。

资料来源:王琦.新编旅游概论.北京:清华大学出版社,2009.

韩国继续保持中国最大客源国的地位。2005年韩国游客为354.53万人次,同比增长24.62%,比日本多出16万人次。2006年来自韩国的入境游客为392.40万人次,同比增长10.7%,比日本多出18万人次。2007年477.6752万人次,同比增长21.73%,继续成为中国最大的客源国。

拓展知识

韩国成为我国重要的国际客源市场

韩国自1991年同我国正式建立外交关系以来,便成为我国重要的国际客源市场。除1998年韩国由于金融危机而导致出国旅游人数大幅度减少外,韩国旅华市场一直保持了高速增长。这主要是因为近年来韩国经济迅猛发展,韩国民众的收入水平大幅度提高,而韩国国土面积狭窄,文化单一,景点景区本国人已经司空见惯,所以更多的韩国人愿意到国外去旅游。作为韩国近邻的中国,人文风情、古迹景点众多,选择面广,且价格便宜,对韩国游客具有极大的吸引力。此外,中韩之间经贸关系的迅速发展及中国巨大的市场潜力不断吸引越来越多的韩国工商界人士来华访问和投资。随着两国间政治、经济、文化交流的不断扩大,韩国日益成为一个极有潜力的旅游客源市场。

资料来源:我国入境旅游市场现状及其发展对策.中国行业研究网.2007.

2. 我国中远程旅游市场

(1)北美市场。美国长期以来一直是世界最大旅游客源输出国,而中国的旅游资源,特别是中国悠久的历史、丰富的文化,以及社会环境和人民生活方式等,都对美国旅游者有很大的吸引力。资料显示,20世纪90年代美国来华人次年均递增14.67%,一直保持着中国最主要的客源国之一的地位。2006年,美国旅华人次已达171万,同比增长近10%。主要原因是:中国是美国旅行商和公众公认的世界上的旅游安全岛;美国经济复苏为其出境及旅华市场的逐步恢复和增长奠定经济基础,也成为恢复公众旅游消费信心的重要保证。

中国经济快速发展,商机无限,加拿大来中国商务旅行快速增长。据加拿大亚太基金会调查显示,基于对亚太经济前景看好,有85%的加拿大公司计划在未来五年内增加在亚洲的投资;而超过1/4(27%)首选投资中国。随着中加两国经贸往来日益密切,加拿大人到中国进行商务考察、经贸交流的越来越多。

(2)欧洲市场。西欧地区是全世界最主要的国际旅游客源国之一,对我国入境旅游业也是如此。其中尤以英、法、德三国为重,三国均处于世界十大旅游支出国之列。据统计,英国每年有超过60%的人出国度假,2007年,英国旅华人次高达60.51万,同比增长9.5%,英国已成为中国第十大客源国。德国就业人员每年有4~6周的带薪假期,有近1/4的德国人要出国旅行,2007年,德国旅华人次55.67万,比上年同期增长11.21%。中国旅游资源丰富,政局稳定,对德国市场还是很有吸引力的。

(三)我国在国际旅游市场竞争中存在的问题

1.距主要客源地远

我国的地理位置距世界大多数主要国际客源产生地较远,这一因素之弊主要表现在以下几个方面。

(1)交通费用高。欧洲各主要客源国与中国之间的平均距离也在2万公里左右。据我国旅游部门的调查,北美游客来华旅游的国际间往返交通费用约占旅游全程费用的40%。以2008年为例,从欧洲各主要城市至北京的定期航班往返票价为700~1 000美元,占欧洲游客来华3周旅游全部费用的1/3左右。另外,时间、距离也是前来中国旅游的一大障碍。

(2)容易遭受经济和石油价格的打击。距离主要客源国较远的旅游目的地最容易遭受经济危机和世界油价上涨的打击。特别是对于以接待观光旅游和疗养旅游为主的旅游目的地来说,由于不少国家都有这方面的类似资源,因此在出现与客源国有关的经济危机和运输价格上涨的情况下,首先受到打击的便是距离客源国较远的旅游目的地。

2.周边国家和地区旅游业的激烈竞争

我国旅游业所处的区域性国际环境为东亚和太平洋地区,这一地区的主要旅游目的地所面对的国际客源市场存在惊人的共同性,而这些竞争对手比我国的旅游业起步早,在从业经验、服务质量、交通运输和产品价格方面有一定的优势。如,在争夺客源市场方面，国际上的主要竞争对手有韩国、新加坡、菲律宾、泰国等周边国家。我国的香港和台湾地区也是我国内地旅游业的有力竞争对手。

3. 我国旅游产品的开发和质量存在问题

旅游营销工作是以旅游产品随时迎合并满足市场需求为基础的，如果产品本身不能迎合并满足市场的需求，无论怎样强化销售工作也难以取得成效。长期以来，我国入境旅游市场的经营一直依赖于接待团体观光旅游，这种产品类型上的单一性已落后于国际旅游潮流的变化。此外，我国旅游产品在质量方面仍存在着清洁卫生条件差、旅行日程和交通安排变化多、接待散客旅游的条件不足等问题，这在很大程度上影响着客源的扩大。

4. 市场宣传和海外促销工作尚待改进

近年来，我国旅游业的对外宣传和海外促销工作已有较大的发展。但是同竞争者相比，我国在这方面的工作仍存在不少问题。其主要表现在营销经费不足、营销和促销技术尚需改进和提高等方面。

二、国内旅游市场

（一）国内旅游市场概述

1. 我国的国内旅游市场起步晚、发展快

我国国内旅游市场是在改革开放以后逐渐发育起来的，20 世纪 90 年代开始呈现迅猛发展的趋势。1985 年我国的国内游客人次仅为 2.4 亿，国内旅游收入为 80 亿元人民币；2001 年，我国国内旅游人次已达 7.8 亿，国内旅游收入为 3 522.4 亿元；2007 年国内旅游人次达 16.1 亿，增长 15.5%；国内旅游收入达 7 771 亿元，增长 24.7%。国内旅游收入在国民生产总值中所占的比重以及在第三产业增加值中所占的比重亦有显著提高。

2. 我国国内旅游市场发展潜力巨大

我国既具有丰富的旅游资源，又拥有世界上最大的国内旅游市场。1998 年 12 月召开的中央经济工作会议确立了旅游业作为国民经济新的增长点，确定了加快国内旅游发展的重要举措。

（二）国内旅游发展的特点

1. 国内旅游持续稳定发展

2008 年，国内旅游继续增长，国内旅游总人次达 17.1 亿，较 2007 年增长 6.3%，出游率进一步提高；国内旅游收入 8 749 亿元，较 2007 年增长 12.6%。国内旅游人次的持续增加主要得益于我国经济的稳定快速增长。自 2003 年以来，我国宏观经济形势连续五年增长超过 10%，2008 年虽然受到金融危机的影响增速有所回落，但也达到了 9%。城乡居民收入稳步提高，推动了我国居民出游欲望。目前,我国国内旅游规模仍处于快速扩展阶段,我国已成为世界上发展潜力最大的旅游市场。

2. 国内游客更加注重旅游品质

国内旅游经过几十年的发展,目前逐步进入转型期——休闲、度假旅游的中国式发展,国内旅游业的发展不再单纯依赖于规模,旅游业发展更注重品质。目前,各大旅游的龙头企业已注意到国内市场的潜力,开始针对国内旅游市场打造高端的休闲度假旅游产品,并致力于打造针对国内市场的高端民族品牌。

3. 散客市场增长迅速

散客市场近年来发展十分迅速,正逐渐成为我国旅游业发展的主体和基石。2009 年我国国内旅游平稳快速发展,对我国拉动内需贡献突出,而其中散客市场的快速发展则发挥了至关重要的作用。据悉,目前散客市场所占比例已超过50%,而随着旅游者个性消费需求的增加、消费经验的成熟,以及交通、资讯等旅游相关产品的丰富,散客的数量将会继续增长。

(三)国内旅游存在的主要问题

1. 公共服务平台欠完善

旅游业的发展离不开公共产品的供给,目前,旅游业发达的国家或地区都强调要从游客和旅游企业的需要出发,配套服务设施,搭建公共服务平台。公共服务平台主要包括旅游信息系统、旅游监督系统、旅游救援系统、旅游危机防范系统、旅游人力资源共享系统及城市旅游形象建设系统等。目前,我国的旅游公共服务平台与发达国家相比,还有较大的差距,有待进一步完善。

2. 旅游开发意识淡薄

我国目前以国内旅游为主。我国的国内旅游有许多问题需要解决。如旅游产品开发相对滞后,对旅游者的消费需求挖掘不够。我们往往是哪些旅游产品具有旅游吸引力,能吸引来客源,就做哪些产品。这种在旅游产品的开发中仅限于发展已有的旅游形式,对旅游者需求的开发不充分,将严重阻碍我国国内旅游的健康、快速发展。

3. 产品老化严重

随着经济的增长和人民生活水平的提高,休闲旅游和体验旅游正在成为市场需求的热点。相对而言,我国目前旅游开发主体还未能适应大众旅游口味的转变,没有开发出足够适合旅游者消费口味的产品。

总的来说,国内旅游产品的老化主要表现在以下方面:

首先,经典的观光资源缺乏内涵创新,且升级缓慢。多年来观光资源被线路产品所固化,在多样产品和品质提升方面受到限制,使我国大部分景点主要靠自然禀赋生存,而逐渐丧失文化更新和衍生能力。

其次，在产品质量上与国外同类产品相比，我国观光资源的主体——历史名胜旅游在质量上属于低端，即旅游体验度不高，游客参与性与知识性差，不能满足游客日益增长的高层次旅游需要。

三、出境旅游市场

（一）出境旅游的形式

我国公民出境旅游包括出国旅游、边境旅游和港澳台地区旅游三部分。

1. 出国旅游

出国旅游，是指我国公民自己支付费用，经国家旅游行政主管部门批准，特许经营我国公民自费出国旅游业务的旅行社组织的，以旅游团的方式前往经国家批准的我国公民自费出国旅游目的地国家或地区旅游的活动。

2. 边境旅游

边境旅游，是指经批准的旅行社组织，接待我国及毗邻国家的公民集体从指定的边境口岸出入境，在双方政府商定的区域和期限内进行的旅游活动。一般地说，我国的“边境游”是指中国边境地区的居民到邻国的边境城市所做的短期旅游活动。

边境旅游活动与出国旅游有明显区别。一是人员的限制。参加边境旅游的人员须是边境地区的居民，非边境地区的中国公民和第三国的公民不得参加；二是目的地限制。出游的目的地一般是边境地区和对方的边境城市；三是时间限制。在境外的旅游活动为“当日往返”；即使是多日游，往往也有时间限制；四是证件不同。边境旅游者不需要使用护照，也不办理正式的签证，而是双方认可的边境通行证。此外，边境旅游经常和边境贸易结合在一起，因此并不要求使用外币结算，经常使用人民币或易货、计账的办法进行结算。

3. 港澳台地区旅游

港澳游，是指经国家特许经营此项业务的旅行社组织内地居民以旅游团的方式前往香港、澳门地区旅游的活动。

（二）我国出境旅游市场基本状况

总体来看，2008 年中国出境旅游市场呈现出国内旅游活动受到制约，导致出境旅游寻求心理上的放松，假期调整促使出境旅游的活动下半年相对集中，以及访问港澳台的人数保持持续增长的特征。

根据国家旅游局公布的数据，2008 年出境总人次为 4 584. 44 万，比 2007 年增加 11. 9%，其中因私出境为 4 013. 12 万人次，年度增长 14. 9%，因公出境为 571. 32 万人次，年度增长 5. 25%。同期因私与因公出境人次之比为 87. 5∶12. 5，而 2007 年的这项比例是 85. 3∶14. 7。具体来看，中央政府对公民到港澳地区旅游活动的支持、台湾地区对内地开放的新政策、美国作为新旅游目的地开放、人民币坚挺、各类媒体集中宣传等因素都影响着2008年的出境旅游市场，同时政府加强赴台湾旅游的引导、非正当“公费旅游”以及边境旅游引起关注。

从周边出境游来看，赴香港旅游人数有明显增长，台湾游持续了2010年以来的火暴行情。日、韩市场则受惠于个人旅游签证政策的放宽，自由行和团队人数都有明显增长，特别是赴韩国旅游很热，仅次于香港。东南亚是另一大出游主要目的地，但冷热不均，其中泰国是一个亮点。泰国近期政局的相对稳定使得客源在国庆假期爆发性增长，游客量明显超过2009年。由于人质事件，菲律宾线路人气降到低谷，一些旅行社还关闭了“十一”旅游的部分线路，导致游客量极少。但其他海岛游人气并未受到影响，特别是普吉岛、巴厘岛、马尔代夫。

第五节　旅游产品开发

一、旅游产品的定义

目前，常见的“旅游产品”的定义主要有以下几种：

(1)旅游产品是一个整体概念，它是由旅游资源、旅游设施、旅游服务和旅游商品等多种要素组合而成。

(2)旅游产品，是指旅游经营者凭借旅游吸引物、交通和旅游设施，向旅游者提供的用以满足其旅游活动需求的全部服务。

(3)旅游产品在整体上看，是一种组合型的产品，它由旅游资源、旅游设施、旅游服务和旅游购物品等多种要素构成。

(4)旅游产品，是指由旅行社或旅游经营单位设计，为满足不同的旅游者在整个旅游活动中对游览、食宿、交通、娱乐、服务等项目的需求而组合的产品，即旅游目的地向游客提供一次旅游活动所需要的各种服务的总和。

在概念1中“旅游商品”等同于概念3中“旅游购物品”，所以在这里“旅游商品”的概念范围要小于“旅游产品”。在概念2和4中“旅游产品”重点强调“服务”，旅游资源、旅游设施等在这里只作为旅游活动开展的凭借物，服务则是一种典型的旅游产品。从这些概念中可以看出，“旅游产品”和“旅游商品”的概念范围是不相同的。“旅游产品”是一个整体概念，“旅游商品”只是旅游产品的一个部分，包含于“旅游产品”之中。或者也可以说“旅游商品”实际上只是“旅游产品”概念集合中的一个子集。

经全国旅游标准化技术委员会提出、国家旅游局和上海社会科学院旅游研究中心起草，由国家技术监督局颁布了中华人民共和国国家标准（GB/T 16766—

1997)《旅游服务基础术语》。在这个文件中,对旅游服务产品的定义是:由实物和服务综合构成的,向旅游者销售的旅游项目。其特征是服务成为产品构成的主体,主要有线路、活动和食宿。旅游者可以购买整体产品(如综合包价旅游),也可以购买某一单项旅游产品(如航班座位、景点门票)。

鉴于以上的理解,"旅游产品"可定义为:旅游经营者为了满足旅游者在整个旅游活动中的需求,向旅游者提供的、以目的地为基础的各种有形和无形要素的组合。

二、旅游产品的分类

在不同的研究目的下,旅游产品有不同的划分方式。常见的有以下几种:

(一)按旅游产品存在的形态划分

按旅游产品存在的形态来划分,可分为有形旅游产品和无形旅游产品两种。

1. 有形旅游产品

这是指旅游者购买的和消费的有形物品,既包括旅游者在购买后拥有产品所有权的菜肴、旅游购物品等;又包括旅游者在购买后仅拥有某一时间内使用权的产品,如饭店的设施、景区的景观等。

2. 无形旅游产品

这是指旅游服务,是旅游及其相关行业的从业人员直接为旅游者提供的各项服务劳动,如旅游者出行和游览过程中享受到的导游服务与交通服务,在旅游目的地住宿、餐饮、娱乐、购物等过程中享受到的各项服务,还有咨询、保险、签证、出入境手续等多种辅助服务。

旅游者在一次完整的旅游活动中所享受的旅游产品就是有形产品和无形产品的总和。

(二)按旅游产品的组成状况划分

按旅游产品的组成状况可分为整体旅游产品和单项旅游产品。

1. 整体旅游产品(亦称综合旅游产品)

这是旅游企业根据市场需求为旅游者编排组合的内容、项目各异的旅游线路,具体表现为各种形式的包价旅游。

2. 单项旅游产品

这是指旅游企业为旅游者提供的单一服务项目,如饭店客房、航班座位、娱乐项目等。

(三)按旅游产品的功能划分

按旅游产品所能满足的旅游功能,大致可分为观光旅游产品、度假旅游产品、事务旅游产品和专题旅游产品。

（四）按旅游产品销售方式划分

按旅游产品销售方式，可分为团体包价旅游产品、散客包价旅游产品和自助旅游产品。

此外，按照旅游产品的空间跨度，我们可以将旅游产品划分为国内旅游产品和国际旅游产品；按照旅游产品的等级可以将旅游产品分为豪华型、标准型和经济型旅游产品，等等。

三、旅游产品的特点

（一）整体性

旅游产品关系到旅游者从出发地到目的地的食、住、行、游、购、娱等诸环节，涉及饭店、旅行社、邮电、海关等各个部门；其中的产品既有有形的实物，又有无形的劳务服务；既有精神产品，也有物质产品，因此具有明显的整体性。

（二）有形与无形的统一性

旅游产品由有形的实体和无形的服务两部分构成。前者是旅游设施和景物、景观及目的地的整体环境、旅游购物品等。后者是旅游管理、接待人员的劳务以及目的地居民的好客度。无形性给旅游销售带来了困难，很难像电视机一样让欲购买者进行检查并给予高度的信任感。

（三）不可储存性

旅游产品不能像一般商品那样被有效地储存起来，以备将来出售。随着时间的流逝，旅游产品如果没有实现对应时间上的交换价值，那么，此期间为生产该种旅游产品所付出的人、财、物力资源就都是一种浪费，并且损失的价值也得不到补偿。

（四）生产与消费的同步性

由于旅游产品的生产与消费过程几乎同时进行，生产者与消费者面对面接触，直接发生联系，旅游者参与生产过程，且只有这样才能最终完成旅游产品的消费。这无疑给旅游企业的生产人员、管理人员提出了更大的挑战和更高的要求。

特别提示

在旅游产品的生产过程中，由于旅游者参与旅游产品的生产过程，这迫使旅游企业的管理人员要正视如何有效地引导顾客正确地扮演其角色，如何鼓励和支持其参与旅游产品的生产过程（旅游的体验过程），如何确保他们获得足够的旅游知识，以达成生产与消费过程的和谐进行。事实上，旅游企业所提供的追加利益越多，就越需要关注旅游者的参与过程。

(五)不可转移性

不可转移具有两层含义:一是地点上的不可转移,即游客必须亲自到目的地去才能消费旅游产品,旅游产品是不可移位的;二是所有权的不可转移,人们购买一般实物商品,其所有权随之转移。从整体上讲,旅游产品是一定时间的暂时使用权,所有权不转移,如床位、机座等的使用权,各类景物如名山大川、森林、大海等的观赏权、享用权;只有食品饮料、旅游纪念品、土特产品等,是商品所有权的转让。

四、旅游产品开发的原则

(一)特色原则

旅游产品无论在资源开发、设施建设,还是在服务的提供上,都应具有鲜明的特色和个性,做到"你无我有,你有我优,你优我奇"。这往往能减弱与其他旅游产品的类似与冲突,使旅游者产生深刻印象,因而具有更强的吸引力。突出特色,发展个性已成为现代旅游竞争中获胜的"法宝"。

(二)市场原则

旅游产品的开发,一方面要在市场分析和市场定位、遵循市场经济规律、满足旅游者需求的基础上作出正确的商业价值判断;另一方面要根据市场的变化和产品生命周期理论,考虑旅游产品的升级换代,以新的产品去迎合与满足旅游者的需求,即以市场营销的观点来开发旅游产品。

(三)多样化原则

旅游产品的综合性要求它提供的服务内容必须多样化,并能通过各种途径来感染游客。此外,旅游产品开发要注重旅游活动的参与性与消遣性,以满足游客全方位、多层次的需求。由于旅游者的兴趣爱好、支付能力不同,因此,提供的旅游产品除了内容要丰富多彩外,还要有不同的档次和价位,以吸引不同层次游客的需要。

(四)综合效益原则

在产品开发前一定要进行可行性研究,避免重复开发,从而保证企业获得良好的经济效益,同时旅游业又是一项社会文化事业,因而在讲求经济效益的同时,还要强调社会效益和生态效益,努力提高旅游地的综合效益。

(五)可持续发展原则

旅游产品的开发须以生态环境保护为前提,充分考虑旅游资源和环境的承受能力,确定合理的旅游资源和环境容量,使开发对生态环境的破坏减少到最小,确保旅游资源永续利用。

五、旅游产品的开发与设计

（一）旅游产品开发的定位与选择

在旅游产品开发过程中，应根据各种开发原则确定旅游产品的开发数量、质量和品位。首先，要对各种潜在的旅游产品进行分析评价和文化定位，找到旅游产品的特色和开发价值。其次，要进行市场调研和市场定位，既要考虑旅游资源的情况，又要考虑市场需求的特点，还要从塑造旅游目的地形象的角度出发，综合考虑旅游目的地的资源开发、市场定位、产品与项目策划、形象塑造与推广等内容，最终确定开发旅游产品类型和顺序等。

（二）旅游产品的组织优化

根据旅游市场需求的多元化和多层次的特点，要提高旅游产品内容的多样化和开发方式的集约化，做到产品结构合理和时空分布最佳。如，旅游产品开发可以按照空间、时间和类型三个维度进行，即按不同的时空尺度、不同的旅游产品类型（不同的主题特色或不同的功能）、不同类型的目标市场等进行产品开发或组合。

（三）旅游线路的规划设计

旅游开发不仅要建成若干景色不同、内容各异的景点，还必须将这些景点串联组合成内容丰富、游览紧凑、结构合理的游览线路，以有效地吸引旅游者前来游览。旅游线路的规划设计通常包括旅游方式、游览日程和游览内容。在规划设计时，应综合考虑以下因素。

首先，有序组织，合理分配，充分展示旅游景点的景色风貌，做到有入景、有展景，有高潮、有结尾，让人感到“余味无穷”。其次，充分考虑游客的心理特点，使景物之间不但具有时空连续性，还具有动观效果。再次，考虑推出多条具有不同旅游时间、不同游览日程、不同价格档次的旅游线路来适应和满足各种不同需求的旅游者。最后，合理安排有利于旅游者购物活动的实现和旅游地饮食、住宿、停车等接待工作。通常，最理想的购物地点应安排在游览之后。

（四）旅游设施的容量确定及空间布局设计

首先根据客源市场和资源条件，研究确定各种设施的数量和接待能力，包括占地面积、总建筑面积、容积率、绿化率及使用房间的面积等；其次要根据地形地貌、气候条件、经济文化背景及旅游者的心理特点和行为规律进行空间布局设计，确定分区、设施位置、游览线路、色彩搭配和建筑风格等。

（五）旅游产品的文化包装

为了增强旅游产品的市场竞争力，就必须抓住旅游特色，强化产品主题，打造旅游精品。为此，在旅游产品开发过程中就要注重以市场为导向，以资源为基础，以产品特色化、品牌化为目标，科学地进行旅游产品的设计和开发。要深入分析市场上现有同类型旅游产品的特点与特性，结合自身优势尽可能地增大与它们之间的异质程度，特别要注意在旅游产品设计中注入文化因素，丰富与提升旅游地的文化内涵，突出垄断性和独有性的“卖点”。因此，这就需要对旅游产品进行文化包装。

除了以上五方面，在旅游产品开发过程中，还要加强其旅游形象的策划与塑造，旅游产品的开发必须与旅游目的地整体形象建设全面协调，互动发展。

第六节　旅游市场营销

一、旅游市场营销的内涵

旅游市场营销，是旅游经济组织或个人通过交换提供满足旅游者需求的产品的管理过程。

从上述内涵中可知，旅游市场营销具有下列三层含义：

第一，以交换为中心，以旅游消费者为导向，以此来协调各种旅游经济活动，力求通过提供有形产品和无形劳务使游客满意来实现旅游企业的经济与社会目标。

第二，旅游市场营销是一个动态过程，包括分析、计划、执行、反馈和控制，更多地体现旅游经济个体的管理功能。旅游市场营销，是对营销资源（如旅游市场营销中的人、财、物、时间、空间、信息等资源）的管理。

第三，旅游市场营销适用范围较广。一方面，旅游市场营销的主体范围广，包括所有旅游经济个体；另一方面，旅游市场营销的客体范围广，不仅包括对有形实物的营销，还包括对无形劳务的营销，以及旅游经济个体由此所发生的一系列经济行为。

二、旅游市场营销的特征

旅游市场营销作为旅游企业在市场中生存发展的有效途径，它对旅游企业有重要影响。旅游市场营销有以下几方面的特征。

（一）营销导向

旅游企业的一切经营活动都必须以市场需求为出发点和归宿。不同的产业有不同的经营导向，例如生产导向、推销导向和市场营销导向等。旅游产业由于其服务对象主要是人，因而，如何针对人们的不同需求设计和开发旅游产品，成为旅游企业生存和发展的根本。旅游企业以旅游消费者为核心，通过满足游客的需求而获取利润。

（二）管理导向

和其他企业一样，旅游企业的营销环境由诸多因素（人口、政治、文化、经济、社会、技术等）构成，这些因素随着时间和空间而不断发生变化。因此，旅游市场营销的实质在于“旅游企业如何主动地、创造性地适应动态环境”，即运用一切可利用的资源，通过产品、价格、渠道和促销等管理策略来实现对环境的适应。环境变化，则旅游企业要做相应的变化。管理导向作为现代旅游市场营销的特征之一，正日益受到旅游企业的重视和运用。

（三）信息导向

旅游市场营销的最终目的是满足游客的需求，这就必须借助于信息的传导。现代旅游消费特征越来越个性化，因此，旅游企业需要对复杂、多样的顾客需求进行深入、细致的调查。与此同时，旅游企业的内外部环境复杂多变，加之其产品缺乏专利保障，所以旅游企业之间的竞争就日益侧重于旅游产品的质量、服务及旅游企业形象，无形中加大了旅游企业的经营风险，所有这些决定了信息在旅游企业市场营销中的重要地位。

（四）战略导向

旅游市场营销对旅游企业的长远发展有十分重要的影响，要求旅游企业要有对市场环境的长期适应性。因而，现代旅游企业中最有战略眼光的企业纷纷推出“绿色旅游”、“生态旅游”等。一方面，可以使人们回归大自然；另一方面，可以增强人们的环保意识。在如今发展变化迅速的时代，企业若想持续地发展，则必须依赖于对环境的适应，依赖于现代市场营销中的战略导向。

三、旅游市场营销新理念

20 世纪 90 年代以后，市场营销出现了许多新变化，旅游市场营销理念也日益丰富。例如，随着个人计算机的普及和互联网的出现，产生了“旅游网络营销”的概念；随着人们对绿色产品的喜好和对环境保护的关注程度的增加，出现了“旅游绿色营销”的概念；随着知识经济时代的到来，诞生了“旅游服务营销”；此外，还出现了“旅游关系营销”的概念。

（一）旅游网络营销

这是借助联机服务网络、通信和数字交互式多媒体等来实现旅游营销目标，实质是以计算机互联网技术为基础，通过与潜在旅游者在网上直接接触的方式，向旅游者提供更好的旅游产品和服务的营销活动。

特别提示

网络营销与电子商务是两个不同的概念。电子商务是指买卖双方利用现代化的信息技术和手段进行数据交换的过程，如海关的电子报关、网上谈判、电子结算、通过互联网预订和确认各类服务、电子商品编码、电子目录等都属于电子商务形式，其在金融结算、银行转账时以电子货币的形式进行。由此可见，电子商务是旅游营销活动中所采用的信息技术手段，在通过旅游企业营销努力后买卖双方通过计算机网络来实现交易的营销方法和手段。

资料来源：赵毅. 新编旅游市场营销学. 北京：清华大学出版社，2006.

按目前在互联网上的商业应用方式，旅游网络营销可分为以下几种：旅游网上广告、旅游电子商店和旅游网络服务。

网上广告，是网络营销中应用最多、技术也最为成熟的一种营销形式。目前已有大量旅游公司在互联网上建立自己的网站，即时向全球发布旅游产品信息。由于这些信息采用多媒体技术，集文字、动画、全真图像、声音、三维空间和虚拟现实等为一体，大大吸引了游客的注意力，使旅游者如临其境，从而激发其购买欲望。

电子商店，是指将商品以多媒体展示的方式通过互联网供全球游客浏览和选购。旅游电子商店的游客也很有特点，他们多为收入高、受过高等教育、从事专业性工作的群体。

近年来出现一批利用互联网的资源为用户服务的旅游公司。他们从事的业务主要包括互联网访问、信息检索、软件开发以及用户咨询与培训四大类。

拓展知识

餐厅的网络销售

华人杨先生在美国一个人口密集的城镇开了一家中餐厅，开业一个月来餐厅生意一直很冷清，这让杨先生伤透了脑筋。他进行市场调查后，发现当地人并不是对中餐不感兴趣，而是因为大部分人不了解中餐，还有一部分人不喜欢中餐厅喧闹的环境而喜欢在家里或西餐厅用餐。据此，杨先生瞄准了网络销售渠道，让顾客在家里通过互联网络登录他的餐厅网站，了解餐厅所提供的菜肴，并介绍一些菜肴的制作和相关的餐饮文化，顾客可以根据需要在网上点菜、付费，最多半个小时内餐厅员工就把所点的菜肴送到顾客家。此举推出后很受大家的欢迎，还因此带动了餐厅现场的消费。餐厅生意由冷转旺,网络销售渠道功不可没。

资料来源:舒伯阳. 实用旅游营销学教程. 武汉:华中科技大学出版社,2008.

(二)旅游绿色营销

从国际旅游市场的需求来看,随着环境问题的日益凸显,人们对环境的关注程度越来越高,旅游绿色营销正是基于这一要求而出现的一种新型营销理念。旅游绿色营销,是指在旅游企业生产经营活动的各个阶段减少或避免环境污染,在市场营销过程中注重生态环保,旅游企业建立自己的竞争优势,利用各种营销方式赢得社会的认可,营造或发现市场机遇,通过长期满足现有和潜在游客的需求来实现自己的目标。

(三)旅游服务营销

服务营销的思想起源于实体产品的销售,将服务营销引入"旅游服务产品"的销售后,旅游服务产品自身不同于实体产品的特性使旅游服务营销也不同于一般的产品服务营销。具体来说,在传统市场服务营销的4P(产品、价格、渠道和促销)策略上还需要加上3P,即人员、环境和程序三个因素。

旅游服务一般通过有形展示得以实现,有形展示在旅游服务营销中是指那些可以传达旅游服务特色及优点的有形组成部分,这些有形展示是支持和反映旅游服务产品质量的有力证明,可以帮助游客感受旅游服务的优劣,增强游客享受旅游服务时的愉悦感。

拓展知识

香格里拉饭店的营销之道

香格里拉的含义是"世外桃源"、"人间仙境"。香格里拉饭店与度假村由郭鹤年创办,从1971年新加坡豪华香格里拉饭店的开业起步,很快便以其标准化管理及个性化服务赢得国际社会的认同,其总部设在香港,它是亚洲最大的豪华旅游企业集团,并被许多权威机构评为世界最好的旅游企业集团之一,它所拥有的豪华旅游企业和度假村已成为最受人们欢迎的休闲度假场所。香格里拉饭店始终如一地把游客满意作为旅游企业经营思想的核心,并围绕它把香格里拉饭店的经营哲学浓缩为一句话——"由体贴入微的员工提供的亚洲式接待"。

香格里拉除了经营豪华五星级饭店之外,国贸饭店是香格里拉为那些对价格比较敏感的中档旅游市场提供的新品牌。产品特点是房间较小,酒吧间及餐厅较小,但辅助设施相同,且同样提供高标准的服务。另外,香格里拉还在国贸饭店设立了"地平线国际俱乐部",加入者可以享受诸多特别服务与便利,例如,代办服务(代办入住和结账手续,代办旅游者从交通、观光、订票到娱乐、购物所需要的各种服务);豪华客房内设有私人传真机、办公桌和提供个人留言信件服务;免费服务(免费熨衣服和擦鞋服务,全天提供免费饮料,晚上提供免费鸡尾酒);每天把新鲜热带水果和新闻报刊送到客房;在俱乐部休息室,每天提供豪华自助早餐,提供报刊、杂志和私人会客厅。正是如此体贴入微的服务和极具竞争力的价格(低于同城香格里拉价格的30% ~60%)使国贸饭店享有良好的声誉和极高的出租率,1995年开业以来,客房平均出租率达91%。

另外,香格里拉饭店宣布了革命性的新房价概念(不打折,增值服务)。香格里拉所有城市饭店为客人和旅行社提供“贵宾服务计划”,即客人如果支付不打折扣的房价将享受以下优惠服务:免费机场接送,免费市内电话,免费早餐,免费洗衣、熨烫服务,客房升格,下午6时结账离店。

香格里拉饭店的回头客很多。饭店鼓励员工同客人交朋友,员工可以自由地同客人进行私人的交流。饭店建立的“顾客服务中心”与原来各件事要查询各种部门不同,客人只需打一个电话到游客服务中心,一切问题均可解决,饭店因此也可更好地掌握游客信息,协调部门工作,及时满足客人需求。在对待客人投诉时绝不说“不”,全体员工达成共识,即“我们不必分清谁对谁错,只需分清什么是对,什么是错”。让客人在心理上感觉他“赢”了,而“我们”在事实上做对了,这是最圆满的结局。每个员工时刻提醒自己多为客人着想,不仅在服务的具体功能上,而且在服务的心理效果上满足游客。

香格里拉饭店重视来自世界不同地区、不同国家客人的生活习惯和文化传统的差异,有针对性地提供不同的服务。如对日本客人提供“背对背”服务,客房服务员必须等客人离开客房后再打扫整理客房,避免与客人直接碰面。饭店为客人设立个人档案并长期保存,作为给客人提供个性化服务的依据。

当客人在香格里拉饭店以保证方式预订客房后,不管香格里拉有什么原因未能给客人安排住宿,香格里拉将免费为客人提供另外一家饭店的住宿和饭店间的往返接送。

资料来源:赵毅. 新编旅游市场营销学. 北京:清华大学出版社,2006.

(四)旅游关系营销

旅游关系营销是以系统论和大市场营销理论为基本思想,将旅游企业置身于社会经济大系统中来考察旅游企业的市场营销活动。它认为旅游企业营销是一个与旅游者、竞争者、供应商、分销商、政府机构和社会组织发生互动作用的过程,旅游企业营销的核心是正确处理与这些个人和组织的关系,将建立与发展同相关个人和组织的良好关系作为旅游企业市场营销成功与否的关键因素。

案例分享

韩国旅游业借影视剧“起死回生”

自1998年亚洲金融危机以后，韩国旅游业一直沉迷低谷，旅游收入连续五年呈下滑趋势。然而，此时的韩国影视剧却在政府的大力扶植下大举进军亚洲、美洲的影视剧市场，尤其在中国，因为韩中文化的血源性，中国人对韩国影视有很大的认同感，从而对影视中所体现出的饮食、服饰、优美景色等文化产生向往，形成对韩国的关注点。

去韩国吧！那里有拍摄《冬季恋歌》的小岛，有美丽的景色，有浪漫的爱情，有青春悸动的痕迹，有美好热烈的纯真！去韩国吧！那里有精美的食物，有华美的宫廷，有坚强的人格，有各种传统的完美留存！不想去体验一下吗？当然要去！

有了这些强烈的诱因，大量游客转往去韩国旅游就成了一种必然。据韩国观光公社调查显示，2004年来自日本以及中国内地、台湾的游客中，有27.1%（约71万人次）是直接或间接受到韩国影视剧的影响到韩旅游的。这些“韩流游客”共为韩国带来了7.8亿美元的外汇收入。《大长今》热播后，位于首尔以北的扬州MBC文化院，作为其主要拍摄地，被韩国旅游发展局挂起“MBC大长今村”的招牌，包装成旅游观光点。从2004年10月开放截止到2005年12月初，光顾的游客已达30万人次左右。

资料来源：舒伯阳. 实用旅游营销学教程. 武汉：华中科技大学出版社，2008.

分析：

韩国旅游营销的成功，仅仅靠影视业或者旅游业的独自努力，是达不到如此理想的效果的。主要在于营销策略的完美整合，而在这里面更少不了政府的支持，政府的积极造势为韩流，以及被韩流带动的旅游业带来了积极而有效的影响，也对塑造整体的“韩国品牌”贡献不菲。现在的韩国正在慢慢赢取属于自己的品牌，依靠深层的诱引，自然吸纳着来自各地的体验者络绎不绝地涌入。

思考与练习

一、填空题

1. 旅游市场细分的目的是为了选择和确定________。

2. 一般地讲，站在旅游目的地的宏观角度去考虑旅游市场划分问题时，一般多使用________。对于微观层次上的旅游企业经营而言，则更宜采用以旅游者的某些人口特征和________为标准的方法去进行市场细分。

3. 国际旅游客流主要分布在三大地区，即________、美洲和东亚太。

4. 我国公民出境旅游包括出国旅游、________和港澳台地区旅游三部分。

二、选择题

1. 就我国而言，港澳台地区居民前往我国内地访问被视为(　　)。

A. 入境旅游　B. 出境旅游　C. 国内旅游　D. 国际旅游

2. 旅游市场竞争的主要对象是(　　)

A. 旅游价格　B. 宣传方法　C. 客源　D. 服务质量

3. 我国旅游业的国际客源不包括(　　)

A. 外籍华人　B. 华侨　C. 中国籍美国人　D. 港澳台同胞

三、判断题

1. 旅游市场进行划分的标准很多。同一个旅游企业所采用的市场划分标准随着时间和市场条件的变化，也不需要有所变化。(　　)

2. 欧洲是当今世界上接待国际旅游的中心地区，也是世界上国际旅游业最发达的地区。(　　)

3. 在选择和确定重点国际客源市场方面，有关地区和国家目前来访的旅客数量虽然是重要的考虑因素，也是选择重点客源市场的唯一依据。(　　)

4. 中东国家的海外客源市场属于我国大陆旅游业的远程市场。(　　)

5. 我国地处东亚，距欧美这两个世界上最大的国际旅游客源产生地较远及我国旅游产品的开发和质量尚存在问题。是影响我国旅游业在国际客源市场竞争中的处境和不利因素的两个方面。(　　)

6. 增长速度快，出游目的地以亚洲国家和地区为主是我国的出境旅游市场的主要特点。(　　)

四、问答题

1. 旅游市场有何特点?

2. 为什么要对旅游市场进行细分？其意义何在?

3. 旅游市场细分的标准有哪些?

4. 我国国内旅游发展的特点有哪些?

5. 简答国际旅游客流的空间移动规律。

6. 旅游市场营销有何特征?

7. 旅游产品种类有哪些？旅游产品有何特点?

五、实训项目

根据本章所学知识，到当地旅行社调查一些常规的旅游产品，并分析其包括哪些要素，有何特色。

第八章 旅游的影响

引言

旅游业涉及社会上的诸多方面，旅游在发展过程中对旅游目的地的经济、社会文化和环境具有积极的作用，同时也造成了消极的影响。全面认识这些影响，对于促进旅游业的健康发展，具有重要的作用。

学习目标

- 掌握旅游对经济的积极作用，了解旅游对经济的消极影响；
- 理解旅游对社会文化的积极作用和消极影响；
- 了解环境与旅游之间的关系，理解旅游对环境产生的积极作用和消极影响。

第一节 旅游的经济影响

一、旅游对目的地经济的积极作用

（一）增加外汇收入，平衡国际收支

一个国家的收支平衡状况可描述为某一时期内本国居民与世界上其他国家或地区的贸易情况，这种国际贸易包括所有的进口贸易和出口贸易，促进收支平衡可能是各国政府积极发展旅游业的重要原因之一。旅游创汇具有传统商品出口所不具备的明显优势，主要表现在以下几方面：

1. 换汇成本低

在国际贸易市场上，生产和技术比较落后的发展中国家长期靠初级产品、原材料出口来换取外汇，在价格上明显处于不利地位，特别在进口国家实行贸易关税壁垒政策的情况下，出口国家为了获得外汇，有时不得不以低于商品成本的价格出

售,这样换汇的成本常常比较高。而旅游是一种无形贸易,旅游产品的生产地同时也是旅游者的消费地,所以这种出口可以节省外贸中的运输、仓储、保险等费用,以及进出口的各种繁杂手续,也不存在外贸出口商品在运输过程中的损耗问题。总之旅游换汇成本明显低于其他商品的换汇成本。

2. 换汇速度快

传统商品出口与支付款项的流向是相反的,从发货到支付结算往往需要较长时间。而在旅游出口中,旅游产品不发生空间位移,旅游者的流向和支付款项的流向是一致的,即都是从客源国(或地区)流向目的地国(或地区),旅游者需要采用预付或现付的方式结算,因此目的地国(或地区)能立即得到外汇。

3. 免受关税壁垒的影响

在传统商品出口中,进口国往往会通过调高进口关税来控制商品进口量,这就是所谓的关税壁垒。旅游出口是"风景就地出口",不受贸易保护主义的干扰、出口配额的限制和关税壁垒的影响。

特别提示

旅游创汇弥补贸易逆差作用显著

西班牙20世纪70年代中期40%的外贸赤字是由旅游外汇弥补的。法国1991年外贸逆差为54.8亿美元,同年旅游外汇收入达91.8亿美元,不仅弥补了贸易赤字,还有盈余37亿美元。

1978~1987年,我国外贸逆差共为324.4亿美元,同期旅游创汇收入为114.97亿美元,弥补率达35.4%。1987年,我国外贸逆差为37.5亿美元,旅游创汇为18.44亿美元,弥补率达49.7%。

资料来源:王琦.新编旅游概论.北京:清华大学出版社,2009.

(二)有助于货币回笼

回笼货币的基本途径,一是向市场投放相应数量的物质商品,再则是供应服务性消费品。在国家的物质商品生产能力有限,或难以扩大物质商品投入量的情况下,转移人们的购买趋向,鼓励人们多消费包括旅游在内的各种服务性产品,则成为必要的回笼货币的重要途径。因为旅游业可以实现提供少量商品供应和大量服务达到回笼货币的目的。因此,旅游业对于拉动内需,加速货币回笼,促进国内市场的繁荣和稳定有重要意义。

特别提示

旅游回笼货币作用显著

根据《世界旅游理事会和亚太经社理事会旅游工作组1998年度报告》,1998年全球个人旅游消费额预计为20 260亿美元,占世界各国个人消费总额的10.5%,其中亚太经社理事会成员国家个人旅游消费额为11 110亿美元,占其个人消费总额的10.69%。充分显示了旅游回笼货币的作用。

(三)带动相关行业的发展

旅游业是一项综合性强的产业,它的发展一方面有赖于旅游目的地众多行业的发展和支持;另一方面也可以带动和促进这些行业的发展。其根本原因在于,旅游者的消费需求要求旅游业必须提供各种设施、设备和消耗物资,旅游业也因此成为许多行业产品的消费市场,从而可以刺激和促进这些行业的发展。

(四)增加就业机会

旅游业是劳动密集型产业,它的发展可以为社会带来大量的就业机会。旅游业的就业岗位层次众多,特别是很多工作不需要高技术,就业门槛较低,对低技能劳动力有较强的吸纳能力。"十一五"期间,我国旅游产业规模不断扩大,旅游人才需求走高,每年新增直接就业逾50万人,间接带动数百万人就业。

拓展知识

另眼看"旅游增加就业机会"

影响旅游就业模式的因素很多。某些旅游部门的劳动密集性要高于其他旅游部门,因此旅游活动的类型会对就业产生影响。农庄旅游,尤其是农庄住宿接待业不一定存在对新岗位员工的需求,而旅游景区(点)的发展则可以产生很多新的不同类型的工作职位。由于旅游在就业方面的效应不一定能使当地居民受益,因此旅游目的地的就业机会问题可能也会受到怀疑。当地居民的就业水平是由当地人口所具有的技能水平所决定的。在大多数情况下,地方旅游发展中所能提供的管理职位较少,而几乎不需技能的工作职位占绝大多数——这些职位收入微薄而且几乎没有奖金。旅游企业会在更广的地域范围内征招管理层职位员工,以吸引高素质和经验丰富的求职者,在欠发达国家和小岛国家,外国工作人员享受高薪待遇。由于旅游相关职位可能吸引其他行业和部门的人才,也可能吸引那些不太有效率的劳动力,如兼职员工、临时员工或者从事副业的人员(如农庄旅游),因此就业效应的真实水平常常被歪曲。

资料来源:黄代梅.现代旅游管理导论.第2版.北京:电子工业出版社,2009.

(五)平衡地区经济发展,缩小地区差别

不同国家和地区,或者一个国家的不同地区,由于受自然条件、开发情况等方面的影响,它们的经济发展是不平衡的。旅游在缩小这种地区差别方面起到一定的积极作用。随着旅游的发展,国际旅游带来了世界社会财富的再分配,而国内旅游带来了国内财富的转移和重新分配。这种分配往往是经济发达地区居民把钱投向经济相对落后的地区。这种外来的"经济注入"可以刺激和带动当地的经济发展,有助于缩小地区差别。

二、旅游对目的地经济的消极影响

虽然旅游业的发展对国民经济有很大的促进作用,但是如果旅游接待国(或地区)不是量力而行,而是片面强调发展旅游业,可能就会带来副作用,甚至会得不偿失。

(一)引起物价上涨

就一般情况而言,由于外来旅游者的收入水平较高或者他们为了旅游而长期积蓄的缘故,旅游者的消费能力高于旅游目的地居民的消费能力。从供求关系来看,游客的涌入,大大增加了需求的总量,引起旅游目的地商品价格上扬。在经常有大量旅游者来访的情况下,则难免会引起物价的上涨。此外,随着旅游业的发展,地价也会迅速上升。很多国家的大量事实证明,在某些最初来访游客不多的地区兴建旅馆时,对土地的投资只占全部投资的1%。但是在这一地区旅游业发展起来之后,兴建旅馆地皮投资很快上升到占全部投资的20%。由此而造成的地价上涨,显然会影响到当地居民的住房建设与发展。

(二)产业结构发生不利变化

区域产业结构有其自身的演进规律,而旅游业的发展却会在一定程度上改变当地的产业结构。以农业为主的国家或地区,由于从事旅游服务的所得高于务农收入,因此常使得大量农村劳动力弃田从事旅游业。这种产业结构不正常变化的结果是,一方面旅游业的发展扩大了对农副产品的需求;另一方面,农副业产出能力下降,如果再加上农副产品价格上涨的压力,很可能会影响到旅游地社会和经济的安定。

(三)影响国民经济的稳定

任何国家或地区过分依赖于单一产业,从长远来看都是一种风险。同样,经济发展仅依赖旅游业,将会影响到国家或地区的稳定,如果旅游客源市场出现重

大变化，将会对旅游接待国经济造成重大的冲击和影响。这主要是有以下几个原因。

1. *旅游活动的季节性*

旅游目的地的经济因旅游的季节性而受到一定影响。如旅游旺季是当地经济发展的最佳时期，饭店、景区（点）和其他旅游相关企业大都处于饱和状态；而在旅游淡季，一些饭店、景区（点）和其他企业则处于闲置状态。因而，旅游接待国或地区在把旅游业作为基础产业的情况下，会给当地带来严重的经济问题和社会问题。

2. *旅游活动的可变性*

旅游需求在很大程度上取决于客源地居民的收入水平、闲暇时间和有关旅游的流行时尚，而这些都是旅游接待国或地区所不能控制的。如果客源地出现经济不景气，其居民旅游的需求也会相应下降，那么接待地区的经济会因此而受到影响。此外，客源地居民的旅游兴趣和爱好发生转移，选择新的旅游目的地，同样会影响原接待地区的旅游业发展。

第二节　旅游的社会文化影响

一、旅游对目的地社会文化的积极作用

（一）增进国际间的相互了解

旅游是旅游者之间、旅游者与旅游目的地人民之间的一种友好往来的交往活动，是一种特殊的民间外交。这对于促进彼此的相互了解，改善彼此关系都是十分有意义的。旅游者在接待国（地区）的旅游过程中亲身体验了旅游目的地的民俗风情，对旅游目的地的感受更为真切，其宣传的可信度也较大。同时，旅游者的旅游观感和体会还会传递到更大的范围。所以，国际旅游的开展可增进彼此的相互了解。

（二）推动科技文化的交流和发展

现代旅游既依赖于科学技术的发展，又推动着科技的发展。在现代旅游中，商务旅游、专业会议旅游、会展旅游、考察旅游以及休闲旅游中的访问活动，本身就是一种学术交流活动，使得科技文化交流的广度和深度不断获得新的发展。在这些旅游者中，有各行各业的专家和各类专门人才，他们的到访带来了各国各方面的信息，通过举行专业会议、学术报告，进行科学讨论和交流，传播了学术思想，在交流中相互提高了学术水平。此外，旅游目的地也往往举办一定规模的科技节、文化节、美食节、戏剧节、民俗节、音乐节等，既招徕旅游者，又推动了文化艺术的发展和交流。

此外,旅游在发展过程中也不断对科学技术提出新的要求,尤其是在交通运输工具、通信及旅游服务设施和设备方面,要求更加快速、便捷、舒适和安全,这就推动了相关领域科学技术的发展。

(三)促进民族文化的保护和发展

文化是旅游的灵魂,是旅游发展的内动力。要实现旅游业的可持续发展,既要保护具有审美价值和文化价值的文化遗址,也要促进地方工艺品和传统文化活动的复兴。随着旅游业的发展,一些几乎被遗忘的传统习俗和文化活动得到了开发和恢复。如利用传统技术制造的人工制品在得到游客认可的同时,也使这些传统工艺得到保护和发展。还有传统音乐、舞蹈、戏剧等也随着旅游活动受到重视和发掘,濒临毁灭的历史建筑也能得到维护和管理等。这些几乎被抛弃的文化遗产,随着旅游的开展获得了新生,成为独特的文化资源。

(四)促进目的地生活环境的改善

旅游接待地区的基础设施、服务设施要与当地旅游业的发展水平相适应,这些改变对于提高当地人的收入水平、改善社会基础设施条件、提高社会文化生活质量,以及丰富社会文化活动内容等方面都有积极的推动作用。

二、旅游对目的地社会文化的消极影响

旅游在促进目的地经济、环境、社会、文化等方面的改善与发展的同时,也必然会出现某些负面影响。

(一)旅游对传统文化的冲击

从文化的角度来看,旅游活动是不同文化的交往。旅游中的文化在接触后发生传播,在传播过程中又互相影响。这种影响大多表现为相对落后的社会受发达社会的先进文化的影响多些。如欧美游客在旅游中对落后地区的文化造成一定影响,而受当地文化影响较小。

此外,对旅游者来说,其旅游活动持续的时间并不长,而对于接待地居民来说,不同的游客不断地从各地涌向该地,从而使接待地受到持续不断的外来文化的影响,导致地方文化的独特性被削弱,地域性特征逐渐丧失,而与外来文化日趋相同。我国云南泸沽湖民俗文化的变迁就印证了这一点。

拓展知识

摩梭人的走婚制

云南丽江泸沽湖地域封闭,风光秀美,这里是摩梭人聚居的地方,他们是我国唯一一个保留着母系家庭结构的族群,目前还沿袭着古老的走婚风俗。

摩梭人的走婚制是世界上最奇特、最有自由色彩的婚姻形态。摩梭女孩成年时会举行隆重的穿裙礼，从此之后，可由她挑选如意郎君，其他人（包括父母）均不能干涉。一旦选中，女孩会暗示情郎夜来闺房探访。摩梭人没有明确的婚姻关系，双方不娶不嫁，不建立家庭，全靠感情维系关系。这一独特的民族风情吸引着来自世界各地的旅游者蜂拥而至。但是，随着旅游者的大量涌入，随之而来的外来文化已经使当地的传统文化、风俗习惯发生了巨大变化。

比如，这里的婚姻制度已经嬗变为三种形式：一是走婚制，即“阿夏异居婚”，阿夏指情侣，这是传统的母系社会婚姻的主要形式，约占70%；二是“阿夏同居婚”，这种婚姻是指已经结成情侣关系的男女同居一室，但不自立门户，男到女家或女到男家由两家协商而定；三是一夫一妻制。后两种约占30%，并且有继续扩大的趋势，这种趋势已经使泸沽湖摩梭人传统的母系社会的冰山一角开始融化，最具特色的婚俗文化现象的魅力在减弱。

资料来源：谢彦君.基础旅游学.北京：中国旅游出版社，2006.

（二）文化丧失本义

旅游目的地的民俗活动和祭祀仪式，如婚庆、节日、丧葬、祭祖、拜神等都是在传统特定的时间、地点，并按照严格和特定的程序进行的。然而随着大众旅游的兴起，传统的民俗活动逐渐被商品化。为了接待旅游者，满足旅游者的兴趣，它们随时被搬上舞台，并且表演的节奏明显加快，以满足旅游者体验文化快餐的需要。另外，旅游目的地工艺品大量生产，粗制滥造，这些产品实际上已不再表现传统的风格和制作技艺。一旦旅游者把这些旅游工艺品当做能反映当地传统工艺和地方特色的真正艺术品，便会使旅游地文化的形象和价值受到损害与贬低。目前，一些地方的传统文化正随着旅游的发展而丧失其本义。

拓展知识

宗教文化趋向商品化

在有些旅游区，宗教已经成为一种商品。宗教建筑物和宗教活动成为可观赏的景观。许多宗教圣地吸引了大批的游客，他们可能信仰也可能根本就不信仰这一宗教。一些最著名的旅游胜地都与宗教有关，如教堂、修道院和教会，以及麦加、伯利恒和洛德斯。当地的宗教信徒、虔诚的游客和观光者之间的冲突日益增多。而且，旅游者并不能够完全理解当地传统的宗教礼仪、仪式和习惯，他们可能会以一种漠然或者不虔敬的态度来参观这些宗教活动。一些旅游者成为别人葬礼或婚礼的参观者。而在不丹，旅游者是被禁止参观某些修道院的，其目的是为了防止旅游破坏宗教生活。在很多国家，尤其是伊斯兰国家，旅游者的服装也可能会引发冲突。比如在主要居住穆斯林的冈比亚，穿着紧身衣、短裤或短裙的女性游客及穿着短袖衬衣的男性游客都会被认为是有伤风化的。在居住穆斯林的马尔代夫，游客裸露上身淋浴是不能被容忍的。在桑给巴尔岛，游客不恰当的服装和行为也会触犯伊斯兰信仰。这些仅仅是一部分例子。在当今的缅甸，佛教商品化已经达到了由当地军政府立法支持的程度。当地的旅游促销致力于宣传缅甸佛教传统和文化遗产大国的形象。这些研究者们还关注在制定旅游产品战略中存在的真实性问题及当地居民受到的实质性影响，同时也关注旅游对当地居民的健康和犯罪产生的不利影响，如东南亚地区随着旅游的发展，卖淫人数增加。

资料来源：黄代梅. 现代旅游管理导论. 第2版. 北京：电子工业出版社，2009.

（三）不良的“示范效应”

“示范效应”，是指“仅仅通过观察旅游者而引起当地社区态度、价值观或行为的改变”。在大多数情况下，这种示范效应是有害的，旅游者所表现出来的富裕程度和行为自由度，对于当地居民而言是一个遥不可及的目标，它可能导致当地居民的不满和愤怒情绪，当地居民可能会用非法手段来实现他们无法实现的愿望，因此，旅游目的地的犯罪率可能会由此升高。示范效应对年轻人产生的影响最大，传统封闭地区的年轻人观察到一些西方国家的旅游者（特别是年轻人）的自由和物质上的优越性，可能会导致他们模仿游客的消费行为，为达到游客的消费水平，越来越多的当地人可能会在服务业中求职。一旦当地居民不能通过合法手段满足他们的愿望，犯罪及居民与游客关系的紧张程度就可能上升。

（四）干扰旅游目的地居民的生活

任何旅游目的地的承载能力都是有限的。随着外来旅游者的大量涌入和游客密度的增大，致使当地居民生活空间缩小，从而影响到当地居民的正常生活。尤其是在近几年，为了旅游开发而迫使当地居民迁离自己住所，这种现象被称为开发迁移。1996年，大约300名夏威夷土著人被夏威夷政府逐出檀香山的马库阿海滩，目的是要在这片腾出的空地上修建一座新的海滩公园。

第三节　旅游的环境影响

一、旅游与环境的关系

环境与旅游之间的关系是一个双向交互过程。一方面，环境为旅游产品的生产提供基本的成分，如可供旅游者欣赏并生活和放松的各种条件。另一方面，旅游也产生了许多负作用的产品，它们被直接排放到环境中去，会改变环境的固有状态。环境的变化又影响到旅游活动的质量。因此，旅游与环境的关系是一种既相互依赖又相互作用的关系。良好的环境是旅游业建立和发展的前提，是一个国家或地区旅游业赖以存在和发展的最基本条件。

二、旅游对目的地环境的积极作用

旅游业对于环境的依赖度很高。在旅游的发展过程中，对环境的保护工作应高度重视。旅游对环境的积极作用表现在以下几方面。

（一）有利于保护历史文化古迹

一些有特色的历史文化古迹对旅游者有独特的吸引力。地方政府越来越重视历史文化的挖掘、整理和保护，一些有特色的历史建筑物能够在修整后成为新的旅游吸引物。如果能够以创造性和极为灵活的方式对现有建筑物加以改造与利用，那么旅游则是恢复经济发展的有益推动力。在很多工业化国家，在废弃的土地上建造城市公园或乡村公园的做法相当普遍。

（二）有利于改善当地环境

如果将旅游看成一种重要的收入来源，那么当地政府很可能通过改善环境来提高当地的旅游吸引力。如新加坡为了旅游业的发展，广泛植树种花，加强园林建设，使新加坡成为一座“花园城市”。我国杭州为了保护西湖的独特景观，搬迁了西湖周围的十多家有排污的工厂，又通过一些措施净化水质，确保了“绿色明珠”的特色。

（三）优化地方整体环境，提高区域形象

通过发展旅游业，优化地方整体环境，提高区域形象，已成为当今世界许多国家和地区的一项策略。旅游业是一项综合性的产业，发展旅游业涉及地方的各行各业，旅游活动牵涉到区域的经济、文化、政治各项活动，通过发展旅游业，可以将区域的各种发展要素整合起来，形成统一、协调的区域发展环境，包括优美的自然环境、优良的投资环境、优质的服务环境等。区域形象和区域竞争力在旅游业的整合下，得以提高和壮大。

三、旅游对目的地环境的消极影响

（一）影响动物种群结构

一个风景区的生态平衡是经历了几千甚至上万年的自然演替而形成的相对的稳定系统。但旅游及其相关活动能在很短时间内改变这种自然生态的平衡系统，突出的表现是植被减少、野生动物受到滋扰，动物活动规律被打乱等。旅游的开发可能会破坏许多野生动物的栖息地或庇护所；游客的造访活动和所制造的噪声都

会干扰野生动物的生活与繁衍。

拓展知识

海龟的生存危机

土耳其地中海沿岸的沙滩，是稀有动物海龟的生存地，旅游活动使用各种旅游设施时，所产生的噪声，如手提音响、水上摩托、汽艇等会产生极大的噪声，都对海龟有非常大的影响，使海龟栖息地遭到破坏。特别是，通常情况下海龟在6月~8月的旅游高峰季节中筑巢，而孵化的小海龟中只有千分之一或千分之二能够长大。旅游开发从6个方面威胁到海龟的生存。

(1)失去海滩筑巢地——开发商和旅游者侵占了海龟的栖息地，并种植树木以供旅游者乘凉，这些行为都会妨碍海龟成功筑巢。

(2)小海龟和筑巢的雌海龟受到人造灯光的误导而迷失方向——海龟具有趋光性并会向有光源的地方移动。它们通常都是向着阳光在海面上的反射光方向移动，但是海滩前各种设施的灯光会吸引海龟爬向内陆，从而发生脱水现象或者在途中发生意外。

(3)噪声——海龟受到大量噪声的干扰。

(4)交通——海滩上，过往的旅游者使沙土变得密实，海龟蛋无法均衡呼吸空气，可能会在不恰当的时间孵化。

(5)污染——海龟吞食废物和焦油可能引起窒息与死亡。

(6)水中的活动——海龟被钓鱼线缠绕、落进渔网或者与船只相撞而受伤。

资料来源：黄代梅. 现代旅游管理导论. 第2版. 北京：电子工业出版社，2009.

(二)破坏地表植被

旅游活动对地表植被和植物的影响可分为直接影响与间接影响两大类。直接影响行为包括移除、踩踏、火灾、采集和对水生植物的危害。间接影响则包括外来物种引入、车辆废气、土壤流失等。

有些旅游景区为了兴建宾馆、停车场或其他旅游设施，大面积的地表植被被剔除，原生植被几乎全被挖除，重新植上外来草种。欧洲中南部的阿尔卑斯山旅游开发就是最典型的一个例子，数百平方公里的森林被砍伐，代之以滑冰场、缆车、路标塔、建筑物、过道等，使得地表难以保存和吸收水分，发生水土流失、洪水、山崩、雪灾等灾害的危险性加大。

游客践踏是最常见的现象。游客在旅游活动过程中，一般不会蓄意地破坏植物，但对植物的践踏往往会引起一系列相关反应。例如影响植物种子的发芽，导致幼苗无法顺利成长,致使已成长植物的生理、形态等发生改变。采集也是对植物的一种伤害行为。游客最常见的采集动机是想摘下漂亮的花,或想尝尝果实的滋味,或是想带一部分植物回家种植。此外,许多游客迷恋植物的神奇疗效,一到野外看见药用植物就采摘,使得许多药用植物的天然种群愈来愈少。

(三)环境污染

1.大气污染

不同类型的旅游地,导致大气污染的原因各不相同。总体来说,主要是生活燃料废气、汽车排放尾气以及扬尘。另外,一些宗教旅游地,游客拜佛烧香也是一个重要原因。大气成分改变、大气浑浊、能见度降低以及扬尘、酸雨或酸沉降等是旅游地大气污染的主要表现。

大气污染不仅可破坏旅游地的小气候环境和优美的自然景观,而且会影响动植物和游人的生活环境。其中酸雨是大气污染的主要后果之一,酸雨可严重毁坏植被,并造成土地和水质污染,腐蚀文物建筑,最终导致整个旅游生态系统的功能下降。大气粉尘颗粒污染危害性也比较大,它通常笼罩在旅游地上空,造成能见度降低,可严重影响景观和旅游者的身体健康。

2.水污染

旅游活动对水体环境的污染也是相当广泛而严重的。随着度假旅游活动的日益兴盛,海湾、湖畔、河边等地的水上运动项目,都给水体环境带来了巨大冲击;生活污染是旅游地水污染最主要的来源之一,大多数旅游地一般都未建污水处理设施,或是不具备足够的污水处理能力,致使大量的生活污水随地排放,严重污染水环境;另外,游客将携带的软硬纸质、塑料包装及金属易拉罐等固体垃圾不合理丢放于水体而造成漂浮物污染。

3.垃圾污染

旅游是高消费的活动,游人的废弃物比日常生活的垃圾要多,加之近年来人们物质生活水平的逐步提高,游客带入旅游区的生活物品及在景区内的就地消费也逐渐增多,固体垃圾与日俱增。另外,许多旅游地管理手段和垃圾处理设施滞后,大量垃圾长期得不到合理处理,越堆越多。

4.建设造成的污染

旅游地建设造成的污染通常包括几个方面的内容,即建筑设施与旅游环境不协调;旅游地域城市化、商业化与旅游环境不协调;人造景观与旅游环境不协调;旅游灯光等配置与旅游环境不协调。

(四)地质灾害

目前,水土流失已成为各类旅游地严重的生态问题之一。不少山岳风景区为了节省游人体力,方便游人,都修建了旅游客运索道,盘山公路也差不多修到了地形条件再也不允许修筑公路的地方，山地之巅或核心景区盖起了星级宾馆。尽管在建索道、铺电缆、修公路、盖宾馆的过程中力求不改变山体形态，但是开山炸石、剥离地表植被都是不可避免的。随之而来的便是越来越严重的水土流失。如果开挖面使上部岩体失去支撑，若遇震动或足够的降水，还有可能引发滑坡、塌方、危岩崩落。

在一些森林公园和自然保护区，旅游开发和建设活动使原始森林被严重地破坏，加剧了地质环境比较脆弱地区的山地灾害，给山高坡陡、岩石破碎、风化严重而松散固体物质堆积区的重力侵蚀作用加大，造成一些地段滑坡，泥石流不断发生，且具有规模大，毁灭性强的特点。

（五）土壤破坏问题

旅游区的土壤面临的主要问题是，游人践踏或车辆碾压影响土壤结构变化，造成土壤板结，以及理化性质与生物学性质变化；游人乱扔废弃物、塑料制品等难以分解的固体污染物，影响土壤的物质循环；旅游设施的建设破坏土壤原有结构，造成水土流失，减少土壤生物多样性。

（六）旅游地生态环境容量问题

旅游地生态环境容量主要是指旅游地在一定时间、一定空间范围内对旅游活动的容纳能力或承载能力。旅游区旅游者数量如果超出了旅游地客观的承载力范围，旅游地系统的紊乱与不协调状态及破坏过程就会逐步加剧。由于游客超载和过分集中，安全系数降低，加大了安全管理的难度，特别是对于一些危险旅游地带。另外，由于游客超载，加大了对环境的破坏。游客大量进入旅游区，伴随而至的便是遍地的垃圾污染，这在一定程度上给旅游区的环卫工作带来了压力。游客增多也给旅游设施带来很大的压力和破坏。

案例分享

从旅游效应的角度看尼泊尔旅游开发中的问题

半数以上前往尼泊尔的旅游者都出自度假和愉悦的目的，还有1/4的旅游者是徒步登山旅行者，而这一部分还呈增长趋势。由于这些徒步旅行者逗留时间长，因此更显其重要性。商务、政府官员和会议人员的比例大约为14%。

尼泊尔的旅游问题在很多方面都可谓发展中国家旅游发展的缩影。在这些国家，存在着经济发展的压力、创汇的压力和就业的压力，同时，政府在刺激和推动旅游产业发展过程中还要面临保护环境和文化的压力，因为这些正是旅游产品的内核所在。

在尼泊尔，早期的旅游主要是私营部门经营的，而政府旅游政策的重点一直是放在如何增加旅游者人数从而获得更多的经济利益。其结果是，旅游发展的消极影响往往被忽略了。最终，旅游支出的漏损，环境和文化效应，资源的过度开发，失当的基础设施建设以及低劣的服务，这些成了积重难返的问题，其严重程度如今已经达到威胁整个尼泊尔旅游发展的程度。例如，到1983年，尼泊尔70%的旅游纯收入用于进口，而旅游产业收入的漏损率高达45%～75%。

在环境方面，森林砍伐是最为人们关注的问题。在过去的20多年中，有很多报道称大片的原始森林被砍伐以满足徒步旅行者的需要。例如，在萨格玛哈国家公园，由于旅游而使当地木材需求量增加了85%。

文化效应在一定意义上也具有类似的后果。有人认为，旅游毁损了传统文化和价值观，同时，却带来了毒品、娼妓和走私。当然，也有人认为，尼泊尔人经商做买卖已经几代人了，旅游只不过代表一种新的贸易形式，而文化是能够也确实在适应新的变化的环境。尽管存在这些争论，但旅游迅速发展所引起的特殊影响已经引起政府部门、宗教团体和整个尼泊尔社会的关注。

资料来源：谢彦君.基础旅游学.北京：中国旅游出版社，2004.

分析：

人们发展旅游都忽略了旅游接待地真实的经济成本，而只看到它对衰落景区及欠发达国家就业、经济上带来的效应。虽然旅游可以产生经济效益，而且这种经济效益通常是易于评价的，但是无论就短期效益还是长期效益而言，旅游也容易给当地居民造成一些负面的影响；引发不同程度的社会和文化影响；特别是还有一些一味寻求经济利益最大化的对环境不负责任的旅游开发方式，更是付出了环境代价。所以，人们应当依托当地经济能力来开发旅游产品、完善旅游产业；同时，人们也应当对支持旅游增长的环境进行周密的规划和管理。

思考与练习

一、填空题

1.旅游对目的地经济可能产生的不利影响包括：一、________。二、有可能影响产业结构发生不利变化。三、过重依赖旅游业影响国民经济的稳定。

2.一个旅游目的地的旅游承载力水平既取决于该地的客观条件，在一定程度上也取决于该地________。

3.一个国家的收支平衡状况可描述某一时期内本国居民与世界上其他国家或地区的________。

4.回笼货币的方法一是要向市场投放相应数量的物质商品，再则是________。

二、选择题

1. 在国际旅游研究中，一个国家的国际旅游收入统计数字中，一般不包括（　　）。

A. 旅游购物收入　　B. 国际间交通客运收入

C. 饭店住宿收入　　D. 景区门票收入

2. 我国的旅游进口市场中，旅游者的流动与旅游收入的流动是（　　）。

A. 同方向流出中国　　B. 同方向流入中国

C. 反方向　　D. 不确定

三、判断

1. 对一个国家来说，其国际收支经常会出现不平衡的情况，当一个国家的国际收入大于国际支出时，其国际账户中便会出现逆差或赤字；反之则会出现顺差或剩余。（　　）

2. 同传统的商品出口有所不同的是，在旅游出口中，旅游者的流动方向与支付款项的流动方向是相反的；而在传统的商品出口中，出口商品的流动方向与支付款项的流动方向是相同的。（　　）

3. 在旅游产品出口方面，通常不存在客源国实行的关税壁垒的问题。（　　）

4. 旅游产品换汇率较高的直接原因是，由于旅游出口是一种有形贸易，并且旅游者必须到旅游产品的生产地点进行消费。（　　）

四、问答题

1. 旅游对目的地的经济有何影响？

2. 旅游对目的地的社会文化有何影响？

3. 旅游对目的地的环境有何影响？

4. 从旅游影响的角度来看，用旅游这种方式达到使贫困地区脱贫是否可行？

五、实训项目

结合本章所学知识，请举一个实例说明旅游发展给当地带来的经济、社会文化和环境的变化。

第九章 旅游的可持续发展

引言

旅游业的快速发展推动了各国社会、经济和文化进步，但也给社会、环境、资源及人类自身生活造成了负面影响。“旅游破坏旅游”的现象引起了国家和相关人士的重视。如何做到“既满足当代人的需求又不危及后代，满足后代需求的发展”，为旅游业的进一步发展提出了新的命题。旅游业必须走可持续发展的道路。旅游容量问题在旅游业可持续发展中不容忽视，尤其是对旅游容量超载的调控，这是关乎旅游业健康、稳步、可持续发展的重要前提。同时，生态旅游作为一种新的旅游形式，被视为协调旅游发展与环境保护的最佳途径，也是实现旅游业可持续发展的重要内容。而《全球旅游伦理规范》的推行及主要措施的采取，则是从伦理道德上给旅游的可持续发展提供情感支持。以上这些都是旅游业可持续发展的重要内容，同时也是当今旅游研究和实践的重要领域。

学习目标

- 了解可持续发展，掌握旅游可持续发展的概念；
- 认识旅游可持续发展的目标；
- 理解生态旅游的概念、特征与基本模式；
- 了解《全球旅游伦理规范》的内容及推行的主要措施。

第一节 旅游可持续发展的基本理论

自20世纪六七十年代以来，近代工业文明的发展模式和道路给我们造成了各种困境与危机，如资源危机、土地沙化，以及环境污染等问题日益突出，地球上的物种不断灭绝，森林面积不断减少……人们不得不进行反思。人们需要在价值观、文化和文明方式等方面进行广泛而深刻的变革,需要寻求一种可持续发展的道路。正是在这种背景下,"可持续发展"成为全球所追求的共同目标。

一、可持续发展的内涵

由于可持续发展涉及自然、环境、社会、经济、科技、政治等诸多方面,研究者的视角不同,对可持续发展的理解也就不同。尽管目前对可持续发展有很多定义,但真正得到国际社会普遍认可的则是在《我们共同的未来》中提到,并在1992年里约热内卢联合国环境与发展大会上得到公认的概念:可持续发展是既满足当代人的需要,又不对后代人满足其需要的能力构成危害的发展。

世界环境与发展委员会(WCED)提出的可持续发展的内涵包括了三个方面:

(1)人类的需要。世界环境与发展委员会认为,发展的主要目的是满足人类需要,包括基本需要(指充足的事物、水、住房、衣物等)和高层次需要(指提高生活水平、安全感,更多假期等)。对于发展中国家来说,可持续发展首先是实现长期稳定的经济增长,在满足人们基本需要,然后再提高生活水平,满足其高层次需要。

(2)资源使用的限制。由于不可再生资源、可再生资源和自然环境承载量都是有限的,而人类目前有限的技术水平和社会组织结构会延续或加剧这种限制。所以,在发展过程中要考虑环境和资源承受能力,达到人和自然之间的长远协调。

(3)公平。世界环境与发展委员会认为,要满足人类的需要,就必须要实现资源的公平。一方面是代内公平。即当人们发展与消费时,不仅要符合局部人口的利益,而且要符合全球人口利益的发展,特别要满足贫困人口的需求。另一方面是代际公平,即今天的发展不能对满足后代人需求的能力构成威胁。要努力做到使自己发展的机会与后代人的机会平等,不能允许当代人片面、盲目地追求今世的发展与消费,而剥夺后代人本应该合理享有的同等的发展与消费的机会。

二、旅游可持续发展的概念

关于旅游可持续发展的概念,国内外专家学者已有比较丰富的研究成果,国际上权威的定义有如下两个:

(一)世界旅游组织的定义

1993年世界旅游组织出版了《旅游与环境》丛书,其中《旅游业可持续发展——地方旅游规划指南》一书对旅游可持续发展给出的定义是"指在维持文化完整、保护生态环境的同时,满足人们对经济、社会和审美的要求。它能为今天的主人和客人们提供生计,又能保护和增进后代人的利益并为其提供同样的机会”。这一定义是对旅游可持续发展理念的进一步总结,不仅指出了旅游业本身的特质,而且提出了“主人”和“客人”区际公平发展的思想,对旅游可持续发展的国际认定具有重要的指导意义。

(二)1995 年《可持续旅游发展宪章》的定义

“可持续旅游发展的实质,就是要求旅游与自然、文化和人类生存环境成为一个整体”,即旅游、资源、人类生存环境三者的统一,以形成一种旅游业与社会经济、资源、环境良性协调的发展模式。

虽然旅游可持续发展的概念很多,但它们都存在共同点——着重于对旅游可持续发展的实质的揭露,旅游可持续发展的实质就是“对资源和环境的保护”。因此,从这个共同点出发我们可以将旅游可持续发展的概念表述为:“把旅游开发建立在环境可承受范围之内,让旅游业的发展与资源、环境、经济、社会文化协调发展,不仅满足旅游者和当地居民当前的生活、文化、精神、享受性利益和需要,并能造福于后代子孙的一种旅游发展模式”。

特别提示

2009 年 10 月 11 日,联合国世界旅游组织阳朔旅游可持续发展观测点揭牌仪式在阳朔举行。这是世界旅游组织在中国首个旅游可持续发展观测点,也是世界首个旅游可持续发展观测点。

三、旅游可持续发展的目标

1990 年,在加拿大温哥华召开的全球可持续发展大会上,旅游组织行动策划委员会,提出的《旅游业持续发展行动战略》草案中阐述了旅游业发展的主要目标:

(1)增进人们对旅游所产生的环境、经济效应的理解,强化其生态意识。

(2)促进旅游的公平发展。

(3)改善旅游接待地的生活质量。

(4)向旅游者提供高质量的旅游经历。

(5)保护上述目标所依赖的环境质量。

以上五条目标说明旅游可持续发展是多层面的。

第二节 旅游容量分析及管理

一、旅游容量的概念

旅游容量也称旅游环境容量,又被称为旅游环境承载力。它是一个概念体系,国内专家一般把它概括为基本容量和非基本容量两大类。

(一)旅游基本容量

基本容量可分为供给与需求两个方面,但具体来说分为五种:

1. 旅游心理容量

这是需求方面的唯一的一个容量概念,它是从旅游者角度来考虑的,即旅游者于某一地域从事旅游活动时,在不降低活动质量的条件下,地域所能容纳的最大量,也称旅游感知容量。旅游心理容量包括了旅游者的直接旅游心理容量和旅游目的地居民的相关旅游心理容量。一般情况下,旅游心理容量可能是最不稳定的量数,会因时、因地、因人而呈现出很大的不同。如2010年“十一”黄金周,北京共接待国内旅游者930万人次,其中故宫累计接待54万人,其客流量超过了最大容量的两倍。许多旅游景点人满为患,游客游览时心理感知质量下降。

2. 旅游资源容量

这是在保持旅游资源质量的前提下,一定时间内旅游资源所能容纳的旅游活动量。如九寨沟2005年的统计数据显示:宾馆共有18 019个床位;观光车共有座位6 342个,瞬时运载能力为6 342人,每天平均运转3次,则容量为19 026人;沟内唯一餐厅可同时容纳4 000人吃饭,按人均就餐时间为40分钟,则11:00～14:00就餐人数可达18 000人,等等。

3. 旅游生态容量

指在一定时间内旅游地域的自然生态环境不致退化的前提下旅游场所所能容纳的旅游活动量。一般生态旅游环境系统都有一定的纳污自净能力,即通过稀释、扩散、挥发、沉降等物理作用,氧化和还原、分解、吸附、凝聚等化学作用,以及吸收和降解等生物作用来解除污染物,使生态环境系统达到自然净化,保持生态系统的平衡和稳定。但是,如果生态环境系统长期或超量接纳外部尤其是人为的强制输入,这种稳定性就会破坏,平衡关系被打乱,生态系统将陷入自萎状态,自动调节能力下降,最终可能导致整个生态系统的崩溃。同样是九寨沟,我们对它的生态容量在计算时应遵循《风景名胜区规划规范》中的生态原则,如针叶林地每公顷2～3人,阔叶林地每公顷4～8人,九寨沟的森林面积以30 000公顷计,针阔叶林比例以7:3算,则九寨沟的生态容量应为10.2万人。

4. 旅游的经济发展容量

指一定时间一定区域范围内经济发展程度所决定的能容纳的旅游活动量。旅游作为一个产业,是与国民经济其他部门密切相关的,旅游的接待能力依赖于当地的经济发展水平的制约。AAAAA 级景区井冈山是红色旅游目的地,红色旅游对井冈山的经济发展起到了很大的促进作用,其生产总值由 1978 年的 3 676 万元,增至 2009 年 25.53 亿元;全年财政收入由 1978 年的 219 万元增至 2009 年的 2.76 亿元。2009 年,城镇居民可支配收入达 14 016 元,农民人均纯收入达 4 391 元,城乡居住条件明显改善。随着井冈山经济建设的深入推进,井冈山的基础设施得以改善,旅游接待能力和档次也大幅提升。到 2009 年,井冈山已拥有旅游接待床位 13 000多张,接待馆店 130 多家。井冈山风景名胜区面积已达 261.43 平方公里,分为 11 个景区,76 处景点,460 多个景物景观。2009 年,井冈山接待国内外游客 412.06 万人次,实现旅游总收入 29.65 亿元,同比分别增长 12.3%、13.3%,旅游门票收入超亿元。

5. 旅游的地域容量

旅游的地域容量指旅游接待地区的人口构成、宗教、信仰、民情风俗、生活方式等所决定的当地居民可承受的旅游者数量。20 世纪 20 年代末,美国生物学家洛克博士多次来到素有“女儿国”之称的泸沽湖畔,从采集动植物标本到研究摩梭文化,并写下了《中国西南的摩梭王国》,他的走访并没有影响摩梭人的生活和观念。然而,今天大量旅游者的进入,摩梭人的生活在强烈的外来文化冲击下已经发生了变化。保护泸沽湖原始的文化特色必须限制外来旅游者的数量,不能超出当地的地域容量。

(二)旅游非基本容量

旅游非基本容量,是基本容量在时间和空间上的具体化与外延的结果,它主要包括旅游合理容量与旅游极限容量、实际旅游容量和规划旅游容量、与旅游活动的空间尺度相联系的容量概念等。

旅游景区环境容量是指在既能保证旅游景区内现有游客的游览质量,又能保持旅游景区的生态环境平衡,维持景区的可持续发展,即在不引起旅游景区环境遭到破坏或质量下降的前提下,旅游景区所能容纳的最大游客量。

特别提示

旅游心理容量一般包括旅游者的心理容量和旅游目的地居民的旅游心理容量。一般情况下,说到旅游心理容量,我们主要是指旅游者的心理容量,而忽略了旅游目的地居民的心理容量。最近几年,在一些旅游目的地发生过一些“恐怖事件”和对游客的不友好行为。针对这些事件，一些人把它们归罪于当地居民的素质。其实，不能简单地看待这些问题，居民素质是一方面的原因，但也应看到，大量游客的涌入，扰乱了当地居民的生活节奏：购物排队、道路拥挤，加之游客的行为往往具有伦理脱离倾向，这一切都对当地居民产生了不利影响，天长日久，居民便不能容忍这种状况，从而导致他们采取过激行为来对待游客。

资料来源：范玉翔. 旅游目的地居民的旅游心理容量超载问题初探. 山东行政学院. 山东省经济管理干部学院学报，2004(3).

二、旅游容量的测定

由于旅游容量是一个综合性概念，它由多种基本容量和非基本容量构成。国内外在对旅游容量的研究中多侧重于空间容量和环境容量。常用的旅游环境容量测算方法如下：

（一）空间极限容量

空间极限容量是指测算旅游环境的空间最大容量。主要是指旅游地已经开发的旅游景区的容量测定，具体方法通常是采用面积法和线路法。面积法是根据景区的空间规模、游客周转率和标准容量来进行计算；线路法是根据景区的游览线路的长度、游客周转率和标准游览距离来计算的。

（二）旅游设施极限容量

这一概念即是旅游地现有旅游设施的最大容量。它包括直接、间接为旅游者服务的实施设备，如住宿、娱乐、供水、通信、道路、停车场、码头、机场等对旅游活动的容纳能力。这些设施的容量比较客观，相对容易测量。通常起决定作用的是直接旅游设施容量，但在某些情况下间接旅游设施容量也会发生主要限制作用，如高山旅游区在冰雪封山或山洪暴发时，交通运输就成了重要限制因素。

（三）旅游环境空间与旅游设施的最大可容量

测算旅游环境空间与旅游设施的最大可容量，它可视为旅游空间与设施二者最大容量相结合的测算方法。其中，旅游环境容量的测量主要是通过测算旅游者在旅游地所产生的污染物和旅游环境本身自净能力与人工治理污染的能力。这样就可以测定出游客数量保持在何种规模上使生态环境不受到损害。

（四）空间容量与心理感应容量的最大可容量

游览空间容量和游人心理感应容量结合起来测算容量，它属于空间容量与心理感应容量相结合的测算方法。

由于人的心理容量的影响，每个旅游者在进行旅游活动时都要求有一定的个人空间。游客所获得的个人空间的大小对其旅游体验的影响非常大，游客获取满意的旅游体验所需的个人空间与旅游地可旅游区域的大小决定了旅游地的心理容量。旅游者心理容量是指单位时间内旅游者在旅游活动中感到舒适时的空间需求量，是旅游者对旅游地空间的心理评价。它通过游人旅游活动中人均空间的需求量来反映区域空间的承载能力。旅游心理容量的测定可采取实际测算与问卷调查相结合的方法来测量。例如，不同旅游者对某一旅游目的地体验的态度有很大差别，像从同里刚刚归来的游客，对同里有评价“环境幽雅古色古香，有小桥流水人家的感觉，非常喜欢”的；还有评价“门票不贵，典型的江南小镇，只是现在的景点都开发过度”的。

三、旅游环境容量的调控

旅游环境容量具有一定的动态性，尤其是超出了旅游景区的环境承载能力，就会使旅游地的生态系统失衡。对旅游容量进行适度调控是实现旅游可持续发展的重要手段。具体来说，旅游容量的调控主要包括旅游容量的饱和或超载调控，旅游容量的疏载调控两个方面。

（一）旅游容量的饱和或超载的消极影响

旅游地承受的旅游者人数或旅游活动量达到旅游地极限容量，称为旅游容量饱和，而超过极限容量则称为旅游容量超载。如2010年7月份，四川省遂宁市大英县中国死海旅游度假区，前来纳凉消暑度夏的游客人山人海，旅游容量严重超载。

旅游容量的饱和和超载实际上是指对旅游目的地资源的过度利用，这给旅游资源造成了很大的破坏。如环境容量超载引发的人口密度过大、交通拥挤、生态环境恶化，不仅会给旅游环境资源和旅游基础设施造成巨大压力和破坏，超载严重时还极易造成安全隐患。从而直接导致旅游质量下降，影响该地旅游业的可持续发展。

旅游容量超载造成的消极影响主要体现在以下几个方面：

1. 对植被资源的影响

以自然资源为基础的旅游目的地，在旅游容量超载时，往往会严重损害其植被资源，甚至造成生态系统失调。在我国大部分著名的自然风景旅游地，一些重要景区皆因旅游容量超载出现了裸地日渐扩大，小面积生态系统的退化等现象。

2. 对水资源的影响

在以自然资源为基础的旅游目的地，旅游容量超载的结果，在绝大多数情况下会导致对旅游地水体的污染。例如，旅游容量超载所产生的大量垃圾也对水资源造成污染。

3. 产生噪声污染

噪声污染、空气污染和水污染被称为当今世界的三大公害。旅游容量超载引起的噪声主要包括交通噪声和社会噪声，它对人们感官的直接影响，是旅游者感觉拥挤不堪。如果旅游地到处充斥着游客和车辆的喧闹，不能获得应有的旅游轻松气氛，旅游的质量就会大打折扣，从而造成旅游者心理上的不满。

4. 对旅游设施与服务的影响

旅游容量超载会给旅游目的地的旅游设施和基础设施造成很大压力。一般情况下，短期的旅游容量超载不会对设施造成严重损害，而持续时间较长的旅游容量超载则会给设施带来了很大的破坏。旅游容量超载必然会加大旅游地接待人员的工作量，当接待量大大增加时，就会使他们在体力、精力上力不从心，服务质量也会降低，这样就会造成旅游者的不满和抱怨，甚至会引起旅游者的投诉。

旅游容量超载对旅游目的地的消极影响还体现在其他诸多方面。比如，当旅游容量超载时，影响当地社会治安的不稳定因素增多，旅游地社会治安工作的负担加大。同时，各地大量涌入的旅游者在宗教信仰、民族生活习惯、价值观等方面可能会与当地居民产生一定的矛盾，这些都会对旅游地的社会生活产生一定的消极作用。

（二）旅游容量的饱和或超载的调控

针对旅游容量的饱和或超载的调控措施主要有以下几种：

1. 政府合理干预

政府可以凭借其权威，利用行政、经济、法律法规等手段干预旅游开发行为，消除旅游开发过程中的超载隐患。例如，西部大开发作为国家战略，国家旅游局一直高度重视，并把促进西部旅游业发展纳入西部大开发总体战略中，在资金、人才、规划和政策等方面给予支持。据统计，2002 年 ~ 2008 年，西部地区旅游总收入增长了 2.19 倍，高于同期 12 个省区市国内生产总值的增长率，其中部分省区市的旅游总收入相当于国内生产总值的比重超过或接近 10%，旅游业已经成为西部各省区市的支柱产业或先导产业。旅游业的发展，促进了西部地区农民增收和老百姓脱贫致富，促进了生态环境的改善和文化资源的保护，有利于区域协调发展。这项政府主导型发展战略，也有利于解决我国出游选择过于集中的问题，并起到分流和培育新的旅游消费热点的作用。

2. 发挥价格的杠杆作用

根据旅游市场供给与需求的相互作用，制定合理的价格机制，采取多类型门票，调节景区时间和空间上的超载，旺季时可划定特殊旅游景点实行特殊价格，避免门票价格的总体提高给游客带来的心理压力。2010 年，我国景区门票可以说是“涨”声一片。如云南石林门票从 140 元调整为 175 元；湖北黄鹤楼门票由 50 元涨至 80 元；青岛崂山景区涨价 30% 左右；云南民族村门票价格由 70 元上调至 100 元；山东三孔景区联票由 150 元涨至 185 元……这种普遍性的旅游景点门票价格提高,并且不断攀升的趋势就给游客带来了很大的心理压力。为此,我国国务院办公厅于2010年7月印发《贯彻落实国务院关于加快发展旅游业意见重点工作分工方案》,提出景区门票价格调整要提前半年向社会公布,并将采取有效措施防止价格过高、过快上涨。

3. 统筹规划,适当分流

针对旅游区长期连续性饱和或超载的状况,应统筹规划,协调好旅游供求关系,适当地采取分流性措施。比如通过大众传播媒介,向旅游者陈述已经发生的饱和或超载现象及由此带给旅游者的诸多不便,使潜在的旅游者了解到旅游旺季可能出现的旅游流量和超载情况,从而影响其选择旅游目的地的决策行为。

4. 旅游淡季的休养生息与环境补给

对短期生态旅游环境饱和或超载的生态旅游区应充分重视旅游淡季的休养生息和环境补给。目前,我国一些景区已采取了在一定时期停止营业让景区休养生息的措施,但此举尚未普及。时下,涸泽而渔式的旅游经济已让众多风景名胜伤痕累累。以九寨沟为例,近年来,九寨沟风景区有些瀑布消失,海子不断干涸,部分森林被伐,沟内垃圾无法及时清理、外运,生态环境逐步恶化。究其原因,是容量有限的九寨沟超负荷接待游客所致。有专家对此忧心忡忡,长此以往,我们将失去九寨沟。

5. 轮流开放,分区恢复

对局部性生态环境容量饱和或超载的生态旅游区,除可以采取禁止旅游者进入饱和或超载旅游景区以及分区引流措施外,还可采用的一个措施是轮流开放,分区恢复。

6. 人工治理,加快环境恢复

生态旅游环境受损大的地域,单靠短期的环境自净能力和自我恢复能力是难以解决这些地域生态环境问题的,应采用人工治理措施,对受干扰严重的自然生态环境系统,要靠人工干扰恢复它们的生态平衡;对受污染的水体等要采取相应措施加以治理;对造成的旅游者与当地居民紧张的关系要多做疏导宣传教育工作,以使生态旅游环境保持其较佳的容量。

(三)旅游容量的疏载调控

旅游容量疏载是指旅游地的旅游流量过于稀疏,旅游者数量或旅游活动强度远远低于旅游容量的最佳值或极限值,导致资源和设施的闲置与浪费。旅游容量的疏载调控措施主要有:

1. 充分挖掘旅游资源特色,开发吸引力强的旅游产品

以市场为导向,以资源为基础,以项目为支撑,以突出特色为目标,完善旅游功能,抓龙头产品,依托基础设施,注重特色的挖掘,深化生态旅游资源的特色开发,

实施“名牌”战略，吸引生态旅游者。

2. *加强对旅游环境容量的监测和宣传促销活动*

2010年7月，重庆市首个旅游景区环境监测点正式在武隆喀斯特景区运行，景区内的水质、空气质量等环境数据将被实时收集掌握，为喀斯特世界自然遗产地的科学研究提供信息支撑。通过对旅游环境容量的检测，景区工作人员还可以时时查看景区内游客客流状况。另外，通过各种传播媒介，尤其是结合国家旅游促销主题，以及各地举办的各种节庆活动，如“98华夏城之游”，“99生态旅游”，“99昆明世界园艺博览会”、每年4月河南“洛阳牡丹节”等，加大旅游促销投资，灵活运用多种促销手段，使信息及时传播给广大民众，激发其旅游动机。

3. *注重旅游产品的更新换代，改变衰退现象*

一些开发较早的生态旅游区的旅游产品逐渐进入衰退期，对生态旅游者吸引力下降，应该不断开发出新的旅游产品，推出新的旅游项目，延缓旅游产品的衰退速度，重新激发旅游者的旅游动机，实现旅游资源和环境的深层价值。

4. *进一步推行带薪休假制度，鼓励游客淡季出游热情*

带薪休假，比较自由、灵活，能够缓和目前假日旅游过于集中给民航、铁路、公路、景区、住宿等各部门所带来的巨大供给压力。推行带薪休假制度，人们可以自由地选择出游时间和地点，客观上能够起到从空间和时间上分流短时间内集中的旅游客源的作用。这样不仅能够缓解假日各旅游部门“吃不下”的巨大压力，还能在一定程度上解决平时各旅游部门因客源少而“吃不饱”的问题。从而促进旅游资源的充分利用，实现资源的有效配置。带薪假期的推行，同时还能巩固休假人员的出游热情，推动旅游客源的稳定增长，从而有利于形成旅游行业可持续的良性发展。

5. *以“热”带“冷”，促进区域旅游全面发展*

区域旅游中存在着“热点”、“热线”、“冷点”、“冷线”等现象，往往“热点”、“热线”出现旅游环境容量的饱和或超载，而“冷点”、“冷线”则出现疏载，要想办法吸引旅游者前往“冷点”、“冷线”，分流旅游者，实施“冷”“热”搭配，以“热”带“冷”，推动区域旅游环境容量相对平衡，促进旅游的全面发展。

拓展知识

张家界“五张牌”升温冬季旅游

冬季张家界，风景美丽依然，魅力独特。但进入冬季，张家界就进入了传统上的旅游淡季，如何抓好冬季旅游工作，做到淡季不淡，就需要打好以“平安满意在张家界”等专项活动为主的五张牌，以实际行动升温潜力巨大的张家界冬季旅游。

一、打好"平安满意在张家界"专项活动主题牌

开展"平安满意在张家界"专项活动,是张家界旅游营销的最好主题。2009 年第四季度,张家界旅工委推出的"冬季旅游产品专刊",就是以客人平安满意为主题设计旅游路线。

二、打好让利优惠的组合牌

首先,市政府出台一系列刺激旅游市场的政策,比如鼓励大型会务旅游政策,优惠境外团队政策。其次,实施一些行之有效的刺激政策,如学生假期免票政策、特殊人员的鼓励政策、集团购买的支持政策。

三、打好旅游产品特色牌

创新冬季旅游产品,不断开发新产品。如把旅游与考察张家界地质、研究张家界植物组合成科普知识的旅游产品;把旅游同张家界气功的防病治病融合成健身强体产品;把旅游同张家界民族风情活动结合,打造成民俗风情产品;把旅游同张家界地方文化体育活动组合起来,形成体验产品。这样,张家界冬季旅游产品就会焕发出特殊的魅力。

四、打好联大靠强的高分牌

首先,做到客源地同旅游目的地的接待服务一条龙。其次,建立同旅游大企业的紧密性合作,加强信息共享、利益共沾、风险共担。再次,加强深度合作步伐,由旅游营销合作扩展到旅游项目合作,由招人引客扩展到招商引资。

五、打好客源市场细分牌

一是加强市场研究。二是认真听取客人建议。三是旅游区要不断地进行产品调查、补充、调整、创新。针对不同的客源市场、不同层次的客人、不同的要求推出不同的产品,做到旅游形象吸引人,不同品牌线路引诱人,特色产品留住人。

资料来源:根据 http://travel. sohu. com/20091113/n268192666. shtml 整理。

第三节 生态旅游

一、生态旅游的概念

作为旅游业的一种新的旅游形式,生态旅游的兴起只不过是近几十年的事情,但是发展异常迅猛,在世界上引起非常广泛而深入的影响。生态旅游被视为协调经济发展与环境保护的最佳选择,是实现旅游业可持续发展的重要内容。

尽管生态旅游的影响日益扩大,但给生态旅游下一个定义并非易事。自从豪·谢贝洛斯-拉斯喀瑞提出生态旅游的概念以来,很多研究人员和国际组织纷

纷从不同角度对生态旅游进行了界定。据不完全统计,在国外有近千个定义,国内学者给生态旅游下的定义也达上百个。可见对生态旅游的定义之多,但目前仍没有一个全世界一致的看法。

在此,本书认为归纳起来生态旅游的定义如下:生态旅游是以大自然为基础,以生态学观点和可持续发展思想为指针,以自然生态环境和相关文化区域为场所,为体验、了解、认识、欣赏、研究自然和文化而开展的一种对环境负有真正保护责任的旅游活动,是专项旅游的一种形式。

拓展知识

有影响的生态旅游的定义

国内外对于生态旅游的众多定义中较具影响的还有以下几种:

(1)世界旅游组织的定义:生态旅游是以生态学为基础的专项保护自然和生态环境的一种旅游形式。

(2)创造了生态旅游一词的豪·谢贝洛斯－拉斯喀瑞在题为《生态旅游之未来》中所使用的生态旅游定义是:生态旅游就是前往相对没有被干扰或被污染的自然区域,专门为了学习、赞美、欣赏这些地方的景色、野生动植物,以及这些区域存在的文化表现而进行的旅游活动。

(3)卢云亭在《生态旅游与可持续发展》(1996 年)一文中将生态旅游定义为:生态旅游是以生态学原则为指针,以生态环境和自然资源为取向开展的一种既能获得社会经济效益,又能促进生态环境保护的边缘性旅游生态工程和旅游活动。

二、生态旅游的特征

生态旅游相对于传统的大众旅游而言,是一种自然取向的观光旅游,并被认为是一种兼顾自然保护与发展目的的活动。它作为一种全新的旅游发展模式,与传统旅游的特征有明显区别。

(一)自然性

生态旅游是主要依托生态环境,以欣赏自然景观、野生生物及其相关文化特征的旅游活动。旅游环境的自然原生性是指生态旅游环境和文化环境的原始自然性。

(二)持续性

生态旅游是与可持续发展原则相协调的一种最佳旅游形式。生态旅游的目的是把保护环境和旅游开发结合起来,把生态环境的承载能力放在首位,重视旅游环境容量和对其改善措施的研究,强调旅游从业人员对保护生态的贡献。这些都反映了可持续发展的特征。因此,可持续性是生态旅游的核心。

(三)参与性

生态旅游活动强调旅游者的参与性。旅游者不再是走马观花,而是深入自然环境,用心感受、用耳倾听、用眼观察、用身体践行,他们通过步行、骑自行车、探险、登山、户外野营等参与性极强的活动来认识自然环境,体验大自然的诸多价值。

(四)高品位

生态旅游者具有较高的环境意识,珍视大自然赋予人类的物质和精神价值,保护旅游资源、环境和文化已经成为他们的自觉行为。在生态旅游开展的初期,参与者多为具有较高的教育背景或文化素养的人。随着社会经济的发展,旅游者的环境意识不断增强,生态旅游依然主要吸引那些对环境保护有高度责任感,并希望了解当地生态状况和历史文化的旅游者。生态旅游可有效提高旅游者的生态环境意识,为环保和文化保护作出贡献。生态旅游的高品位并不表明生态旅游是少数人的旅游。事实上,生态旅游已经成为一种旅游热潮,正在被大多数人所接受。

(五)专业性

生态旅游的专业性主要是指生态旅游内容有明显的专业性:生态旅游多以特定生态系统为核心,如陆地生态系统、海洋生态系统、草原生态系统、城市生态系统等。一些生态旅游项目,如参观地震遗址、火山遗迹、雪山冰川、古生物化石等,旅游者有一定的专业知识作为支撑。因此,生态旅游对旅游经营者的专业知识要求较高,有的生态旅游项目也要求游客具备一定的专业知识。

(六)教育性

生态旅游具有较强的教育功能。在生态旅游区,可以通过标牌、小册子、广播、视频、讲解等多种方式向游客介绍当地自然资源、野生动植物、风俗习惯、历史文化遗存等自然和人文知识,提高游客的知识水平和文化素养。同时,游客通过植树、观鸟、捡垃圾等活动,增强环保意识,提高对生态环境保护的认识,学会减少对环境破坏的有效方法。生态旅游的教育功能还体现在对当地居民、旅游经营者的教育上。

特别提示

为进一步推动旅游资源与环境保护的监管工作,环境保护部和国家旅游局联合组织开展了全国生态旅游发展现状调查。此次调查范围包括全国27个省(直辖市、自治区)的自然保护区、森林公园、风景名胜区、湿地公园、水利风景区、地质公园等各种类型生态旅游地共1 110处,网上调查6 556位游客,定向问卷调查92位管理者,调查历时8个月。环境保护部于2010年12月10日在其官方网站发布了此次调查结果。

调查首先显示，在环境保护部和国家旅游局等相关部门的积极引导下，我国生态旅游发展近年来取得显著成果，生态旅游市场规模日趋扩大，生态旅游产业体系逐步完善，生态旅游环境保护得到加强，初步形成了以自然保护区、森林公园、风景名胜区、湿地公园、地质公园和水利风景区等经营管理单位为载体的多类型的生态旅游目的地体系。

调查同时也显示，尽管近年来我国生态旅游取得了一定成绩，但也存在多头管理、环境和资源被破坏、旅游基础设施生态兼容性差、相关环保法规与环境管理措施执行不到位，以及游客环境意识较薄弱等问题。

为使中国生态旅游健康持续地发展，最终实现人与自然和谐的“双赢”目标。需要从问题入手着力抓好以下七项工作：一是紧密结合现行的旅游政策与环境保护政策，建立健全的生态旅游相关法律规范与认证标准，规范发展生态旅游；二是构建生态旅游相关部门协调机制，加强对生态旅游的指导与服务；三是强化旅游环境监管，坚决及时纠正借用生态旅游名义破坏生态环境的行为，努力监督与保证生态旅游区生态环境质量；四是鼓励建设环保与低碳化基础设施，因地制宜采取各类解说方式，以实现游客的最佳体验；五是加强生态旅游科学研究，有重点地推广一批成熟的先进技术；六是探索建立生态旅游责任保证金制度，建议各级政府制定生态旅游发展优惠政策，采取多样化资金支持措施，引导和促进旅游业向生态旅游方向发展；七是启动面向各类人员的综合培训计划，建立一支具备旅游先进理念，善于经营管理的生态旅游从业人员队伍。

资料来源：根据 http://news.sohu.com/20101210/n278227367.html 整理。

三、生态旅游的基本模式

各国生态旅游的发展并不总是与其经济发展相一致，二者不存在完全的正比例关系。除了跟经济相关，生态旅游的发展还因社会、文化条件等的不同而存在差异，目前，大致可以将生态旅游发展的模式归纳为以下三种：

（一）功能分区模式

生态旅游地主要包括自然保护区、风景名胜区、国家公园、森林公园等生态环境比较好、但脆弱的区域。功能分区是对游客进行分流和对旅游资源进行可持续开发的旅游开发模式，有利于对生态旅游资源进行科学合理的开发管理。生态旅游地主要由旅游吸引物综合区、娱乐区、服务区三部分构成。其中，旅游吸引物综合区由核心区、缓冲区、试验游憩区三个主要区域组成。

核心区是区内未经或很少经人为干扰过的生态系统，集中分布着珍稀的自然生态环境或文化遗产，其内一般要实行全封闭保护，仅供观测研究。

缓冲区指环绕核心区的周围地区，它是对各生态系统物质循环和能量流动等进行研究的地区，也是生态旅游活动的主要进行区域，但仅限于观光，且对游客的数量有严格要求。

试验游憩区是一个多用途的地区，除了开展与自然保护区缓冲区相类似的工作外，还包括有一定范围的生产活动，还可有少量居民点和旅游设施；旅游活动的形式也不只拘泥于观光活动，可包括漂流、滑雪等。娱乐区配置了高密度的娱乐设施，进行各种娱乐活动。服务区为游客提供各种服务，如饭店、餐厅、商店等。娱乐区和服务区是游客最为集中的区域，允许汽车等机动车辆进入。

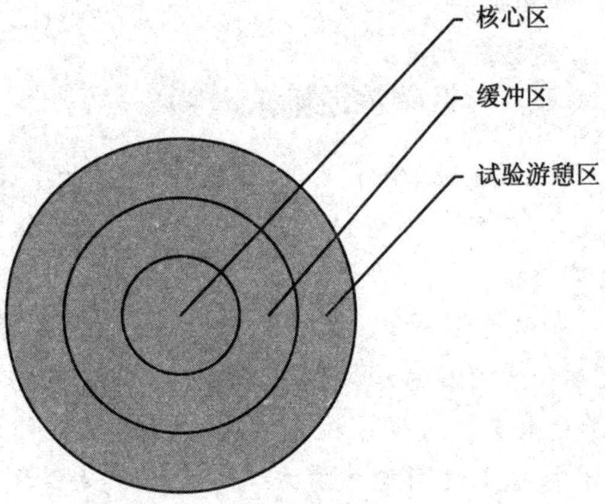

图9－1　旅游吸引物综合区的三区式空间布局示意图

（二）社区参与模式

生态旅游区的社区往往具有独特的社区文化、优美迷人的社区环境和合理有效的社区结构，它是生态旅游的文化载体。因此，在生态旅游的开发中，社区居民参与是生态旅游发挥优势、克服劣势、抓住机遇、迎接挑战的一种有效的开发、保护模式。社区居民参与到旅游发展决策中，可以充分保证其利益和权力。通过社区参与模式可以达到以下效果：

第一、可以显示当地居民的主人地位，维护他们的权益。

第二、避免生态旅游过度开发，过度商业化；增强当地居民对旅游发展的认同感，并促进当地资源的充分利用。

第三、促进旅游地居民的经济收入增加和素质提高。

第四、有利于生态旅游产品（包括自然环境和当地的文化环境）的完整性。

（三）环境教育模式

环境教育，是以提高当地居民和旅游者的生态环境保护意识为主要目标。生态旅游环境教育模式是将旅游与环境相结合，旅游规划以生态旅游地环境保护为导向，设计各种旅游项目，使当地居民具有“保护”意识，并参与到生态旅游开发中，旅游者进行旅游活动中体现出对自然负责的态度，防止破坏环境等问题的出现。首先，从实际生活入手，对生态旅游地居民和旅游者进行环保教育，让他们体会到良好环境和生态旅游地的发展给他们带来的好处。其次，利用电视、电台、杂志、报刊等大众传媒，或者通过图片展示、现场演示等方法进行宣传。宣传的内容应主要包括两个方面内容：一是生态环境保护的科普知识；二是环境保护法规方面的常识。

拓展知识

低碳旅游渐成时尚

“低碳旅游”概念的正式提出，最早见于2009年5月世界经济论坛《走向低碳的旅行及旅游业》的报告。“顾名思义，‘低碳’旅游是一种降低‘碳’的旅游。在旅游活动中计算二氧化碳的排放量，尽量降低二氧化碳排放，并用自己的行动弥补行动所释放的‘碳’”。低碳经济是以低能耗、低污染、低排放为基础的经济模式，实质是高能源利用效率和清洁能源结构、追求绿色国内生产总值的问题，核心是能源技术创新、制度创新和人类生存发展观念的根本性转变。作为经济活动之一的低碳旅游，是低碳经济基础上的新型旅游方式，其内涵是以环境为中心，以减少对环境的伤害为重点，实质是发展低碳经济的旅游响应方式，是以低能耗、低污染、低排放为基础的旅游经济模式，强调保护环境而非享受环境。就活动方式而言，生态旅游与低碳旅游之间既有联系，又有区别。

表9-1　生态旅游与低碳旅游活动比较

类别 条目	生态旅游	低碳旅游
目标	通过对生态旅游资源的合理利用、合理规划和管理，保持旅游地生物多样性和文化的完整性。	减少旅游发展中的温室气体排放和实现旅游的可持续发展。
旅游者类型	以享受生态环境资源为主要目的，兼顾环境保护的客源群。	选择碳排放量最低出行方式和消费方式的客源群。
区域	建立在良好生态环境基础上，包括自然和人文的生态系统。	无特殊要求。
旅游资源	生物和文化多样性的旅游目的地。	无特殊要求。
活动特点	环保为辅，享受为主。	以消耗最少量“碳”为准则。

总之,生态旅游与低碳旅游是纵横交错的两个概念。抛开两者定义、内涵和活动方式等多方面的联系与区别,我们会发现,低碳旅游是人类对环境保护负责任的表现。与生态旅游相比,低碳旅游更注重细节,对旅游中的碳排放进行了量化规定,虽然目前尚缺统一标准,但该旅游方式已能提醒游客在出行时计算自身的碳排放量,通过数字更直观地了解碳排放量,以真正达到减碳目的。从这个角度我们可以认定“低碳旅游”是一种更深层次的环保旅游。一言以蔽之,低碳旅游丰富了绿色环保旅游的内涵,以降低碳排放为具体实施途径,以低能耗为短期目标,是最终实现旅游可持续发展的终极目标。

资料来源:江丽芳,王晓云.从生态旅游到低碳旅游——旅游可持续发展实践的深化.中国集体经济.2010(6).

第四节 《全球旅游伦理规范》的推行

一、《全球旅游伦理规范》的内容

世界旅游组织预测全球国际旅游在21世纪前二十年将增长两倍,为了实现旅游地居民的最大利益并尽可能减少旅游对环境和文化遗产的负面影响,世界旅游组织深信需要一个《全球旅游伦理规范》,在21世纪到来之时为世界旅游的利益相关者提供一个“参照框架”和“游戏规则”。1997年,在伊斯坦布尔召开的世界旅游组织大会决定成立特别委员会,负责起草《全球旅游伦理规范》(下简称《规范》)。随后,由来自葡萄牙、马来西亚、巴西、埃及、伊朗和梵蒂冈的代表组成特别委员会,筹备起草《规范》文本。经过近两年的努力,在世界旅游组织秘书长弗朗加利的主持下,通过广泛征求世界旅游组织各地区委员会和执行委员会、联合国相关机构、非政府组织和产业代表的意见,于1999年夏完成了《规范》的最终文本。1999年10月,《规范》文本在世界旅游组织第十三届大会上获得107个与会成员的一致通过,并于2001年12月21日得到联合国大会决议(A /RES/56 /212)的核准。

《全球旅游伦理规范》共10条48款,简略介绍如下:

第一条　旅游:对促进人民和社会之间相互了解与尊重的贡献。

第二条　旅游:个人与集体满足的工具。

第三条　旅游:可持续发展的因素。

第四条　旅游:人类文化遗产的利用者及改善这些遗产的贡献者。

第五条　旅游:一项东道主国家和社区的有益活动。

第六条　旅游发展中利益相关者的义务。

第七条　旅游的权利。

第八条　旅游者运动的自由。

第九条　旅游业从业人员和企业家的权利。

第十条　全球旅游伦理规范原则的实施。

拓展知识

旅游伦理的缺失

由于缺乏明确的道德价值导向、道德意识和道德行为规范，在旅游活动中人们产生了一些思想上的困惑和不道德行为，影响了我国旅游业的健康发展。主要表现为以下几个方面：

1. 挥霍旅游资源，破坏生态环境。一些旅游地的开发项目缺少科学的规划和管理，出现了旅游开发到哪里，污染与破坏就带到哪里的“旅游摧毁旅游”的现象。

2. 旅游服务缺乏诚信观念，经营组织者和旅游者不断发生利益纠纷。我国现有的旅游服务质量不尽如人意，旅游秩序混乱，存在不合理的行程安排，不规范的旅游服务等问题，导致旅游利益纠纷和投诉，严重败坏我国旅游业声誉。

3. 旅游文化商业化现象严重。当前我国旅游业受急功近利的经营思想影响，导致旅游文化传播过度商业化，严重冲击我国优秀的传统文化，同时也影响到旅游文化教育的功能。加强旅游文化建设，弘扬中华民族的优良文化传统，促进旅游精神文明，已经成为我国旅游业亟待解决的问题。

资料来源：张书海. 浅论旅游伦理. 中共郑州市委党校学报. 2004(6).

二、推行《全球旅游伦理规范》的措施

旅游作为一个重要的经济增长点越来越受到政府和旅游业界的重视。但多年来，旅游伦理的建设与旅游活动相脱节，很多旅游伦理问题不断出现，这些问题的协调解决对于旅游活动的开展，以及整个社会生活的和谐发展至关重要。为此，我们需要全面推行《全球旅游伦理规范》，为有效地推行《规范》，主要采取以下措施：

（一）加强旅游道德教育，强化旅游道德意识

虽然我国旅游业发展迅速，但旅游中缺乏旅游伦理品质的问题已十分突出，这主要是由于人们旅游伦理意识淡薄，对旅游伦理建设不够重视。因此，我们要加强培养和提高人们的旅游道德意识，主要途径如下：

1. 社会教育

调动新闻宣传等社会力量，形成强大的社会舆论，帮助人们了解、认识并关心旅游伦理问题，倡导文明旅游，谴责不道德的旅游行为，把旅游伦理观念上升为全

民意识,使旅游伦理原则和规范成为社会的共识。

2. 学校教育

学校是实施旅游伦理教育的第一课堂。学校目前开设的自然常识、生态环境教育等课程已不能适应我国旅游伦理发展的要求。应将旅游伦理教育渗透到教育体系的各阶段中,如大学、中学、小学,以及幼儿园教育。采取灵活多样的形式,引导学生树立正确的旅游伦理观,强化学生的旅游伦理意识,提高他们的旅游伦理素养。

3. 职业教育

旅游业是服务性行业,旅游从业人员的服务意识和服务质量直接关系到旅游业的可持续发展。近年来,随着我国旅游业的迅猛发展和旅游工作实践性的增强,社会对旅游人才提出了更高的要求及标准。要充分利用职业教育这个主要阵地,通过对旅游从业人员提供在职培训、非正式信息沟通等方式,加强旅游道德教育,强化旅游道德意识,从而促进我国旅游业健康持续地发展。

4. 家庭教育

发挥家庭旅游生活中家庭成员之间的教育功能,养成爱护自然,保护生态,关心他人,乐于助人,奉公守法,洁身自爱的旅游道德习惯。

5. 自我教育

依靠自身旅游实践和旅游伦理知识的学习,提高对环境、资源、生态的权利和责任意识,做大自然的保护者和人类文化的弘扬者。

(二)建立和完善旅游监督管理体制

1. 健全旅游管理体制

旅游活动的正常进行,不仅要有开发商、经营商和旅游者的共同努力,更要有健全的旅游管理体制,改革旅游管理机构,合理配置旅游管理人员,规范旅游企业和个人,对旅游活动的各个环节进行监督和检查。

2. 加强法律监督

旅游伦理的外在表现是行为方式,而一种新的行为方式的确立,一靠教育,二靠法制,二者是相辅相成的。尤其是当前旅游活动中面临的旅游伦理问题十分突出的时候,法律监督显得十分重要。旅游监管部门应该制定和完善涵盖范围更广泛的旅游政策和法规,真正做到旅游市场的管理有法可依,避免出现盲区。

3. 加强舆论监督

对于不遵守旅游政策法规和规章制度、无视旅游道德、破坏旅游环境、损人利己的行为,应发动群众监督检举,媒体曝光,形成具有震慑力的舆论压力。

(三)加强旅游文化建设

1. 在全行业开展旅游文化活动

在全行业开展丰富多彩、生动活泼的“三爱一德”(爱祖国、爱城市、爱旅游行业和遵守职业道德)教育和“三优一满意”(优美环境、优质服务、优良秩序和使游客满意)等旅游文化活动,提高精神文明建设。

2. **提高旅游从业者的素质**

提高旅游从业者的道德素质和业务水平,从服务者的角度为旅游活动创设高雅健康的旅游文化环境,杜绝不健康的旅游文化传播渠道。

3. **加强旅游政策的伦理导向**

我们要从我国旅游业发展的长远利益出发,正确处理好旅游发展中社会和文化的关系,要突破经济利益的羁绊,以负责任的态度考虑旅游景区的布局和开发,主动承担文化发展、生态环保和伦理教育的责任。旅游业发展中不断出现的伦理问题,要求我们必须加强旅游伦理研究,通过完善旅游伦理建设,保证旅游业的可持续发展。

通过推行《全球旅游伦理规范》,我们要逐步建立起一个尊重自然、包容差异、兼顾各方、和谐发展的旅游环境,以促进旅游业向稳定、健康、繁荣与可持续的方向发展。

案例分享

云梦山景区生态旅游的可持续发展对策

素有“云梦仙境”之称的AAAA级云梦山景区在河南省鹤壁市淇县西部,主要由战国古军庠游览区、上圣古庙及云梦五里鬼谷大峡谷游览区、云梦山大草原游览区三部分组成。云梦山拥有丰富的生态旅游资源,为发展生态旅游业提供了良好的基础条件。但随着旅游业的不断发展,云梦山景区的发展也暴露出不少问题。如:经济欠发达,景区水体资源较为缺乏,环境问题严重,景区开发层次与管理水平较低等。

根据云梦山在旅游发展过程中所暴露出来的上述问题,关于云梦山生态旅游可持续发展可提出以下对策:

1. 加强规划定位,扩大宣传推介

针对淇县所属地区欠发达,且在豫北太行山旅游规划中的定位不高问题,云梦山要扩大宣传,准确定位景区形象,有针对性地培育省内外客源地,分区分步骤开发稳定的客源中心市场;同步推出具有特色的旅游产品,突出鬼谷子军事文化、大草原风光等独特资源优势,打造高质量精品旅游。

2. 加强生态旅游资源开发中的保护与管理

云梦山植被覆盖率低,虽然栽种了大量松柏,但其生态保育程度仍然不高。因此,必须加强生态旅游资源开发和利用中的保护与管理,加强旅游自然环境治理,以优美的自然环境吸引更多的游客。

3. 加速生态旅游人才的引进和培养

旅游行业的管理和从业人员，是旅游发展必不可少的“软件”。因此，云梦山要吸引一些具有创新意识和科学思维方法的，组织能力和决策能力强的高层次旅游人才到景区工作，同时派专人负责旅游教育、培训工作，有计划、定期分批对相关人员进行岗位培训，普及岗前培训，加强在岗培训，提高员工服务技能和整体素质，以适应生态旅游发展的需要，有针对性地开展个性化对客服务。

4. 加强对现有生态旅游资源的深度挖掘

在对云梦山生态旅游资源的进一步开发中，应注重景点深度挖掘，赋予景点更深层次的内涵，用文化和精髓吸引游客，打造精品景点，推出最优化的景区游览线路。

5. 增强环保意识，强化法制观念

生态旅游对生态环境的依赖要求我们要开展生态旅游，要加强环境立法和严格执法管理。针对云梦山景区的具体情况，该景区的上级主管部门和景区决策管理层可以制定相关的规章条例，普及环境和生态知识，加强公众生态保护意识，切实把旅游环境当成景区旅游的生命和形象。

6. 根据生态旅游市场的偏好，发展特色生态旅游市场

随着生态旅游观念的不断深入，越来越多的群体都参与到生态旅游的行列中，但不同的生态旅游者的偏好不尽相同，这就要求云梦山景区在发展生态旅游的过程中要按照生态旅游者的不同偏好，对周边生态旅游市场进行细分，推出适合的生态旅游产品，有目标、有重点地进行宣传促销，有针对性地发展科普、教育、休闲等多种主题的生态旅游，从而实现生态旅游的环境效益、经济效益和社会效益的全面协调。

资料来源：邓军华. 云梦山景区生态旅游的可持续发展研究. 湖北经济学院学报(人文社会科学版)，2010(5).

分析：

生态旅游已经成为国际旅游发展的主流，是旅游景区走可持续发展道路的必然选择。云梦山景区正视生态旅游在其发展过程中存在的问题，并有针对性地提出发展对策，此举必将促进云梦山生态旅游的健康快速发展，其旅游也将具有广阔的发展空间。

思考与练习

一、填空题

1. 可持续发展的内涵包括________、资源使用的限制和公平。

2. 旅游容量一般可概括为基本容量和________两大类。

3. 加强旅游道德教育,强化旅游道德意识的途径主要有社会教育、学校教育、职业教育、家庭教育和________。

二、选择题

1. 可持续发展的定义为:"既满足当代人的需要,又不对后代人满足其需要的能力构成危害的发展",该定义最早来源于(　　)

A.《我们共同的未来》　　B.《21 世纪议程》

C.《旅游业持续发展行动战略》　　D.《可持续旅游发展宪章》

2. 以下不属于生态旅游的模式类型的是(　　)

A. 功能分区模式　　B. 社区参与模式

C. 环境教育模式　　D. 市场导向模式

三、思考题

1. 如何对旅游环境容量超载进行调控?

2. 旅游业可持续发展的目标是什么?

3. 生态旅游的特征是什么?

4. 推行《全球旅游伦理规范》的主要措施是什么?

四、实训项目

1. 以小组为单位(5~10 人),调查当地某个旅游地的旅游发展现状,并就实现旅游地旅游业的可持续发展提出意见。

2. 讨论:"无烟工业"认为旅游业不像工业或其他产业那样对环境造成污染,把全班同学分成"赞同方"和"反对方"分别进行材料收集,并论述各自的观点。

第十章 旅游业发展态势

引言

随着人们生活方式的改变,旅游形式的多样化和旅游内涵的丰富都给旅游发展带来了冲击和挑战。未来,在全球一体化的背景下,如何根据旅游发展态势引导旅游活动在满足可持续发展的需求下,和谐、平等、健康、有序地发展显得十分重要。

学习目标

- 了解国际旅游业的发展前景;
- 了解国内旅游业的发展前景。

第一节 国际旅游业的发展前景

世界旅游组织在2008年所做的《2020年世界旅游展望》预测,到2020年,全球国际旅游接待人数可望达16亿人次,其中3.78亿人次是跨区域的远程旅游者。接待量最大的三个区域分别是欧洲(7.17亿人次)、亚太地区(3.79亿人次)和美洲(2.82亿人次)。随着旅游业的快速发展,未来旅游与现代旅游相比,有些差异。现代旅游是一项特殊的社会活动,与人们的日常生活有较大差异。差异化是现代旅游的重要特征。在未来社会中,旅游活动和其他文化活动没有太大的差别。无差异化是未来旅游的重要特征。具体体现详见表10-1。

表10-1 现代社会与未来社会旅游特征对比

	现代旅游	未来旅游
旅游时间	特定时间	日常大部分时间
旅游空间	远离日常活动空间	有存于日常活动空间中

续表

	现代旅游	未来旅游
旅游吸引物	客观给定的实体	复制创造的实体与抽象的虚拟
旅游内涵	固定的、绝对的	不断变化的，相对的
旅游者体验	具体的，注重与日常体验不同的新奇感受，寻求与日常活动区别的差异感受	抽象的，强调主观的差异感受，注重想象力及自我感官体验的塑造

一、旅游地的变化

（一）城市成为新的旅游吸引物

城市旅游成为新的旅游吸引物，成为未来旅游的重要体现。许多重要的城市和城镇正在被不断挖掘其特色，它们或具有深厚的文化底蕴、或具有特殊的历史意义、或具有独特的风俗、或是某些品牌产品的重要产地，等等。总之，独特性使城市成为新的旅游吸引物，而文化又是城市独特性的重要体现。

特别提示

城市的个性文化诞生了个性化的文化地区。在国际上，“文化地区”是指艺术和文化成为主要吸引力的特定地区，大致可以分为四种类型：产业文化地区、制度文化地区、艺术文化地区和大都市型文化地区。

产业文化地区是指具有特定文化价值的产业集聚在一个地区后，使得该地区产生了活力，如意大利的家具、皮鞋产地，米兰的服装产地，瑞士的手表产地，杭州的龙井茶产地等。艺术文化地区如西班牙的毕尔巴鄂通过建设美术馆，成功激活了这个城市。文化地区可以成为推动旅游业进步的动力来源，如著名的义乌小商品城，它原来不是为旅游而建，但旅游业因此而得益，并反过来促进市场的繁荣，这就是“文化力”产生“旅游拉动力”。

资料来源：崔凤军．城市旅游的发展与实践．北京：中国旅游出版社，2006(1).

（二）旅游地的内容和形式呈现多样性

人们日常工作、娱乐、休闲、运动等活动的场所都可作为旅游地，如大型购物场所可以提供多种不同类型的活动，加拿大西部的爱德蒙顿购物中心每年吸引近千万的人到此观光旅游，成为继迪斯尼和迪斯尼世界之后的第三大著名旅游地。

（三）旅游地因旅游体验而呈现主观性

旅游体验可以来自想象、体验、或回忆等。众多形式的出现，如电影旅游、怀旧旅游、音乐旅游、运动休闲游、SPA旅游、深度旅游、养生旅游等，这些都表明旅游地是可以主观创造的，未来旅游更强调人们的主观能动性和参与性。

二、旅游时间的变化

未来旅游时间的变化趋势：

（一）旅游时间模糊化

未来旅游渗透到人们的日常生活中，传统意义上的旅游时间和闲暇时间也会变得模糊，二者都被纳入到未来旅游的时间范畴内，旅游者可以根据不同的需求来安排自己的旅游时间。如高铁的开通大大缩短了两地间来往的时间，京津城际高铁就带来了“风时代”，列车最高运营速度可达350公里/小时，两市直达运行时间仅需28分钟，这使得传统意义上的闲暇时间完全可能成为旅游时间。

（二）旅游时间不断延伸

未来，人们可以把旅游看做一段时间、一定的活动或是一种心理态度。旅游经历并不是机械地从家离开再返回的过程，在计划过程中预想和幻想以及度假后的追忆都可以成为旅游体验的一部分。同时，传媒的发达和未来电子影像技术的发展使家中旅游成为现实，人们安坐家中在任何需要的时候都可以变成旅游者。

（三）旅游时间泛化

各种各样的活动（如徒步探险、攀岩、滑冰、山地自行车等）融入旅游当中，使人们对旅游时间重新界定。旅游消费活动不仅伴随“知识化”，同时也伴随着“专业化”的过程。职业化特征正在渗透到各种旅游活动中，旅游休闲活动时间与工作时间相融合，在很多工作场所设有各种休闲和娱乐活动，如瑜伽、SPA、洗浴、滑板场所等。

因此，旅游时间和工作时间之间融合于各种社会与文化活动中，减少了从其他活动中单独分离出来而获取的旅游时间。旅游时间不断增多，旅游不再限制在年假、周末，一天甚至半天的旅行都可以看做旅游时间。

三、旅游者的变化

未来旅游更强调个体经历的主观感受，旅游地之间的差异变得模糊，旅游体验的真实性成为旅游地的判断标准，因此，对旅游者类型的划分也依据旅游者的主观体验差异来划分。科恩根据旅游者追求真实性的程度，将旅游者分为以下五种类型：

(1)娱乐型旅游者:寻求愉悦的经历,不关心真实性。

(2)存在型旅游者:与娱乐型旅游者完全相反的是存在型,这种旅游者由于在日常生活中与周围环境完全异化(alienated),寻求的是一种存在的体验,认同并向往他者“真实”的生活。

(3)体验型旅游者:他们关心他者的真实性,但并不认同他者的生活。即,他们还不想抛开“现代性”(modernity),去过别样的生活。

(4)消遣型旅游者:他们虽然也与自己的社会有一定程度的异化,但并不追求真实性,处于娱乐型和体验型旅游者之间。

(5)试验型旅游者:他们非常关心自己的旅游经历的真实性,处于体验型和存在型旅游者之间。

特别提示

旅游体验因人而异,有很强的主观性。未来旅游使旅游者的角色发生了变化:

第一,突出旅游者的自我创造性。旅游者根据自己的主观意识将旅游产品按照自己的意念重新界定,打破了旅游地和旅游吸引物的绝对性与权威性。

第二,旅游者的角色由被动变为主动。旅游者成为旅游活动中的一个要素。

第三,注重旅游者的参与性。很多针对旅游者而设计的主题公园,如文化主题园、童话主题园、冒险主题园和怀旧主题园等的设计,都强调满足人的主动性和参与性。

第二节　中国旅游业的发展前景

2000年~2009年,中国国内旅游人次从7.44亿增加到19.02亿,国内旅游总花费从3 175.5亿元增长到10 183.7亿元,分别增长了1.55倍和2.20倍;我国出境人数已经从1 047亿人次增加到4 766亿人次,每年因私出境旅游已经从563万人次增加到4 221万人次,分别增长了2.55倍和5.49倍。“十二五”时期,我国旅游业市场规模将不断扩大。预计到2015年,国内旅游达33亿人次,年均增长10%;入境过夜旅游达9 000万人次,年均增长8%;出境旅游达8 300万人次,年均增长9%。国民旅游消费将稳步增长,2015年,全国城乡居民年均出游超过2次,旅游消费相当于居民消费总量的10%。旅游业总收入年均增长12%以上,旅游业增加值占国内生产总值的比重将提高到4.5%,占服务业增加值的比重达到12%,全国每年新增旅游就业50万人。同时,我国旅游服务质量要明显提高,市场秩序明显好转,可持续发展能力明显增强。我国旅游业未来将发生一系列新的变化。

拓展知识

我国旅游业目前存在的问题

尽管"十一五"期间,我国旅游业发展取得了巨大成绩,但是还存在一些问题:

1. 入境旅游市场增长的稳定性需要进一步巩固;
2. 旅游业发展方式比较粗放;
3. 体制机制相对滞后,法制环境尚需完善;
4. 市场秩序不够规范;
5. 人才科技支撑不足;
6. 缺乏有力的产业发展协调机制和宏观调控手段;
7. 公共保障体系有待于更加健全,基础设施和公共服务设施还不尽完善。这些问题都需要在进一步的发展中加以解决。

一、旅游形式的新变化

(一)工业旅游、农业旅游成为新热点

2004 年,我国首批全国工农业旅游示范点共 306 家,2005 年第二批示范点共 233 家,2007 年第三批示范点共 306 家。工业旅游和农业旅游在旅游业中显示出越来越重要的作用。

1. 工业旅游的兴起

我国的工业旅游在 20 世纪 90 年代后期悄然兴起。如,"神龙"轿车,"可口可乐"等著名公司均把生产车间对旅游者开放;青岛海尔集团和青岛啤酒厂,南京"熊猫"集团,柳州"两面针"集团,浙江"农夫山泉"公司均让公众参观;南京还推出了"钢铁是怎样炼成的"这样一条工业旅游线路,让旅游者了解到南钢最先进的生产流水线。工业旅游的出现,填补了我国旅游产品中的一页空白,为旅游业的发展拓宽了思路。工业旅游既宣传了企业的产品和品牌,又提高了企业的知名度,同时,还满足了旅游者对工业品牌的需求,使旅游者对现代工业内涵有了新的认识。所以,工业旅游越来越受公众的青睐和欢迎,它将成为未来我国旅游发展的新热点。

特别提示

工业旅游,是指以工业企业的生产线、生产工具、产品和厂区等为对象的专项参观活动。20 世纪,工业旅游起源于法国,当时"雪铁龙"公司让旅游者参观该公

司的生产流水线，欣赏该公司的汽车生产工艺。后来，世界各地著名现代化工业企业纷纷仿效，汽车、钢铁、飞机、酿酒、饮料、陶瓷等行业先后开放生产制作过程，让旅游者一饱眼福。甚至，在美国，生产美元的印钞厂也向游人开放。对旅游者来说，游览工业企业生产过程和生产工艺，最初是出于好奇心理，后来在参观过程中增长了许多知识，开阔了视野，尤其是专业爱好者，还加深了对企业的了解。而对于工业企业来说，不仅能获得一定的门票收入，还能通过旅游等宣传，树立企业良好的公众形象，提高了产品的知名度和美誉度，起到了不花钱发布广告的作用。所以，工业旅游发展将势不可当。

2. 农业旅游的快速发展

农业旅游的内涵丰富多彩，不仅包括田园风光的游览，山村水乡的休闲度假，还包括亲身参与农业劳动，体验民风乡情等活动。农业旅游是多层次，全方位的综合性休闲娱乐活动。我国农业旅游兴起于20世纪90年代，始于大中城市的郊区。农业旅游可以使久住城市的居民体验农村生活和田园风光，使他们在单调的上班生活中形成的压抑心情得到释放。越来越多的人加入到农业旅游的队伍中，这促进了我国农业旅游的发展，并成为我国旅游业发展的又一新热点。我国农业旅游将出现以下几个新趋势：

(1)森林公园热。它以森林公园中鸟语花香的环境，清洁新鲜的空气，秀丽浓密的林木，来吸引旅客体验回归大自然的情趣。

(2)农业公园热。它以展示种植业、养殖业和饲养业的生产技术与生产过程为主导方向。如农业生态园、科教农园和植物园等。

(3)民俗乡情热。它是利用具有地域文化、民俗习惯、民族风情的村庄，让旅游者住进农家房，吃上农家饭，体验农家活，充分享受浓郁的乡村风情和民俗文化。

以上这些热点，使旅游者的农业旅游达到"观农园寻田园风光，乐民俗享乡村风情"的效果。

拓展知识

国外农业旅游发展概况

一、马来西亚

围绕建设农业旅游，十分重视花卉旅游业，从1992年起，将7月2~9日定为一年一度的"花卉节"，在花卉节期间举行各种花展、花竞赛、花车游行，各购物中心、酒店也以花为主题营造"百花齐放的绿洲"、"迷人的花世界"、"花的海洋"等购物环境，生动形象地宣传花卉，让花为众人所识，使全社会形成养花、爱花的新习俗。随着花卉生产的兴起,政府与有关部门紧密结合,实现花卉生产基地化、专业化。马来西亚将“花卉节”与旅游紧密结合起来,推动了旅游业务,使之搞得既生动又丰富,从而吸引了国际上更多的游客,使马来西亚旅游业年年连创佳绩,1994年旅游业外汇收入就达90亿元马币,成为排名第三的产业。大量游客的到来,观花、赏花、购花,大大活跃了花卉市场。马来西亚在1995年成功地举办了国际花卉展销会,成为东南亚地区具有权威的国际花卉展。

二、法国

20世纪70年代,法国兴起了城市居民兴建“第二住宅”,开辟人工菜园的活动,各地农民适应这一需求,纷纷推出农庄旅游,并组建了全国性的联合经营组织。近年,法国人推出新兴的“农庄旅游”业,全国有1.6万户农家建立起了家庭旅馆。3 000多家农民还组成了一个联合经营组织,取名为“欢迎您到农庄来”,吸引了众多游客。这种新兴的“绿色度假”旅游活动方兴未艾,每年可以给法国农民带来700亿法郎的收益,相当于全国旅游业收入的1/4。

三、意大利

1865年意大利就成立了“农业与旅游全国协会”,专门介绍城市居民到农村去体味农业野趣,与农民同吃、同住、同劳作。意大利专供“绿色旅游”者饮食起居的农庄已有6 500间。意大利是世界上旅游业最发达的国家之一。各级旅游部门利用本国本地区丰富的文化遗产和得天独厚的自然条件,吸引了大批欧美、亚洲及其他地区国家的旅游者。1995年接待国内外旅游者5 800万人次,年收入近500亿美元,旅游业已成为经济领域的支柱产业之一。在意大利旅游业中,有一支新兴的生力军——农业旅游,也称为“绿色假期”。它始于20世纪70年代,发展于80年代,到了90年代已成燎原之势。截至1996年初,意大利全国20个行政大区已全部开展农业旅游活动,尤以托斯卡那大区更为突出,每年接待的国内外农业旅游者达20万人次。

四、韩国

大城市周边的“农渔村”冒出了许多“观光农园”和“周末农场”,这种农园集休闲、体验、收获为一体,吸引了大批市民,生意非常红火,已成为当地居民的一项重要收入来源。村子规定20人以上的团体游客在村内的食堂用餐,而零散游客则被安排到经过精心挑选并受过培训的农户家里用餐,让顾客吃得干净、舒心。观光农园起初是农民自发搞起来的。有的农户劳动力不足,光种粮食收入减少,家里又有空闲房屋,于是搞起了农家乐,让城里人来住上一宿,吃吃农家饭,干干地里的农活,休闲放松一番,完后收取一点费用。没想到,生意很红火,仿效者越来越多。农政部门得知后,感到这是一个增加农民收入的路子,于是大力提倡和推动,未过多久,观光农园竟逐渐成了气候。在此基础上,又出现了体验与收获结合型的“周末农场”。韩国农村经济研究院提供的资料表明，韩国农村观光和民俗市场的规模，2001年约为2.84万亿韩元（1万韩元约合8.7美元）。

资料来源：百度知道。

（二）休闲旅游成为新的增长点

休闲旅游，是以休闲为目的的旅游，更注重旅游者的精神享受，更强调人在某一个时段内所处的文化创造，文化欣赏，文化建构的存在状态。人们通过休闲旅游满足身心的娱乐，追求猎奇，丰富个性等多方面的需求。休闲旅游强调人与大自然的和谐一致，强调旅游者对大自然的保护意识。2009年12月，《国务院关于加快发展旅游业的意见》指出，要将休闲作为加快发展旅游业的重要内容，明确提出制定国民旅游休闲纲要，设立中国旅游日，落实带薪休假制度。提出积极发展休闲度假旅游，引导城市周边休闲度假带建设。有序推进国家旅游度假区的发展，规范发展高尔夫球场、大型主题公园等。休闲旅游将成为我国旅游产业新的增长点。

二、大众旅游的普及

我国目前还处于大众旅游的初期阶段，与发达国家对于旅游福利的高度重视相比较，还有较大的差距。如在巴塞罗那，每年当地人会有三次旅游的机会。而对于我国，每年能够旅游一次对许多人来说也是一种奢望。未来，我国旅游业将平稳发展，实现“平民旅游”、普及“大众旅游”。

我国旅游产业的平稳发展，是要从旅游业量的增长转向质的增长。这需要通过旅游行业各个部门共同的努力，使产业结构和需求结构相一致。中国旅游研究院院长戴斌认为，在今后和相当长一段时期，我们的基调必须是平民旅游。旅游业的发展应以充分保障公民旅游权利为目标。他强调，“中国服务要从服务中国做起。而中国服务需要将平等理念放在重要的位置”，“一个国家再强大，如果我们的普通老百姓、员工、从业人员不能够从中感到尊严和价值，那么这个产业发展的理由何在！”2009年，我国人均旅游消费是535元，2010年也在540元以内，其中包括交通费，含火车票、汽车票、飞机票、轮船票、住宿、吃饭、购物等。目前，我国大众旅游还处于初期阶段，一部分高端人群拉高了消费，仍有大量老百姓没有参与到旅游当中。

三、旅游产业信息化发展

（一）信息技术在旅游营销中的运用

信息技术在未来旅游营销中将发挥重要作用。通过综合性门户网站、网络论坛、博客、微博、定位服务、社会性网络服务等互联网应用模式开展旅游宣传和营销活动。我们要积极利用现代信息技术手段加强对旅游环境的监控预警，对自然资源、文化资源实施监控保护，为客观评价旅游项目对环境的影响提供数字化手段。

（二）信息技术在旅游服务中的应用

旅游服务实现信息化发展，主要指以信息化为主要途径，提高旅游服务效率。积极开展旅游在线服务、网络营销、网络预订和网上支付，充分利用社会资源构建旅游数据中心、呼叫中心，全面提升旅游企业、景区和重点旅游城市的旅游信息化服务水平。建立健全旅游信息服务平台，促进旅游信息资源共享。

发展智能终端技术在数字化游览、电子地图、定位识别、移动支付、多点通信等领域的应用，互联网技术在电子票证、旅游一卡通、景区资源管理等领域中的应用，移动通信技术在景区定量分析、客流引导、应急处理等领域的应用。

（三）信息技术在旅游行业管理中的应用

提升旅游行业管理信息化水平。提高旅游电子政务对市场准入和监管支撑能力，规范旅游预报监测系统，建设和完善决策支撑体系，增强宏观决策的有效性和科学性。提高横向协同效率，实现部门间的信息共享，业务协同和政务公开。推进旅游安全保障信息化。建立健全旅游专业气象、地质灾害、生态环境等监测、预报预警系统和突发事件应急系统，增强灾害防范能力。建设旅游目的地信息评价机制。建立以游客评价为主的在线旅游目的地评价系统和网络舆情监测分析系统，形成覆盖全面、评价公正、发布及时的旅游目的地评价机制。

拓展知识

我国旅游业信息化建设中存在的问题

如果从1981年算起，计算机技术应用于我国旅游业已有20多年的历史，但是与旅游业发达国家相比，这些应用可以说是被动的、零散的、不成体系的和实用性不强的。旅游业信息化发展滞后于旅游业的整体发展需要，重硬件轻软件，旅游信息资源零散且共享性差，旅游信息资源开发程度和服务质量低下，旅游信息技术人才短缺。

由于中国旅游产业目前仍被行政划分的多元纵线割据和整体行业的多元分散经营格局所困扰，未能形成调控产业全局的管理信息体系，造成了信息流的多层分道及断裂，如现在旅游信息资源广泛分布在各旅游企业、旅游院校、旅游协会、旅游管理机构等部门，而各自之间又存在着“信息封闭”意识，信息渠道不畅，极大地限制了旅游信息资源的共享。

我国旅游信息资源的开发规模还很小。已开发的旅游信息资源中，“静止”的信息多，不断更新的信息少；常规方式多，电子方式少；“散兵游勇”的多，联网共享的少。因特网上众多纷杂的旅游网站网页就是一个主要表现。多数旅游信息离及时、快速、准确、全面这四个方面的要求还有很大的差距。为决策者提供参考的信息服务则更少，旅游业中盲目重复建设大量存在的情况完全表明了这点。

资料来源：北京经济信息网 2009－2－11.

思考与练习

一、填空题

1. 根据国际旅游发展态势，旅游地的变化中________将成为新的旅游吸引物。

2. 我国旅游业未来发展的新热点是________和________，________成为新的增长点。

二、选择题

1. 国际旅游业的发展表现在（　　）。

A. 旅游地的变化　　B. 旅游时间的变化　　C. 旅游者的变化

2. 中国旅游业的发展前景表现在（　　）。

A. 旅游形式的新变化　B. 大众旅游的普及　　C. 旅游产业信息化发展

三、判断题

1. 未来旅游发展变化不大，与当前旅游没有太大变化。（　　）

2. 我国的旅游发展，在普及大众旅游方面还需要做出更多的努力。（　　）

四、问答题

1. 国际旅游地的变化表现在哪些方面？

2. 我国旅游形式的新变化表现在哪些方面？

参考文献

［1］李冠瑶,刘海鸿. 旅游学教程.北京:北京大学出版社,2005.

［2］安应民. 旅游学概论.北京:中国旅游出版社,2007.

［3］魏向东.旅游概论.北京:中国林业出版社,2000.

［4］李天元.旅游学概论. 天津:南开大学出版社,2000.

［5］周敏慧.旅游概论.北京:中国纺织出版社,2009.

［6］杨强.旅游学导论.北京:中国人民大学出版社,2007.

［7］苟胜东.旅游学概论.北京:中国发展出版社,2009.

［8］李肇荣,曹华盛.旅游学概论(第1版).北京:清华大学出版社,2006.

［9］郭胜.旅游学概论(第2版).北京:高等教育出版社,2009.

［10］吴必虎,宋子千.旅游学概论.北京:中国人民大学出版社,2009.

［11］韩宾娜.旅游教育概论.天津:南开大学出版社,2010.

［12］谢彦君.基础旅游学(第2版).北京:中国旅游出版社,2004.

［13］林南枝,陶汉军.旅游经济学.天津:南开大学出版社,2001.

［14］杨国良.旅游流空间扩散.北京:科学出版社,2008.

［15］保继刚,楚义芳.旅游地理学.北京:高等教育出版社,1999.

［16］马耀峰,李天顺.中国入境旅游研究.北京:科学出版社,1999.

［17］马耀峰,李天顺,刘新平.旅游者行为. 北京:科学出版社,2008.

［18］徐学书.旅游资源开发与保护.南京:东南大学出版社,2009.

［19］姜德源,韩燕平.旅游学概论.北京:北京理工大学出版社,2010.

［20］周晓梅.旅游学概论.北京:清华大学出版社,北京交通大学出版社,2010.

［21］周武忠.旅游学概论.化学工业出版社,2009.

［22］李梅乐.旅游概论.华中科技大学出版社,2010.

［23］徐明.旅游概论.中国铁道出版社,2010.

［24］张广瑞,刘德谦. 2007年:中国旅游发展分析与预测. 北京:社会科学文献出版社,2007.

［25］杜江.旅游管理硕士论文文库(2006).北京:旅游教育出版社,2007.

［26］老枪.大败笔——中国风景黑皮书.北京:中国友谊出版公司,2006.

[27] 崔凤军. 城市旅游的发展与实践. 北京:中国旅游出版社,2006.

[28] 秦宇. 旅游企业集团化成长. 北京:旅游教育出版社,2007.

[29] 黄远水. 旅游资源学. 大连:东北财经大学出版社,2007.

[30] 何丽芳. 旅游学概论. 北京:清华大学出版社,北京交通大学出版社,2006.

[31] 王琦. 新编旅游概论. 北京:清华大学出版社,2009.

[32] 赵毅,叶红. 新编旅游市场营销学. 北京:清华大学出版社,2006. 任昕竺. 旅游市场营销与管理. 北京:人民邮电出版社,2006.

[33] 沈小君,吴繁. 旅游业务操作师. 北京:中国劳动社会保障出版社,2009.

[34] 朱虹,党宁. 旅游服务营销. 第3版. 北京:电子工业出版社,2004.

[35] 王仲君. 旅游市场营销实用教程. 天津:南开大学出版社,2010.

[36] 孙洪波. 旅游概论新编. 武汉:华中科技大学出版社,2008.

[37] 舒伯阳. 实用旅游营销学教程. 武汉:华中科技大学出版社,2008.

[38] 李肇荣. 旅游经济学. 北京:旅游教育出版社,2005.

[39] 刘新静. 世界遗产教程. 上海:交通大学出版社,2010.

[40] 邹统钎. 遗产旅游管理经典案例. 北京:旅游出版社,2010.

[41] 李长秋,姜明新. 旅游概论. 重庆:重庆大学出版社,2008.

[42] 秋玲,丁蕾. 后现代社会的旅游新趋势. 人文地理,2007(5).

[43] 李云鹏. 以信息化和电子商务促进我国旅游产业地位提升. 旅游学刊,2007(10).

[44] 姜漓. 关于借助电子商务带动旅游业走出当前困境的思考. 柳州职业技术学院学报,2009(2).

[45] 吴必虎,黎筱筱. 中国旅游专业发展报告. 旅游学刊. 人力资源与教育教学特刊,2005.

[46] 杨森林. 关于我国旅游理论研究现状的评析. 商业经济与管理,1992(3).

[47] 吴必虎,邢珏珏. 旅游学学科构建及旅游学研究的时空特征分析. 旅游学刊,2005(4).

[48] 孙延红. 国外旅游者行为研究综述. 企业经济,2006(3).

[49] 马耀峰,李永军. 中国入境旅游流的空间分析. 陕西师范大学学报,2000(9).

[50] 徐克帅,朱海森. 国外旅游季节性现象研究述评. 人文地理,2010(1).

[51] 郭晓东,肖星,房亮. 新休假制度对国内旅游流时空结构及旅游开发的影响分析. 旅游学刊,2008(5).

[52] 章锦河,张捷,李娜等. 中国国内旅游流空间场效应分析. 地理研究,

2005,24(2).

[53] 马耀峰,李永军. 中国入境旅游流的空间分析. 陕西师范大学学报,2009(9).

[54] 张佑印,马耀峰,赵现红. 中国一级城市入境旅游流时空演变模式分析. 城市瞭望,2008(2).

[55] 丁正山. 城市旅游流的空间结构与集散研究. 南京师范大学博士论文,2004.

[56] 吴楚材. 如何界定生态旅游的概念. 湖南林业,2010(3).

[57] 刘浩波,谭淑端. 生态旅游概念辨析. 经济师,2010(6).

[58] 唐卫东. 生态旅游内涵及基本特征探析. 消费导刊,2010(4).

[59] 吴宝宏,孙永平. 浅谈我国旅游容量超载问题及解决措施. 沈阳教育学院学报,2003(3).

[60] 郭华,郭彩霞. 生态旅游环境容量的测算与调控. 旅游发展研究,2008(1).

[61] 徐建国,李梓,李志雄. 旅游环境承载力及其调控研究. 青岛职业技术学院学报,2008(3).

[62] 王志明. 高校旅游伦理教育的内容探讨. 乐山师范学院学报,2008(12).

[63] 范玉翔. 旅游目的地居民的旅游心理容量超载问题初探. 山东行政学院. 山东省经济管理干部学院学报,2004(3).

[64] 吴茂青. 生态旅游与可持续发展. 丽水学院学报,2006(12).

[65] 韩健. 旅游伦理关系问题探析. 经济研究导刊,2009(17).

[66] 张书海. 浅论旅游伦理. 中共郑州市委党校学报,2004(6).

[67] 江丽芳,王晓云. 从生态旅游到低碳旅游——旅游可持续发展实践的深化. 中国集体经济,2010(6).

[68] 刘洪鹏,乔瑞华. 论我国旅游资源保护法律制度的缺失与完善. 内蒙古农业大学学报(社会科学版),2007(2).

[69] 朱普选. 西藏旅游资源的地域特色及其开发评价. 西藏民族学院学报(哲学社会科学版),2002(1).

[70]李志起. 谁为中国式申遗埋单. 中国经济周刊,2010(33).

责任编辑：孙延旭

图书在版编目(CIP)数据

旅游学概论/李长秋主编.—北京：旅游教育出版社，2011.1(2018.1重印)
新编高职高专旅游管理类专业规划教材
ISBN 978-7-5637-2151-1

Ⅰ.①旅…　Ⅱ.①李…　Ⅲ.①旅游—高等职业教育—教材
Ⅳ.①F590

中国版本图书馆CIP数据核字(2011)第053539号

新编高职高专旅游管理类专业规划教材
谢彦君　总主编
旅游学概论
李长秋　主编
张琪　刘晓萍　杨洋　副主编

出版单位	旅游教育出版社
地　　址	北京市朝阳区定福庄南里1号
邮　　编	100024
发行电话	(010)65778403 65728372 65767462(传真)
本社网址	www.tepcb.com
E-mail	tepfx@163.com
印刷单位	北京玺诚印务有限公司
经销单位	新华书店
开　　本	787毫米×960毫米　1/16
印　　张	17.25
字　　数	274千字
版　　次	2011年8月第1版
印　　次	2018年1月第5次印刷
定　　价	30.00元

(图书如有装订差错请与发行部联系)